辽阳文物通览

马鑫 —— 主编

辽宁人民出版社

©马鑫　2023

图书在版编目（CIP）数据

辽阳文物通览 / 马鑫主编 . —沈阳：辽宁人民出版社，2023.10
ISBN 978-7-205-10898-4

Ⅰ . ①辽… Ⅱ . ①马… Ⅲ . ①文物—介绍—辽阳 Ⅳ . ① K872.313

中国国家版本馆 CIP 数据核字（2023）第 200885 号

出版发行：辽宁人民出版社
　　　　　地址：沈阳市和平区十一纬路 25 号　邮编：110003
　　　　　http://www.lnpph.com.cn
印　　刷：辽宁新华印务有限公司
幅面尺寸：185mm×260mm
印　　张：22
字　　数：350 千字
出版时间：2023 年 10 月第 1 版
印刷时间：2023 年 10 月第 1 次印刷
责任编辑：高　丹
装帧设计：丁末末
责任校对：吴艳杰
书　　号：ISBN 978-7-205-10898-4

定　　价：138.00 元

序言

　　纵观中国东北史不能不提及辽阳，若说红山先民开启了辽河流域文明的曙光，那么东北地区建制最早的城市——战国襄平城的建立则将东北纳入了中原文化的版图。从公元前 3 世纪到公元 17 世纪，辽阳始终是东北地区政治、经济、文化中心和交通枢纽、军事重镇。

　　辽阳古称襄平、昌平、辽东、辽州，漫长的历史积淀了丰富多元的古代历史遗存，在东北地区具有典型性和代表性。辽阳汉魏晋壁画墓是与敦煌、北京故宫、长城相媲美的国宝级文化遗产。还有辽代白塔、燕州城、辽金江官窑址、明辽阳城址及东京城、东京陵等重要历史遗迹如沧海遗珠，散落在这片古老的土地上。另外战国襄平布的发现具有划时代的意义。秦青铜戈的出土复演了荆轲刺秦王的悲壮。后金四块碑石的发现，成为文学巨匠曹雪芹祖籍在辽阳的重要佐证。青铜短剑仍存锋芒、辽白釉提梁壶如玉泛光，百寿屏里满朝文武诗、书、画于一堂……目前辽阳登记在册的文物遗存累计达700 余处，包括国家级重点文物保护单位 7 处、省级 27 处。

　　辽阳有记录的考古发掘始于 20 世纪初叶，日本人在辽阳周边发掘了多座壁画墓。与其说是考古研究实则是对我国东北地区文化掠夺和破坏，其中迎水寺壁画墓被盗移至旅顺，如今壁画已经风化无存。新中国成立后，辽阳考古工作在党和政府的领导下有序开展。1955 年考古工作者在辽阳城东北发掘了西汉大型村落遗址，出土的农业生产工具改写了农耕文化的历史。之后又相继在辽阳老城周边考古发掘了多座汉魏晋时期壁画墓和新城战国墓、徐往子战国墓等，并出土了大量珍贵历史文物。其中苗圃汉魏墓葬群还被列为当年全国十大考古发现。

辽阳历史文脉传承有序，文化遗存多元丰富，2020 年辽阳入列国家文化名城实至名归。为全面系统展示辽阳历史文化遗存和文物概貌，供读者文化普及和史料研究之用。近年来，在相关部门支持以及文物工作者积极努力下，辽阳启动了《辽阳文物通览》一书编撰工作，并于 2023 年完成定稿并付梓出版。

《辽阳文物通览》一书的出版意义在于记录历史，让历史文化遗存和文物与关东黑土地上经历的恢宏时代和历史事件紧紧相连，相伴而生；传承文明，让 2300 多年积淀下来的丰厚历史遗产不仅成为当代人引以为傲的精神财富，更让它们成为烙刻在基因里的符号，一代代地传承下去；古为今用，让该书不仅成为了解辽阳、了解东北的文史普及类图书，也为研究辽阳历史的学者提供翔实的史料依据。《辽阳文物通览》的出版无疑为国家历史文化名城书写了浓墨重彩的一笔。

目 录

下卷

馆藏文物 —— 169

概述

辽阳，地处辽河东岸，衍水之畔的重镇，素有"秦汉辽东故郡"的称誉。它最早作为一个都邑，始于战国，当时称襄平。西汉末年，王莽建立新朝，改名昌平。东晋时期，少数民族政权高句丽占据辽东此地，时名辽东城。唐太宗收复辽东城后改成辽州。辽金时期置东京辽阳府。从此，辽阳这个地名一直沿用至今。

古代辽阳，是通往中原的交通枢纽，东控朝鲜半岛，北辖松花江和黑龙江流域，居东北中心而应四方，为历代兵家必争、历朝关注之地，素称"东北重镇"。从战国起，设立辽东郡，直至明朝末年，在长达两千多年间，还先后设立安东都护府、东丹王国东京、辽东都司及东京城等。在漫长的历史时期，它一直是我国东北地区政治、经济、文化中心。

一、历史沿革

远在四五十万年以前，辽阳一带气候温和，雨量充沛，林木茂盛，自然条件很适合原始人类生活。近年，在辽阳安平一带山区发现梅氏犀牛骨化石。

四五千年前新石器时代遗址，在辽阳也有发现，分布在太子河、汤河沿岸的台地上，重要的有小屯石嘴山遗址、唐户屯遗址等。

商周时期，辽阳属幽州，公元前1046年，武王伐纣，推翻商王朝，建立周王朝，定都镐京（今陕西西安），史称西周。西周时期铸造的青铜器，陆续有所出土。新中国成立以来，辽阳地区发现多处春秋遗址和墓葬，出土了丰富的遗物，其中青铜短剑为代表性，具有土著民族文化特点。战国时，燕国逐渐强大，大将秦开却东胡，在襄平置辽东郡，是辽阳形成政治中心之始。修建了城池，即襄平城。辽阳城郊出土的燕战国墓、襄平布、双兽纹半圆瓦当、虺纹大鼎和秦戈等遗物，都是历史的见证。荆轲刺秦王的历史事件即源于此地。刺杀失败后，太子丹逃往辽东襄平，秦兵穷追不舍，燕王喜中计，杀太子于辽阳衍水，史传千古，就有了后人为了纪念太子丹将衍水改名为太子河的说法。

秦汉时期，行政建置沿袭燕制，襄平仍为辽东郡治，这又是一个建郡辽阳的朝代。郡城筑于燕襄平城故址之上。城郊发现上千座汉魏时期古墓，说明当时襄平人口密集，史籍记载城内外聚居三十万人。城北郊三道壕村落遗址，发掘出以铁农具和手工业生产工具为主的遗物三千多件。当时不仅农业生产和采矿冶铁业有了进一步发展，商品贸易也十分繁荣。当时，中原有一批贤良高士避居辽东。管宁、邴原、王烈，号称辽东三杰，他们于襄平设馆授课，从事文化教育，反映了襄平不仅是政治中心，也是辽东文化荟萃之地。

东汉末年，我国北方长期陷入分裂割据的局面，公孙氏以襄平为中心割据辽东，自号平州牧。魏景初二年（238），司马懿平定公孙氏，公孙氏族官吏死后葬于城郊。

东晋元兴三年（404），地方少数民族政权高句丽占据辽东，在襄平城旧城建辽东城，在城东山上建白岩城，今称燕州城。645年，唐太宗亲征高句丽取下辽东城后，写下了《辽城望月》诗，676—677年，唐置安东都护府由平壤移至辽阳。

五代十国时期，契丹族建国，称辽。辽太祖神册四年（919），修辽阳故城，建东平郡。辽太祖灭靺鞨族的渤海国后建东丹国，封太子耶律倍为东丹王。辽太宗时，东丹国南迁，升东平郡为南京，为东丹国的首府。辽太宗时期，辽已成为辖我国东北、华北、西北以及今蒙古人民共和国和今俄罗斯部分领土的大国。分全国为五道，改南京为东京，是辽王朝五京之一，设辽阳府，并置辽阳县。东京道辖东北地区及黑龙江下游广大地区。辽代七位皇帝十几次东巡辽阳府。辽东渤海人高永昌曾在辽阳自称大渤海皇帝。

金因袭辽五京之制，仍设东京，亦称东都，即陪都。正隆六年（1161）十月，东京留守完颜雍在辽阳称帝，为金世宗，建元大定。金末，辽东宣抚使蒲鲜万奴辽阳称帝，建东夏国。

辽金时期，辽阳地区现存遗址，除墓葬外，主要是佛教建筑和碑刻。如辽阳白塔和金正隆六年（1161）通慧圆明大师塔铭。金世宗母亲贞懿皇后出家比丘尼，法号通慧圆明大师，以内府金钱三十万在东京辽阳建清安寺。契丹、女真和渤海人笃信佛教，大规模在辽阳兴建寺院、佛塔。辽阳白塔通高 70.4 米，是东北地区最高的佛塔。据载，辽建国前后，佛教传入契丹，圣宗、兴宗、道宗三朝佛教最为鼎盛。金世宗时期，佛教又有发展，许多人出家为僧尼，尤其在帝王公卿贵族中流行，贞懿皇后就是一位。

1279 年，灭南宋，定都大都（今北京），统一全国。辽阳为辽阳行省，设辽阳路。行省、路治所，旧址均在今辽阳老城内。

1368 年，明朝建立后，明将马云、叶旺率兵渡海经金州而达辽阳，置定辽都卫，后改称辽东都指挥使司。辽东都司治地辽阳，是明代"九边"重镇之首，政权为军政一体，无府无县。辽东都司辖二十五卫二州，疆域东至鸭绿江、西至山海关、南至旅顺、北上开原，相当于今辽宁省大部分地区。西北与蒙古兀良哈工相邻；东北与建州女真等部相接；东与朝鲜国一江相望。明为控制东北边疆、镇抚各少数民族，在辽东长期驻有十万大军。为加强对黑龙江流域的经营管理，明派官员招谕奴儿干地区的吉列迷等部族，在松花江造船和奴儿干都司屯驻军的一切粮饷供给，都是由辽东都司辽阳通过水、陆转运。黑龙江流域和库页岛各族缴纳的土特产品，每年又经辽阳转运至京师。

辽东都司镇城旧址，在今辽阳老城，几经扩建成为当时东北诸城之首。新中国成立后，在城郊发现许多辽东官员墓葬。

辽阳是清入关前的都城。明末，努尔哈赤建立大金国，史称后金。1621 年，后金国都由赫图阿拉（今新宾）迁到辽阳，次年在太子河东岸建东京城，并将祖陵迁于阳鲁山即东京陵。1625 年，努尔哈赤迁都沈阳。

1644 年，清朝定都北京，以盛京（今沈阳市）为留都，辽阳府改置为辽阳州。至此，辽阳政治中心转移，区域地位开始下降。清辽阳城郭基本保留秦汉故城的规模。城市商业、手工业繁荣。康熙、乾隆、光绪等年间对历代寺庙、古迹遗存进行重修，名臣逸老和文人学士多汇集于此。

岁月流逝，沧海横溢，几千年来，无论中国发生过什么样的巨变，辽阳仍无愧为一座文化历史名城，屹立于华夏之东北，为后人所瞩目。

二、文物遗迹

历史悠久的古城辽阳，自古以来就是各民族活动的历史舞台，东胡、肃慎、夫余、鲜卑、匈奴、高句丽、靺鞨及后来兴起的渤海、契丹、女真，明清时期的满、蒙、回、朝鲜等少数民族都与汉族长期生活在一起，共同开发了这块土地，留下了不同历史时期的文化遗存。

新中国成立后，经过考古调查，辽阳地区发现古文化遗址、古葬墓、古建筑及其他遗址等300余处。各类遗存的文化面貌及其特色渐趋明晰，可勾画出辽阳古代文化发展序列的大致轮廓。

迄今为止，辽阳境内的旧石器时代遗存还未发现。但石灰岩洞穴发育良好，辽阳境内安平南山等地发现有梅氏犀、杨氏虎等哺乳动物化石，可以证明这一区域适合古人类生活和居住。

辽阳至迟在新石器时代晚期已有开发。近年，共发现新石器时代及青铜文化遗址20余处，这些遗址主要分布在太子河、汤河沿岸，一般多靠近河谷坡地。安平南山遗址、小屯石嘴山遗址是太子河、汤河两岸发现两处重要的新石器时代遗址。两处遗址可能存在上下层关系，发现的陶器、石器、骨器等生活和生产器物，具有鲜明的原始文化时代特征。

在青铜文化遗址附近还有青铜短剑石棺墓的发现。此类石棺墓具有东北地区土著民族特点，目前由于遗址未发掘，石棺墓与遗址的关系是否属于同一文化类型，有待进一步考证。此外，早于春秋的西周青铜器在辽阳也有发现。

战国时代，辽阳是燕辽东郡所在地。遗存主要为墓葬，类型有木椁墓、土坑墓等。随葬品极为丰富，有鼎、豆、壶等成组的彩绘陶器，以及种类繁多的玉器、漆器、铜器等。其墓主是具有一定社会地位的贵族或是辽东郡属下的官吏。此外，还发现燕襄平布、明刀、一刀铜币以及青铜兵器和半圆瓦当建筑件等。

秦汉时期辽东郡郡治辽阳，是辽东郡的政治、经济、文化、军事中心。这一时期的遗迹、遗物非常丰富，除发现秦青铜戈兵器、半两货币外，还发现居就县城址、三道壕西汉村落遗址、采矿遗址和墓葬等遗存。

居就县城址在辽阳县河栏乡亮甲汤河右岸，是西汉时期辽东郡下辖的一个县城。

三道壕西汉村落遗址，发现有房屋、炉灶、水井、厕所、畜栏等建筑遗迹，还出土了锄、镰、铧、铲等大量铁质农具，反映了这一时期辽阳地区经济和社会生活。铁质农具被普遍使用，促进了农业生产技术进一步发展。

采矿遗址有太平沟与牌路沟两处。西汉前期，辽阳冶铁业由私人经营，其规模很小。公元前 119 年，汉武帝下令将私人经营的冶铁业全部收归国有，当时在辽阳设铁官，促进了冶铁业的发展。

经调查，辽阳地区发现汉魏时期的墓群 30 余处，发掘古墓 1000 余座，其中最重要的是北郊壁画墓群。该墓群闻名中外，墓室规模较大、壁画绘制精美。1961 年，辽阳壁画墓群同敦煌、北京故宫、长城等一起被国务院列为第一批全国重点文物保护单位。

4—5 世纪，少数民族高句丽将襄平城改建为辽东城，在灯塔市官屯村东山上建白岩城（燕州城）。645 年，唐太宗曾亲自率军东征，攻克辽东城后，又攻下白岩城。白岩城至今保存尚好，现为国家级文物保护单位。辽东城旧址发现有高句丽瓦片遗存。

辽金时期，辽阳是东京辽阳府所在地。东京城建在今辽阳城旧址，城郭位置和规模变动不大，东丹王宫设在城东北金银库一带。白塔建在城外西北，清安寺、垂庆寺在其附近，胜严寺在城外南郊。发现有记载这些建筑的碑刻，如正隆六年《通慧园明大师塔铭》、大定二十九年《英公塔铭》等。江官窑址是我国北方著名的烧造瓷器窑场，窑址处有大量瓷片。

辽金时期出土文物和墓葬也比较丰富，有辽金画像石墓及金代地方官印等。

元代，辽阳路城建在辽金城基址上，西门外有关王庙。

明代，在辽阳市区筑辽东都司镇城，设卫所。城西部唐马寨、小北河等处筑有辽东边墙（即明长城），部分烽火台遗址尚存。市区附近发现百余座辽东官员墓葬。

1621 年，清太祖努尔哈赤迁都辽阳，在太子河东岸修筑东京城和东京陵。清顺治、康熙年间，在公安堡建东阿氏墓园，将重臣何和礼、何芍图、彭春及公主墓迁到辽阳。光绪末年，甲午中日战争曾在辽阳吉洞峪激战，日俄战争时辽阳首山有过会战，均留有遗迹。

辽阳的历史遗存，是研究我国古代史和各民族文化面貌的见证，是中华民族优秀文化遗产的重要组成部分。新中国成立前这里的文物古迹曾遭到帝国主义分子的疯狂掠夺，破坏严重。新中国成立后，辽阳文物保护工作从无到有、发展迅速，重要发现层出不穷，引起国内外学者关注。国家对古建筑采取了妥善保护措施，对古遗址、古墓葬进行了科学发掘。重要遗存被公布为国家级、省级、市级文物保护单位。出土的万余件文物得到妥善保管，其中不少成为国内珍品。

除了上述历史遗存外，近代以来，从辛亥革命到"五四"运动，从抗日战争到解放战争，无数革命先烈前赴后继，英勇斗争，谱写下不朽的革命诗篇。辽阳建立了许多纪念碑和陵园，用历史文物和革命文物牢记历史、缅怀先烈、激励后人。另外，近代历史建筑如彭公馆、高公馆、满铁图书馆、庆阳台子沟等建筑均得到妥善保护。

上卷／

文物遗迹

第一章

古生物化石地点

—

辽阳古生物化石地点，主要分布在东部山区、太子河和汤河沿岸。多数地点是在开山采石作业中被发现。在安平蛮子沟、朝阳洞、小屯石嘴山，以及灯塔荣官屯、弓长岭三星溶洞等地，先后出土过古生物化石。其中安平南山化石地点保存较好，进行了考古发掘。

1 / 安平南山化石地点

位于辽阳市弓长岭区安平乡安平村。面积大约为5000平方米。1976年被发现，1977年进行考古发掘。在山坡裂缝中的棕色和棕红色的黏土堆积中发现梅氏犀牛头骨1具、上下臼齿各1枚、下颌骨1段。还发现其他动物化石22种，除雉科和鱼类化石外，余者均为哺乳动物化石。其中水鹿在中国东北首次发现，时代为更新世中期。现地面除树木及杂草外，无其他遗存。1983年，公布为县级文物保护单位。

← 斑鹿角

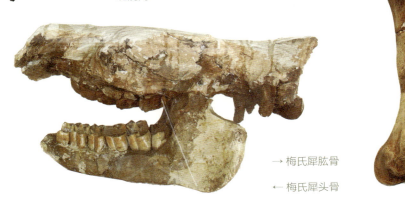

→ 梅氏犀肱骨

← 梅氏犀头骨

↓ 安平南山化石地点

↑ 三星化石地点

2/　三星化石地点

位于辽阳市弓长岭区安平乡三星村。1984 年，生产队采石厂采石作业时发现。根据《中国文物地图集·辽宁分册》记载："遗址位于山上石灰岩溶洞内，发现有虎、獾、鹿、狼等哺乳动物化石，时代为更新世。"目前此处溶洞口已被滑落的山石封堵。

第二章

古遗址

一

经全国第三次文物普查，辽阳市境内已登记在册的古遗
址共 400 多处，上迄新石器时代，下至明清时期。

新石器时代遗址

辽阳境内目前尚未发现旧石器时代人类文化遗存，但在城内的太子河、汤河沿岸的台地上，发现多处四五千年前新石器时代遗址，其中小屯石嘴山遗址、唐户屯遗址、安平南山遗址等具有代表性，反映了辽阳地区新石器时代发展过程。

1／ 破砬子山遗址

位于辽阳市辽阳县首山镇破砬子山南坡。遗址面积约 1500 平方米。采集遗物有残石刀、残石斧、石球、陶片等，据遗物分析，此地为一处聚落址。

2／ 二道河遗址

位于辽阳市辽阳县河栏镇二道河村。遗址占地面积约 18000 平方米。第二次全国不可移动文物普查时，在此处山坡地上发现有夹砂红陶陶片、夹红云母陶片等遗物。第三次全国不可移动文物普查时，在河边土崖断层中又发现大量夹砂红陶陶片、陶器器底、陶器口沿、带划纹及附加堆纹陶片及红烧土等。从断崖土层观察，耕土层厚 0.3 米，有夹砂红陶的文化层厚 0.4 米，再向下是生土层。在山坡耕地中发现有少量夹砂红陶片及夹砂及云母红陶片。

3／ 小屯石嘴山遗址

位于辽阳市文圣区小屯镇东南山坡上。又称石咀山。1990 年在水泥厂采石被发现。遗址南北长约 300 米，文化层厚 0.5—1 米。山顶有灰坑遗存，发现有陶器残片、石器、骨器等器物。

4 / 安平南山遗址

位于辽阳市弓长岭区安平乡安平南山坡上。1977年发现。遗址面积约3000平方米，文化层厚0.5—1米。出土有夹砂黑陶、红陶以及石刀、石斧、梅花形棍棒头等遗物。

青铜时代遗址

东北地区从公元前 21 世纪至公元前 2 世纪为青铜时代，相当于文献记载的夏、商、西周和春秋战国时期，因青铜器贯穿这段历史时期而被称为"青铜时代"。辽阳地区从新石器时代进入青铜时代，社会生产水平大跨步提升，物质文化遗存极大丰富。辽阳青铜时代的遗存主要分布在太子河两岸、汤河及上游支流两岸。

1／ 蒋家湾遗址

位于辽阳市灯塔市罗大台镇蒋家湾村。据第二次全国不可移动文物普查记载："此遗址是 1965 年 4 月间发现，面积约 800 平方米，在此一带还有石棺墓，但均遭到破坏。从遗址上出土有黑陶片、横耳、夹砂红陶、石网坠等。"初步推断为青铜时代遗址。现在此遗址已变为采沙场。

←　蒋家湾遗址

2 / 韩家碴子遗址

位于辽阳市灯塔市西大窑镇韩家碴子村。据第二次全国不可移动文物普查记载:"面积约 4800 平方米,文化层厚 1—1.2 米。出土有石斧、石刀及残石器,黑陶罐残片、红烧土等。"

3 / 燕州城南坡遗址

位于辽阳市灯塔市西大窑镇官屯村。据第二次全国不可移动文物普查记载:"在燕州城内南山坡,太子河右岸山顶部的遗址上,采集到夹砂陶片、横耳、梭形陶网坠等。"从这些文物资料推测遗址年代为青铜时代。

4 / 丁香遗址

位于辽阳市灯塔市张台子镇丁香村。面积约 5000 平方米。在遗址上采集到了纺轮、石斧等生产生活器物。根据采集到的遗物可认定为青铜时代遗址。

5 / 接官厅遗址

位于辽阳市文圣区东京陵乡接官厅村。据第二次全国不可移动文物普查记载:"此遗址西为中长铁路,东为庆阳化工厂铁路专用线,北为张台子镇所在地,南为太子河火车站。遗址上可见少量陶片。采集到少量夹细砂红陶片,黑褐色陶片,均为手制,火候低。"目前遗址被辟为农田。

6 / 上麻遗址

位于辽阳市辽阳县河栏镇上麻屯村。据第二次全国不可移动文物普查档案资料记载:"上麻遗址是 1980 年 5 月 17 日二普调查时发现,当时土层被群众挖土运走一部分,里面有灰坑,坑内发现炭渣和红烧土,远处有炉

上／燕州城南坡遗址

下／接官厅遗址

灶痕迹，采集到夹砂素面红陶片、带横耳陶罐，以及其他生活用具残片等。"目前，遗址面积4000平方米，呈西南至东北走向。地面散布夹砂素面红褐陶片、灰褐陶片、红烧土、汉瓦片等。

7 / 亮甲遗址

位于辽阳市辽阳县河栏镇亮甲村。据第二次全国不可移动文物普查档案资料记载："在原亮甲村南部，公路断面上土层中，有大量夹砂红陶陶片，红陶板耳罐，罐耳，绳纹灰色陶片等遗物。"目前遗址已被汤河水库淹没。

8 / 唐户屯遗址

位于辽阳市文圣区庆阳街道唐户社区。根据1987年第二次全国不可移动文物普查档案记载："1957年在唐户屯村南太子河右岸沿河地带出土陶鬲1件。"出土器物被收藏在辽阳博物馆。

9 / 喇嘛园遗址

位于辽阳市白塔区南门街道喇嘛园社区。据1987年第二次全国不可移动文物普查档案记载："1965年4月先是在此遗址东南约200米处出土了战国山字纹铜镜，在调查铜镜的同时发现此处遗址，长50米、宽50米、面积2500平方米。采集到陶器扁形横耳罐和小口薄胎墨陶瓶等。"

10 / 赵林子遗址

位于辽阳市白塔区襄平街道太子河社区。据1987年第二次全国不可移动文物普查档案记载："1984年5月在太子河左岸河滩地中，被太子河水冲出一石棺墓，在石棺墓周围一带还发现有青铜时代的红褐色夹砂陶高颈壶残片、汉代陶片、绳纹砖以及金元瓷片等。"

← 赵林子遗址

左／蛮子沟遗址

右／蛮子沟遗址采集的陶片

11／　蛮子沟遗址

位于辽阳市弓长岭区汤河镇柳河汤村。遗址面积约600平方米。采集到夹砂陶片15片，含有杂物的红色烧结土1块。陶片有手捏片状灰色陶器耳2片、片状褐色陶器耳2片、灰色口沿2片、褐色器底1片、其他残片8片。从陶器口沿看应为轮制，从器耳看都是小型陶器，质地较硬，密实度较高。

12／　南沙遗址

位于辽阳市弓长岭区安平乡沙土坎村。面积约3000平方米。据第二次全国不可移动文物普查资料记载："1976年发现，遗址地表及断崖上遗有零星陶片及石器残块，当时出土了陶片、石棒头残段、石斧残段、有孔石刀残段等。"现在此山南面有高约2.5米、长约8米的断面暴露出石板、石块。

13／　高砬子遗址

位于辽阳市文圣区东京陵乡太子岛村。面积约3000平方米。根据1987年第二次全国不可移动文物普查档案及《中国文物地图集·辽宁分册》记载："遗址位于太子河北岸的山坡台地上，东西长50米，南北宽60米，采集遗物有孔石刀一件，及粗红陶横耳杯、石纺轮等。"目前遗址被辟为农田。

战国至汉代遗址

辽阳有文字记载的历史从战国晚期开始，这也是东北地区行政建制的开始。公元前 3 世纪初，燕将秦开北却东胡，燕国设上谷、渔阳、右北平、辽西、辽东五郡，辽东郡的郡治设在襄平城即今辽阳，此后辽阳正式纳入中原王朝的版图。随着中原文明的东渐，作为当时东北地区政治、军事、文化、经济中心的辽阳地区留下了丰富的历史遗存。

1／ 沙岭房遗址

位于辽阳市辽阳县小北河镇长沟沿村。地处浑河左岸。1965 年 8 月发现战国明字刀币 200 枚和夹砂灰陶器片、横耳、纺轮、口沿等。此批遗物已由辽阳市博物馆收藏。现遗址地表为平地，地下情况不详。

2／ 西三里遗址

位于辽阳市白塔区南门街道西三里村。根据第二次全国不可移动文物普查档案记载："此地上世纪 60 年代发现青铜戈一件。时代为战国。"出土青铜戈的地点地表为民主路南段公路。

3／ 金银库东北遗址

位于辽阳市白塔区襄平街道金银社区。面积约 20 平方米，根据第二次全国不可移动文物普查档案记载："挖人防工程时，在地下 9 米处发现绳纹陶管井 2 口。灰陶管存 4 节，节高 35 厘米，口径 75 厘米，井管内出土铜弩悬刀残件、管状铜车附件、灰陶罐、明刀、一刀圆钱等，时代为战国至西汉。"目前此处为马路。

4 / 高力城遗址

位于辽阳市辽阳县柳壕镇高力城村。遗址面积为 1000 平方米。从地表采集标本有绳纹砖、面饰绳纹里菱形纹瓦片、卷云纹半瓦当、灰陶片、灰陶陶器口沿、五铢铜钱、半两无外廓铜钱，收集的遗物及第二次全国不可移动文物普查资料分析该地应该是汉代聚落址。

5 / 黎起遗址

位于辽阳市辽阳县穆家镇黎起村。据第二次全国不可移动文物普查档案资料记载："遗址长 240 米，宽 150 米，遗址为窑地取土场和砖窑所占，取土过程中，发现有绳纹青、红色方砖，陶罐、瓶、盘、瓮的残片、石磨棒等。采集到五铢钱陶片等，此外，还有少量辽金时期的文化遗存。"现遗址被辟为养鱼池，池内散布大量绳纹砖。

6 / 太平沟铁矿遗址

位于辽阳市辽阳县下达河乡下柳林子村。距太平沟西南 500 米，海拔 200 米的山顶上，有两处矿坑遗址，北矿坑一长 17 米，宽 10 米；矿坑二长 35 米，宽 5 米，坑深 100 米。矿址上有早期采矿坑，采矿场，山顶部成堆的矿渣等，采集有小铁锤 1 件，小铁镬 1 件，铁镬 1 件(刃部残)。此遗址为汉代铁矿遗址。另与此地相毗连的有大牛岭、牌路沟、庙尔沟、炮手沟、新东堡等均属早期铁矿遗址。目前，原矿坑、采矿场均已不见，由于后期不断开采，原遗址被开采成露天矿，山顶形成两层台式矿场，台上遍布矿石。

7 / 牌路沟铁矿遗址

位于辽阳市辽阳县下达河乡大西沟村。据第二次全国不可移动文物普查档案资料记载："遗址位于下达河乡大西沟村牌路沟后的山上。遗存有早期矿洞口、铁矿场，还有采出的铁矿石。收回残镬 1 件，长方形直口（即柄部），口部沿存 1 周凸棱纹，直刃存长 11 厘米，宽 6 厘米，铸铁。是一处西汉时期竖井采矿场。附近的南、北、东各方有大牛岭、炮手沟、庙沟、二道河、亮甲等铁、铅、铜等矿。"目前，遗址被辟成采矿场。

8 / 孤家子遗址

位于辽阳市宏伟区兰家镇石灰村。面积约 1000 平方米。据第二次全国不可移动文物普查档案记载："此遗址长 50 米，宽 20 米。四处散落方格纹和布纹板瓦、筒瓦残块。陶制生活用具残片、瓦片、陶器残片等，时代为汉代。"目前该遗址地表耕地，地面无散落遗物。

9 / 南铁门外遗址

位于辽阳市白塔区文圣街道石牌楼社区。1980 年文物普查发现。当时挖人防工程时，发现灰陶绳纹井圈，时代为汉。现地表已建楼。

10 / 三道壕村落遗址

位于辽阳市太子河区铁西街道韩夹河村。遗址面积约 4 平方千米，文化层厚 1.05—1.7 米。1955 年发掘面积约 1 万平方米，共发现院落遗址 6 处，水井 11 眼，烧砖窑址 7 座，铺卵石车道 2 段。每处院落遗迹占地面积 260—660 平方米，院与院距离 15—30 米不等，每处院落门皆南向，院内有房屋、炉灶、土窑、砖窑、水井、厕所、畜圈、石路、垃圾堆。

出土遗物 3677 件，以农业生产工具为最多，有铁铧、铁镬、楼车、铁铲、铁锸、铁锄、铁镰、铚刀、铁车輨、车铜；木工工具有铁锛、铁斧、曲刃刀、三尖铁钻头；兵器有铜镞、铜剑镡、铁刀、铁锥；货币有刀钱、一刀圆钱、大小半两钱、五铢、大泉五十钱、大布黄千、货泉；装饰品有铜带钩、铜镜、琉璃耳珰、琉璃珠、铜指环、铜笄、骨笄；陶器以细灰泥陶为主，一部分淡红色含滑石料的粗陶。除少数陶砻、陶榨圈和陶纺轮等工具外，主要都是陶容器，

左 / 遗址内铺石大路

右 / 三道壕村落遗址发掘现场

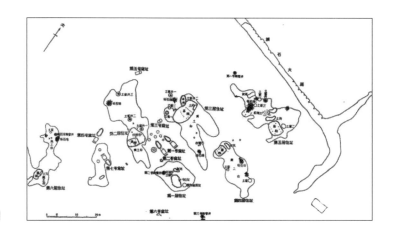

→ 三道壕村落遗址示意图

以罐、盆、钵、壶、甑、豆等最多，纹饰有绳纹、弦纹、方格雷纹、水波纹等，个别陶器上有印章式的小篆印字，其中含有辽阳古名"昌平"二字。瓦件中出土了"千秋万岁"和云纹半圆瓦当等。遗址还保存下来一堆经过火烧的炭化高粱粒。遗址延续时间约为250年，即由公元前230年—公元20年。为西汉时期的村落遗址。属重大考古发现。目前，遗址地表为住宅、耕地所覆盖。

11 / 东园遗址

位于辽阳市白塔区襄平街道太子河社区。面积约4000平方米。1980年文物普查时发现，在这一带的菜园中散落汉代砖瓦和陶器残片，居民取土时挖出汉代陶管井，外有绳纹，内有螺旋纹。时代为汉代。目前此处为太子河村三组居民住宅区。

12 / 辽阳城东北隅遗址

位于辽阳市白塔区襄平街道天齐社区、文圣街道金银社区。根据1980年文物普查时发现，位于明代辽阳城东北角城墙内外，有高出地面的土台、土棱，可见到夯土层排列整齐，出土高句丽时期的建筑物残件，泥质红陶板瓦和筒瓦，板瓦有绳纹瓦和素面瓦之分，内施布纹或方格纹；筒瓦、瓦当有莲瓣纹。瓦件火候高、硬度大。出土汉代的铜斗柄和有"大吉宜保牛犊"铜铃1件。目前此处地表为楼群和平房区。

辽金元遗址

辽在全国实行五京制，辽阳先是作为南京，后改东京，并成为东契丹国首都。金袭辽五京之制，仍为东京，亦称东都，即陪都。辽金时期，东京辽阳现存遗迹，除窑址和墓葬外，主要是佛道教建筑和碑刻。1271 年，元朝建立。辽阳为辽阳行省，设辽阳路，行省、路治所，旧址均在今辽阳市老城内。

1／ 江官屯窑址

位于辽阳市文圣区小屯镇江官村东北太子河南岸的二级台地上。遗址分布面积约 40 万平方米。辽宁省考古研究院 2013 年—2015 年对此处窑址进行考古发掘。2013 年发掘面积 300 平方米，发掘出窑炉址 10 座，灰坑 6 个，房址 1 座；2014 年发掘面积 400 平方米，发掘出窑炉址 1 座，作坊址 3 座，房址 2 座，灰坑 70 多个；2015 年发掘面积 800 平方米，发掘出作坊 2 座、房址 5 座、高台建筑基址 1 座。经发掘，此窑址出土大量的辽金时期的瓷片、窑具及石质工具等。出土辽金时期瓷器约 3900 件。2013 年公布为全国重点文物保护单位。

2／ 滨湖花园遗址

位于辽阳市白塔区文圣街道水塔社区北顺城路西段。2008 年 5 月 17 日，辽宁省文物考古研究所进行勘探时发现，遗址文化层分为两层，上层为明代辽东镇城城墙，下层为辽金元时期建筑址。

明代城墙基础约 12.0 米，保留墙体高度 1.6 米，夯土厚 0.08 米，发现大量的辽、金、元、明时期的砖石残块，红烧土块及炭粉。

建筑址叠压在明代城墙下，由南北主体建筑和东西配房组成，可分为两

左／江官屯窑址全景

右／江官屯窑址发掘现场

个时期，第二期对第一期进行增建。第一期建筑址全长约 51.5 米，共有房间 13 间，房间面阔 3.8 米，进深 5.7 米。房前有砖砌散水和砖石铺砌甬路，院内有 1 口石砌水井，形状椭圆形。第二期分别在第一期东西两端增建，共有房 6 间，面阔 3.9 米，进深 2.8 米；与主体建筑相连，均毁于大火。在东西配房西侧 18.8 米处有一座石基础建筑，坐东朝西，面阔 5.8 米，进深 10.8 米，与门前面路相连，与南侧主体共用一条散水。出土遗物有建筑构件、陶片、铜钱和骨器等。2014 年公布为省级文物保护单位。

左／滨湖花园遗址局部

右／滨湖花园遗址

3 / 坛城遗址

位于辽阳市曙光镇徐家屯村西 100 米。据第二次全国不可移动文物普查记载："遗址土台尚存，碑被砸碎砌墙，遗址中心在烈士陵园东墙外坡地上，分布范围西至陵园西墙外，东至坡下沟渠，面积约 2 万平方米，地面残存大量辽金砖、白釉瓷残片、建筑构件等。明清时期此处为天坛，台高 2.7 米，东西长 85 米，南北宽 45 米。土台四周树木环抱，土台上原有石碑三通，其时代为明清时期，现碑石下落不明。"出土的板砖、沟纹砖、白釉瓷片等现存辽阳博物馆。

现遗址处已建为辽阳烈士陵园，地表仍能采集到辽金时期的砖瓦、瓷器残件。2014 年公布为省级文物保护单位。

4 / 金银库西遗址

位于辽阳市白塔区文圣街道金银社区。占地面积约 12 平方米。根据 1987 年第二次全国不可移动文物普查档案记载："挖人防工程中在地下深 9 米处发现了石砌古井，并出土瓦兽构件，时代为辽代。"目前遗址地表被马路、厂房、楼房、加油站占据。

5 / 金银库东遗址

位于辽阳市白塔区文圣街道金银社区。占地面积约 30 平方米。1980 年文物普查发现，辽阳自来水公司在金银库东边施工时，在一处菜田取土挖出一批铜器，包括有铜镜、铜镳斗、铜乐器等，时代为辽金。目前遗址地表被楼群覆盖。

6 / 东上岗遗址

位于辽阳市灯塔市西马峰镇东上岗村南旱田地里。据第二次全国不可移动文物普查记载："该遗址占地约 2500 平方米，明显高于周边地面。采集到碎陶、瓷残片。依据文物标本，初步判断是辽金时代遗址。"现遗址周边地界线不清，地表散落辽金陶片、瓷残片、汉代绳纹砖等。

7 / 后蓝旗遗址

位于辽阳市灯塔市万宝桥街道后兰旗村。据第二次全国不可移动文物普查记载："此处出土方形有字带钮铜板一件。时代为辽金。"据村民介绍，2005 年挖菜窖时，遗址上曾挖出过陶罐，里面装有骨灰。现遗址地表为村民菜地。

8 / 沙坨子遗址

位于辽阳市辽阳县首山镇马伊屯村。俗称"沙坨子"。遗址东 150 米处为首山堡果树林，南为 2 组村民住宅区，北接村路及本辽辽高速公路。遗址北侧 200 余米处为首山清风寺。遗址南北长 100 米，东西宽 100 米，地面散布少量瓷片。据遗物分析该处为辽金时期聚落址。

9 / 赵家茨沟遗址

位于辽阳市辽阳县首山镇响山子村。据第二次全国不可移动文物普查档案记载："茨沟遗址长 30 米，宽 30 米。有大量外素面内布纹灰陶瓦片以及辽金时代的瓷器残片散落其中。目前，遗址范围内仍散落大量黄白釉瓷片、灰陶残片还有布纹瓦片，时代为辽金。"据当地村民介绍，在该遗址上曾有寺庙建筑。

10 / 高庄子碑楼子遗址

位于辽阳市辽阳县刘二堡镇高庄村。俗称"碑楼子"。据第二次全国不可移动文物普查档案资料记载："高庄子遗址是 1982 年 3 月 21 日二普调查时发现，遗址范围长 100 米，宽 60 米，为村民自留地，遗址东侧是土崖断面，在断面上暴露灰坑、烧土等遗迹，并有陶、瓷、砖、瓦残部等明代遗物。"目前，此遗址为高庄村耕地，土崖已填平。地表散布黄白釉瓷器残片、口沿、器底等辽金时期遗物，无明代遗迹、遗物。据当地村民介绍，此地以前叫"碑楼子"，现已经消失。

11 / 通明山遗址

位于辽阳市辽阳县八会镇通明山村。遗址东临朝阳寺遗址，东西长 120 米，南北宽 70 米。地表散布沟纹砖，布纹瓦，陶器口沿残部、瓷器底残部等遗物，遗址断面发现有红烧土带，其内夹杂木炭。根据采集遗物分析此遗址为辽金时期的聚落址。

12 / 杨木遗址

位于辽阳市辽阳县甜水满族乡水泉村。据第二次全国不可移动文物普查档案资料记载："杨木遗址范围长 50 米，宽 50 米，在地表发现红烧土、灰坑等遗迹，采集外素面内布纹板瓦，陶器残片等辽金时期遗物。"目前，此遗址为杨木 5 组耕地，地表散布少量外素面内布纹瓦片及黄白釉瓷片，未发现遗迹现象。

13 / 王家遗址

位于辽阳市辽阳县甜水满族乡王家村。据第二次全国不可移动文物普查档案资料记载："王家遗址范围东西长 50 米，南北宽 20 米，地面散布外素面内布纹瓦片、少量陶片及瓷片等。采集到一个兽面瓦当，为元、明时代聚落址。"目前此处已是耕地。在地表有少量外素面内布纹瓦片、黄白釉瓷器器底等遗物。通过对遗物的分析应是辽金时期遗址。

14 / 中泗河遗址

位于辽阳市辽阳县黄泥洼镇中泗河村。据第二次全国不可移动文物普查档案资料记载："中泗河遗址是 1985 年 4 月 20 日村民修大堤取土时发现，由市博物馆调查。遗址范围 3000 平方米，暴露有房址、残留的砖墙等遗迹，采集遗物有灰白釉铁花坛（残）、铁斧、铁凿、小铜刀、铜相棋子、铁鱼钩、琉璃砖、残石磨、残铁铧、残铁予、铁钩、铁铳、残铁车辖、铜币 55 枚。由当地村民何成泉交送出土文物有铁器盖一件、白釉铁花碗四件、白釉碟一件、褐釉碟一件、青瓷碟五件、褐釉双耳瓶一件、铜勺一件、铜币五枚，此遗址为金代村落遗址。"目前，此遗址为太子河大堤内侧河滩地，地表无遗迹遗物。

15 / 蛮子峪遗址

位于辽阳市辽阳县吉洞峪满族乡翁家村。据第二次全国不可移动文物普查档案资料记载：1986 年 8 月文物收购站收购一方铜印，经专家鉴定为金代铜印，印文为："業真□官庅□印，铜印由辽阳市博物馆收藏，之后经过调查，将铜印出土地定为金代遗址。"经实地踏查，铜印发现于一条由东向西的小河中，河宽 10 米，河流及周边无其他遗物遗迹，此处当地俗称"蛮子峪"，定为金代遗址。

明清遗址

　　1368 年，明朝建立，明廷遣将马云、叶旺率兵渡海经金州而达辽阳，置定辽都卫，后改称辽东都指挥使司。1621 年（天命六年），后金国都由赫图阿拉（今抚顺新宾）迁到辽阳，次年在太子河东岸建东京城，与辽阳老城对望，并将祖陵迁于东京陵。

　　随着后金政权迁都沈阳，后清朝建立并迁都北京，辽阳作为东北地区政治中心地位开始转移。辽阳府改置为辽阳州，城郭基本上仍保留秦汉故城的规模。历代寺庙、古迹。在康熙、乾隆、光绪等年间多有重修，现存明清遗迹有城郭、寺庙、墓葬等。

↑ 平胡楼遗址

1／　平胡楼遗址

　　位于辽阳市白塔区文圣街道水塔社区广佑寺东侧停车场内。2007 年 8 月进行勘探时，发现角楼平胡楼遗存，整体为石砌基础，宽 1.3 米，面积约 676 平方米。北面、西面基础均长为 26 米，东面（由北向南）、南面（由西向东）基础长 5 米。其他分借用了明代辽阳城的城墙基础。2022 年，平胡楼复建工程开始启动。2017 年公布为市级文物保护单位。

2／　辽阳护城河

　　起点位于辽阳市白塔区东兴街道东城社

↑ 护城河局部

区护城河引水口，西行经过东城社区、喇嘛园社区等，再经过清真社区、转北行经水塔社区等到北园火车道口入灌渠结束。面积约264000平方米。据《全辽志》记载："洪武四年，都指挥使马云、叶旺在旧城遗址上改筑辽阳城，俗称南城。城外池（护城河）深一丈五尺，周围十八里二百九十五步。洪武己未年（1379）都指挥使潘敬开展东城迤北土城。永乐丙申年（1416），都指挥使王真在土城外包砌以砖，俗称北城。合南北城。池周围二十四里二百八十五步。到了清代城墙倾圮，乾隆年间重修辽阳南城，北城遂废。"护城河缩短。解放后，利用护城河河道改成灌渠。目前仅护城河南段、西段保留下来。近年来，辽阳市政府加大对护城河的清淤治理，并在沿线相继修建襄渠园、新华园、泰和园等园林景观。目前护城河已成为辽阳文化旅游观光的风景带。2017年公布为市级文物保护单位。

↑ 护城河石构件

3／ 永宁寺遗址

位于辽阳市文圣区庆阳街道唐户社区庆化公司南厂清云山南坡。始建于明代，为广

↑ 永宁寺遗址大门

佑寺东庵。寺院背依青山，坐北朝南。山门3间，中为过厅，左右置泥塑密迹金刚力士。大殿3间，内奉释迦、药师、阿弥陀佛。佛龛后奉坐面北观世音菩萨。东西配房各5间，设伽蓝殿、护法堂、三霄殿、禅堂、斋堂、僧舍。寺院后为塔林，共7座，其中有明代正统七年（1442）建的辽阳僧纲司副都纲兼广佑寺住持释道圆墓塔，清顺治二年（1645）建的慧禄墓塔。1966年"文革"中遭到破坏，只有圆公塔尚存。

4／ 文庙遗址

位于辽阳市白塔区文圣街道文庙社区。始建于明洪武十五年（1382），布局严谨，照壁、棂星门、泮池、戟门、大成殿、启圣祠等建筑在南北走向的同一中轴线上。分三层院：第一层院，前为照壁，左右两块满汉文下马石碑，照壁面对牌坊楼式棂星门，门楼围墙，东西角设腋门；第二层院，前为泮池，过泮水桥，建5楹戟门，硬山青砖合瓦，中间过廊，东忠孝祠，西节烈祠，内奉文人名师；第三层院，主体建筑大成殿5楹，重檐歇山，飞檐起脊，青砖合瓦，朱红殿柱，殿中正位奉至圣先师孔子像，东侧复圣颜子、宗圣子思；西侧述圣曾子、亚圣孟子；东西两亭列奉孔子的贤德弟子，大殿的两庑奉祀先儒116人。大成殿后起土山，建崇圣祠，内奉孔子的五代先祖。庙内还置香亭、经阁、碑楼，清代帝王数方题匾。1900年沙俄入侵，抢掠一空。虽经1934年补葺，又毁于"文革"之中，现改建为文庙广场。

← 文庙遗址局部

5 / 天王寺遗址

位于辽阳市白塔区跃进街道办事处新世纪社区。1980年文物普查时发现。天王寺始建于明代，位于城内西南隅，只发现天王寺碑，后碑迁到魁星楼。"文革"时被砸碎。目前在新世纪社区护城河北侧西面的清真住宅区内，地表看不出原寺庙遗迹。

6 / 慈航寺遗址

位于辽阳市文圣区东京陵乡迎水寺村，又名迎水寺。根据《辽阳佛教志》记载："此寺分为三层殿，第一层是地藏殿，内供地藏王菩萨像；二层殿是天王殿，供弥勒佛，其背壁塑有执降魔杵的韦陀菩萨立像；三层殿即迎水寺的大殿，内供佛主释迦牟尼结跏趺坐像，另外寺内还有禅堂、僧舍等其他建筑。慈航寺为砖、木、石结构，硬山式建筑。"慈航寺寺庙建筑于"文革"时期被毁，现寺庙建筑已荡然无存，原寺庙一对石狮仍在遗址处。佛像收藏在辽阳博物馆。

7 / 疙疸寺遗址

位于辽阳市辽阳县下达河乡大西沟村。1980年文物普查时发现。疙疸寺坐落在高出地面四米左右的土台子上，为明代建筑，庙中有佛像是用疙疸石雕塑，原庙已被毁坏，后改建为学校，占地面积为长40米，宽23米，汤河水库建成后被淹没。目前，庙址在汤河水库西支上游淹没区中一高约四米土台上，土台上遗存有1个赑屃碑座，碑座长1.1米，宽1.05米，高65厘米。2个残破方形碑座。在土台上新建一座小庙。在大西沟村委会保存有疙疸寺庙钟一口，钟高1.10米，底径为0.96米，钟上有铭文：落款为大清光绪五年（1879）七月榖旦立乡约沈中连。

8 / 魁星楼遗址

位于辽阳市白塔区文圣街道魁星社区。根据《辽阳佛教志》记载："魁星楼通高40米，分上下两层。因城起基，往上又起石台三层，周边围以石栏，上建八角层楼。由南面上行石阶16级，两旁建铁栏护持。下层置4门，正中立《重修魁星楼碑记》1通。碑高2米，宽3米，南向。东北角设有木梯，联步上升乃入。上层口门置木盖，登临者入则开启，出则关闭。上层中设魁星像，木质紫红色，高3米。单足立鳌顶上，名为独占鳌头。像可旋转，左手执印，右手高撑握笔，名为点状元。8根朱漆木柱支撑梁枋飞椽，上挂清末民初文人

↑ 魁星楼

题联。楼窗用玻璃装成，外罩细铁丝网。室内沿窗下安一周环形木凳，凭栏四望，辽阳远山近水、城内风光尽收眼底。魁星楼为清乾隆四十二年（1777）重修辽阳城时所建。道光二十六年（1846）、同治末年重修。1900年，遭到沙俄的破坏，木像楹联尽被残毁。1924年补修，新中国成立前毁于战火中，只有底基遗迹尚存。"现魁星楼已在原址复建，对外开放。2005年公布为市级文物保护单位。

9 / 镇宁寺遗址

位于辽阳市灯塔市王家镇前河洪村，俗称龙王庙。据村民介绍：该寺占地面积约1万平方米，坐北朝南，四周有2米高的青砖墙。前方有5个旗杆夹，南侧正中心为红色山门，古寺内分三层院落，设有钟、鼓二楼、龙王殿、观世音殿及东西配房、厢房。殿宇建筑宏伟，工艺精湛，飞檐上均塑六兽之形，飞檐下雕梁画栋，门窗均精雕。该寺在解放前夕，佛像大部被砸坏。1953年镇宁寺全部被扒毁。目前镇宁寺遗址存有建筑构件等，时代为清。

10 / 兴隆寺遗址

位于辽阳市灯塔市西大窑镇前黑英村。原寺庙有山门、大殿、东西配房、钟楼、鼓楼。现仅存钟楼残座、残垣约4米，门柱石1块，清代铁钟1口。根据铁钟铭文可判断该庙为清代所建。目前在原寺址上已新建寺庙。

11 / 祥云寺遗址

位于辽阳市灯塔市铧子镇大达连村。始建于清康熙六十一年（1722），经嘉庆十七年（1812）、道光三十年（1850）两次修缮，该庙"文革"时期被毁。1997年复建，原祥云寺遗物只有古松一棵、清代石碑1通。

12 / 接官庙遗址

位于辽阳市辽阳县穆家镇接官村。1980 年文物普查时发现，原庙较大，有四层殿房，后殿供奉天神像，并有钟鼓楼等，当时庙已毁坏，砖石已被改建生产队房舍，在杨柳河沙滩上卧有两个石狮和一个旗杆座，还有些琉璃瓦残片，两石碑被埋入土井中。目前，庙址分布范围南北长 99 米，东西宽 73 米，地表有碑碣、二龙戏珠石构件、柱础石、碑座及绿砂岩狮子座等遗物。根据遗存分析，寺庙始建年代应在清代嘉庆时期。

13 / 河西娘娘庙遗址

位于辽阳市辽阳县寒岭镇梨庇峪村。庙址坐西朝东，庙宇已不存在，现存遗迹，保存有西南角一段围墙，地面遗存碑座两个，抱鼓石一对，残破脊兽一件，古油松一棵。庙址占地东西长 72 米，南北宽 49 米。该庙道光二十二年重修碑记被移至梨庇峪村委会院内。据当地村民介绍，此庙宇由上殿、正殿、左右厢房及山门构成，始建年代应该为清道光以前。为清代建筑址。

14 / 朝阳寺遗址

位于辽阳市辽阳县八会镇通明山村。遗址南北长 60 米，东西宽 60 米，地面散布青砖、残瓦、房脊吻兽残部、滴水、琉璃瓦件、庙碑 1 通、沟纹砖、面布纹里菱形纹板瓦残块等。庙碑已经碎裂，碑阳碑头下部正中楷书阴刻"万善同归"字样，上部正中浮雕道家"寿"字及四周饰云纹，碑身边缘饰绳纹，落款为"道光十九年岁次己亥夏四月二十日穀旦立"，由"僧性云，徒海弘、海波，徒孙寂修等经理"，撰文人不清，正文不清，碑阴碑头阴刻"阿弥陀佛"四个楷书字，上部行书阴刻通明山八景："二龙戏珠，凤鸣朝阳，连山屏翠，九顶连山，宝塔停云，泉悬石壁，栏马铜墙，潺卧于泉"。另在八盘岭村 5 组遗存朝阳寺庙钟一口，钟上有铭文："嘉庆二十二年九月吉日成造，住持僧真月，徒如照孙性云，奉天府辽阳城南通明山九峰朝阳寺铸钟一口"。根据铭文可知，朝阳寺始建时间应不晚于嘉庆二十二年（1817）。

15 / 普济寺遗址

位于辽阳市辽阳县河栏镇河栏村。现存有庙碑 2 通，院内树上有古钟 1 口。

庙碑一为绿页岩石质，通高 172 厘米，碑头高 46 厘米，宽 75.5 厘米，厚 15 厘米，碑身宽 69 厘米，厚 15 厘米，碑座残宽 100 厘米，高 26 厘米，厚 74 厘米。碑阳：碑头方形饰卷云纹，下部中间为"垂流万古"四字；碑身边缘及底边饰缠枝花纹，落款："大清乾隆岁次辛亥年季秋菊月朔丙午毂旦立住持道人梁教清"。

庙碑二为石灰石质，通高 144 厘米，碑头高 57 厘米，宽 60 厘米，厚 22.5 厘米，碑身宽 55 厘米，厚 20 厘米，碑座高 48 厘米，宽 76 厘米，厚 49 厘米。碑阳：碑头饰云纹及双龙戏珠纹，下部中间有"万古流芳"四字，碑身两边缘浮雕双龙戏珠纹，底边被水泥覆盖纹饰不清，落款为"大清道光岁次丁未年（1847）口宝月望丙申日毂旦立住持道人王天焕"，无碑名，正文不清，能辨认的有"宝元宫"字样。庙钟有铭文"大清光绪八年（1882）五月十三日立，合会人等公立。辽阳城南厢蓝旗界西三里庄丰盛寺住持道马其同"。从乾隆辛亥及道光丁未两通庙碑分析，此寺院应为道教庙宇，始建时间不晚于 1791 年。

16 / 广法寺遗址

位于辽阳市太子河区祁家镇水泉村。面积约 1800 平方米。据第二次全国不可移动文物普查档案记载："广法寺为清代建筑，前有正殿 3 间，后有喇嘛塔 2 座，还有清乾隆三十年（1765）庙碑 1 通。现广法寺址已成为村民院落，院墙下砌有原寺庙建筑构件，寺庙其余建筑无存。"

17 / 保宁寺庙址

位于辽阳市白塔区襄平街道太子河社区。据《辽阳县志》记载："保宁寺有佛殿三层、前中二殿各三间，后殿五间，东西两廊各六间。时代为清。"遗址现为太子河村 3 组（原太子河小学）居民平房住宅区。

18 / 祖师庙庙址

位于辽阳市白塔区襄平街道四大社区。面积约 1500 平方米，1980 年文物普查发现，原建筑毁于清末庚子年间（1900），民国初重修，为砖木结构的硬山式单檐建筑群，属西五道街四大庙之一，现已毁掉。目前此处为四大庙社区 25 组居民区。

19 / 青龙寺庙址

位于辽阳市弓长岭区汤河镇望宝村。现遗址东、北、西三面环山，面积约2100平方米。在距离遗址南约30米处有一个石柱础，外径51厘米，内径38厘米。距遗址南约300米处（隔安土公路）的田地里发现一半截石塔。据《辽阳县志》记载："青龙寺原有正殿三楹，殿西娘娘殿三间，东西僧房六间，钟楼一座，铜佛百余尊。康熙四十七年（1708）重修。"青龙寺的时代为清或更早。

20 / 松泉寺庙址

位于辽阳市弓长岭区安平乡松泉村。面积约900平方米。清光绪三十三年（1907）《重修松泉寺碑》立在遗址的东南角处，碑身高0.82米，宽0.54米，厚0.15米，无碑首。碑刻表面被风化，个别字迹已模糊不清。遗址周边地面散落着一些残的砖瓦块。原松泉寺有正殿3间，东西配殿各3间。1951年寺庙被毁，砖和木头用于建学校。

上／松泉寺庙址

下／松泉寺庙址石碑

第六节 /

其他遗址

1 /　李大人屯窖藏址

位于辽阳市灯塔市柳条寨镇李大人屯村。1980 年文物普查时发现，1956 年春，村民在修农田路时，出土了用黄金铸成的马蹄形金块，重量约为 250 克。与马蹄金在同一罐内还出土有战国布币、刀币，当时上交县文化科，文化科送辽阳银行后，被熔毁。

2 /　新庄子窖藏址

位于辽阳市灯塔市柳条寨镇大新庄村。1980 年文物普查时发现，在 20 世纪 50 年代，大新庄村民发现并挖出窖藏的襄平布币数十斤，由辽宁博物馆收藏。

3 /　周三界窖藏址

位于辽阳市灯塔市罗大台镇周三界村。1980 年文物普查时发现，1976 年发现此窖藏，发掘战国燕明字刀币 20 枚。

4 /　小观音阁窖藏址

位于辽阳市灯塔市柳条寨镇小观音阁村西南水田地里。1980 年文物普查时发现，1978 年小观音阁村民在地里挖排水沟时，挖出窖藏明字刀币约 2000 枚，多残碎。时代为战国。

5 /　头台子窖藏址

位于辽阳市辽阳县黄泥洼镇头台子村。1980 年文物普查时发现，出土战国明字刀币 30—40 斤，"文革"时期收回几十枚。

6 /　下柳林子窖藏址

位于辽阳市辽阳县下达河乡下柳林子村。此窖藏是 2006 年 7 月 20 日辽阳县下达河乡"辽凤线"公路扩建时，于东南距龙峰寺约 2.8 千米处的公路东侧发现。当时发现大量战国刀币被当场分抢，多日之后当地群众上报省文物部门。8 月 12 日县文物管理所与市文物科工作人员到现场调查并在部分群众手中收回残破战国"明"字刀币 30 余枚，现收藏于辽阳县文物管理所。

↑ 下柳林子窖藏

7 / 二道街窖藏址

位于辽阳市白塔区武圣街道福民社区。此窖藏是在 2008 年 11 月，在西二道街路北胜利集团开发的"永昌雅居"小区施工现场发现的。经过为期 13 天的考古发掘，发掘面积约 20 平方米。共出土铜钱十余吨。此次发现的古代钱币中有少量的汉代五铢和唐代的"开元通宝"及金代铜钱，绝大部分为宋代钱币。出土的钱币大部分锈蚀成结，也有少量的保存较好，字迹清晰。同时，出土的文物还有一些瓷片、陶片、建筑构件等，时代为金。此窖藏发现钱币数量之庞大为辽宁省首见。目前此处已变为住宅小区楼房。

8 / 石灰窑窖藏址

位于辽阳市宏伟区兰家镇石灰村村河道东侧，面积约 5 平方米。据第二次全国不可移动文物普查档案记载："村民挖菜窖时发现一大罐铜钱，主要以宋代铜钱为主，时代为辽金，后被村里换钱买变压器了。"目前此处为石灰村河道。

9 / 汤河沿窖藏址

位于辽阳市弓长岭区汤河镇柳河汤村。

上 / 二道街窖藏址

下 / 二道街窖藏址出土的钱币

根据第二次全国不可移动文物普查档案记载："上个世纪 70 年代生产队挖菜窖时，发现一缸内装有 400 余斤铜钱，以宋钱为主，有少量辽、金钱币，应是辽金窖藏。"钱币收藏于辽阳博物馆。现铜钱缸上的盖板石在村民王洪利家院内。

10 / 赵家窖藏址

位于辽阳市辽阳县吉洞峪满族乡赵家村。1994 年挖自来水管道时，在赵姓村民住宅东南 2 米处挖到一个腐蚀的铁箱子，箱里装满铜钱，有 200 余斤，这批铜钱被辽阳县文物管理所收集。主要为清代铜钱。

第三章

古城址

一

经全国第三次不可移动文物普查，辽阳市境内已登记在册的古城址110多处。上迄战国时期、下至明清时期。

本章第五节主要介绍辽阳明代长城遗存，包括城址及烽火台。

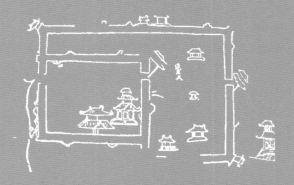

战国至汉代城址

1／ 襄平城城址

位于辽阳市文圣区内。始建于战国燕国，初名"襄平"，是战国时期燕国辽东郡首府。经秦汉至晋600余年襄平城名未改。新中国成立后多次考古调查及城中其他考古发现证明，襄平城址当在今辽阳市区中心，即辽阳城地势偏高的东北隅，城内四大庙、金银库一带为其占地范围。襄平城址在战国及汉代时的城墙为土筑，城近方形。城内曾发现2口战国时期陶井，有4节绳纹陶井圈，每节口径75厘米，高35厘米，井内出土战国铜弩机、管装铜车饰件、襄平布、"明"刀币、"一化"圜钱、陶罐等。北墙内地表还见有汉代铜耳杯、铜铃等战国汉时期遗物。魏晋时期襄平先后为公孙氏和慕容氏占据，高句丽占据辽东后改为辽东城，后被唐太宗收复。辽金时期称东京辽阳府，元代为辽阳行省治所。明洪武五年（1372）在元代旧址上修建辽东都司镇城，布局包括南北二城，周长约11000米。清代为盛京辽阳府，清康熙三年（1664）改县。北城郭略有缩小。城墙用砖包砌，现存南城北墙一段，高8.3米。城内有文庙等建筑遗迹。

2／ 居就县城址

位于辽阳市辽阳县河栏镇亮甲村西缘台地上。该城址地处汤河东岸，四面群山环绕。城址平面呈长方形，长80米、宽40米，文化层厚2—4米。城墙土筑，由于河水冲刷，城址仅存南半部，高出四周约1.5米。从西部临河处的断面观察，在长近百米、厚约4米的文化层中发现有灰坑和烧土，还有手工业作坊遗迹。地表暴露的遗物中，以灰陶筒瓦、板瓦、残砖、瓦当等建筑构件居多，另有许多灰或红陶器残片，纹饰有布纹、方格纹和绳纹，采集遗物中，陶器可辨器形有纺轮、罐、网坠、盆等器物，铁器有锛、镰刀、斧、甲片，货币有五铢、货泉，铜饰品有顶针以及磨石器等。城址周围的汤河两岸分布许多汉代墓葬，早年曾在城北孤家子发现一批汉代铜镞。在县城西 10000 米的太平沟、牌路沟发现 2 处汉代采矿遗址，均与县城址有关。据《汉书》及《水经注》记载，此城应为西汉辽东郡居就县治故址。

第二节/

魏晋隋唐时期城址

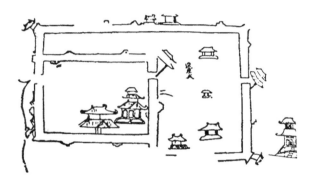

↑ 辽东城遗址示意图

1/ 辽东城城址

位于今辽阳市区辽阳老城东北隅。太子河在东墙外流过。5世纪时在襄平城旧址所改筑。史料记载，城方形，内外两重城垣。内城有2层和3层建筑物，当系官署；外城为商业区。城门有3处，东西门相对，双层门楼。城垣有角楼、雉堞、女儿墙等建筑，城外西北还有2层高楼建筑，规模宏伟。《资治通鉴》记载："辽东城汉之襄平城。"公元645年，唐太宗收复辽东，改辽东城为辽州。

2/ 燕州城山城

位于辽阳市灯塔市西大窑镇官屯村东南海拔约196米的石城山上。2009—2014年，辽宁省文物考古研究所对该城进行了6次考古发掘。城址依山而建，东高西低，呈簸箕形。城址南北长480米、东西宽440米、周长约2500米，面积约22万平方米。城址南侧为悬崖，其他三面有石筑城墙。城墙用青灰色的水成岩修筑，厚薄均匀，打制方整。壁石的砌法是把大量石块打出尖锐的角，互相交插咬合叠砌出壁心，外用打整齐的楔形石块砌出墙面，全凭石块插合形成的拉力，不用泥或灰口。现存墙面仍然平整牢固，是所见山城中城壁砌石最好的一处。

↑ 西门全景

↑ 带当面筒瓦

城墙外侧共发现马面9座，分布在北侧、西侧城墙上。可以分成两种类型，一种为纵长10米、横宽8米左右的纵长型，一种为横宽8米左右、纵长5米左右的横宽型。其中北墙上的马面间距在55—61米之间，西北墙上的马面间距则在38—42米之间。

城墙内侧发现有马道遗迹多处，发掘1座，位于5号、6号马面之间城墙内侧，依城墙砌筑，砌筑方法同城墙，南低北高，北端修筑有台阶式踏步。城门址发现两处，1号门址位于城址的西南角地势最低洼处，南临太子河。2号门址位于城址东北角，辽金时期封堵，门框线清晰可见，宽度5米，没有发掘。

↑ 筒瓦

↑ 板瓦

→ 铁镞

1号门址北侧城墙弧形向西北延伸至山崖，长12米，顶部残宽4.5—5.5米。和南面的9号马面相互呼应，形成瓮城格局。北侧城墙内侧修筑有马道，没有完全发掘，顶部残宽4.5米。南侧城墙长9米，顶部残宽5.5米，和城址南墙连接。排水涵洞2处，一处从1号门址下穿过，洞壁砌石。

城内东南角是全城的最高点，现该处有一近方形的围墙，南北长45米、东西宽35米、高1.7—2.7米，在围墙的北面还有一石筑方台，俗称"点将台"，登台可望全城及四周远处，台高4.3—5.7米、南北长8米、东西宽7.4米。

在东壁北段的内侧（城内）有一处长方形凹坑，凿于自然岩石之上。南北长7.5米、东西宽6—7米、深0.8—1米，俗称"蓄水池"，应当是原来山城内的水源设施之一。

城址出土遗物丰富，除大量明清时期的陶瓷器外，还出土汉唐时期高句丽到辽金时期的遗物500余件。主要为各种形制的铁镞和大量的红褐色板瓦、筒瓦和瓦当等，瓦当纹饰为莲花纹。

2013年公布为全国重点文物保护单位。

辽金元时期城址

1／ 东都城遗址

位于辽阳市区中心。东都城为辽、金两代所筑，建在辽阳故城废墟之上，为东京辽阳府所在地，有陪都之称。

据史料记载，辽时有内外城，外城规模宏大，周长三十里，四面开八门，东北名迎阳、韶阳；西为大顺，大辽；南为龙原、显德；北为怀远、安远；墙高三丈，楼高耸。内城即宫城，位于外城东北隅，与外城构成一个回字形布局。南面开宫门三，门上建敌楼，四面城角设角楼。外城有南北两大集市，中为看楼，晨集南市，夕集北市。街西佛寺有金德寺、大悲寺、驸马寺；西南隅有天王寺。宫城内宫殿有东丹王宫，比巴林左旗林东辽上京略大。当时城内有居民四万六百余户，人口近三十万。建于辽太祖神册四年（919），比上京晚一年，早于中京。

金沿用辽东京，在其故地重建，城的方位规模基本雷同，城门名称，据金明昌年间王寂《鸭江行部志》和金正隆六年通慧圆明大师塔铭记载，改成望海、瑞鹊、丹凤门。宫城在外城内东北隅，前后正门名为天华、乾贞门，建筑有保宁、嘉惠、孝宁宫、御容殿。清安寺和垂庆寺在丹凤门之左，白塔在其西，胜严寺在南墙外。

2／ 东丹王宫城遗址

位于辽阳老城内东北隅金银库。遗址南北长 80 米、东西宽 20 米。夯筑长方形高台，登台可瞭望全城。据近年调查，附近地面散布汉代至辽金时期的砖瓦遗物，证明此处为建筑遗址，沿用时间较长，最迟至辽。《辽东志》记载："东丹王宫，在辽阳城内东北隅。"金银库高台为其西南角楼故址。史学家对此有辽代宫殿遗址之说。

第四节／

明清时期城址

1／ 明辽阳城城址

位于辽阳市中心区内。建在元故城之上，太子河从南顺东墙外向北流过，位于辽阳老城内，周长 12 千米，分南北二城，两城相连呈"日"字形。

南城，周长 4000 米，南北长 1800 米，东西长 2250 米，城墙砖石合筑，内石外砖，墙心夯土，上窄下宽，呈梯形，墙宽 8.30 米，高 10 米，与文献记载"周围十六里，二百九十丈，高三丈三尺"相符，城四角各有角楼，东南筹边，东北镇远，西北平胡，西南望京楼。城门六，南为安定、泰和，东为平夷、广顺，西为肃清，北为镇远。东门外有瓮城。城外有护城河。城中东西并列钟、鼓二楼和华表柱。辽东都司、总兵府官署，均设在南城。

北城，南北宽 1000 米，东西长 2000 米，城墙先土筑后包砖。城门三，东为永智，

上／辽阳城墙遗址（维修之前）

下／西段明城墙遗址

西为武靖，北为无敌，东宁卫设在北城。

这座辽东镇城为东北诸城之首，洪武五年（1372）明军攻克辽阳后，七年兴工，八年定辽都卫改辽东都司都指挥马云、叶旺督修，明万历末年，颓废坍塌。

清代曾多次重修辽阳城，规模略有缩小，东南城角建魁星楼，城门名称改东门为普安、绥远，西门为顺安，北门为拱极，南门为丰乐、文昌；门额满汉文左右书。明清的辽阳城现已被毁掉。2014年公布为省级文物保护单位。

2／ 清东京城城址

位于辽阳市文圣区东京陵乡新城村，又称新城。是1622年清太祖努尔哈赤从新宾迁都辽阳时修筑。地处太子河右岸，西距明代辽阳城2500米。东北

上／东京城城址（维修前）

下／东京城城址全景

左 / 东京城遗址（天佑门）

右 / 东京城遗址（内治门）门额

距阳鲁山东京陵 1500 米，南距瞭望山 1000 米，是清入关前有名的后金都城之一。

城平面作菱形，四面城墙不成直角，有出有入，有高有低，各面长度基本相等，东墙长 886 米，西墙长 832 米，北墙长 896 米，南墙长 900 米，全城周长 3514 米。

城墙为砖石夯土合筑，上部砌青色长方砖，下部砌石块，墙心夯实。城墙四面各设两门，东名抚近、内治，西名怀远、外攘，南名德盛、天佑，北名福盛、地载。门额外书满文，内书汉文。正门名天佑门，东西 21 米，南北 17 米，高 9.30 米，上部砌青砖，下部铺花岗岩大条石，正中券门高 4.55 米，宽 4.40 米，两扇大门向内对开。

城内建筑布局，遗迹难寻，露出 2 处建筑遗址，一处在城内西北最高岗顶上，人工夯筑的高土台，方形，东西 37 米，南北 28 米，高 4 米，底铺石板，上层大量堆积绿色琉璃砖瓦，为楼阁高层建筑址。另一处在城内正中高岗上，与正门天佑门相对，出土有绿色六角形琉璃砖及柱础石，为宫殿建筑所在。

《满洲老档秘录》记载，1621 年"遂决议定都辽阳"，第二年"遂筑城于辽阳城东太子河边。建宫室，迁焉。名曰东京"，1625 年迁都沈阳，建盛京城，此城遂废，今城垣颓毁，八角殿建筑无存，仅存天佑门址。现原址辟为东京城遗址公园。2013 年被公布为全国重点文物保护单位。

明代辽阳长城

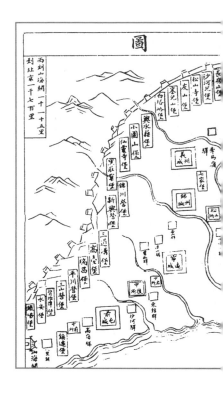

　　明代长城，在辽东境内史称"辽东边墙"。主要建在辽阳市西部太子河左岸平原地带，1978年调查，分布在唐马寨、高力城子、黄泥洼一带，全长40千米，唐马寨南段由小河口起，沿太子河东岸北去，经大台、二台、道壕子、南台口、喜鹊台至唐马寨；唐马寨北段南起古家台至高力城子；高力城子北段，南起边墙子，代耳湾、八弓台、七弓台、六弓台、五弓台，向西起四弓台、三弓台、二弓台、一弓台至黄泥洼，折向西北跨太子河，浑河入辽中区境内。茨榆坨一段城址保留较好。

　　城墙为版筑土墙，由于年代久远，水土流失，城墙大多与地表齐平，现在只能见到土岗遗迹，断断续续，一般存高0.2—0.5米，黄泥洼以东一段保存较好，最高1—1.5米。城墙呈梯形，上窄下宽。辽阳地区筑造长城选择的地形是因河为固的原则，以太子河有利地势，沿河筑造，墙外以河为防线。在长城内外，还有许多军事建筑和防御设施。主要有两种，一是烽火台，47座。有瞭望台，一般是方形砖筑、石筑台，大多建在长城内外临近的地方，有的在城墙线上、个别险要地段加密瞭望台。二是城址，即兵营。长、宽均为200米，砖筑。多建在长城线上，唐马寨、高力城子和黄泥洼，均有城堡，是驻兵、屯扎之处，并命有

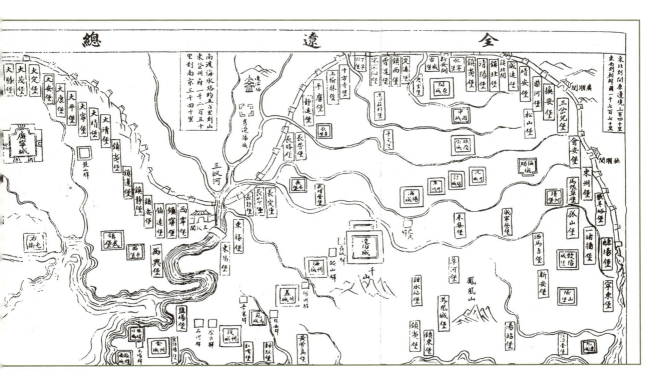

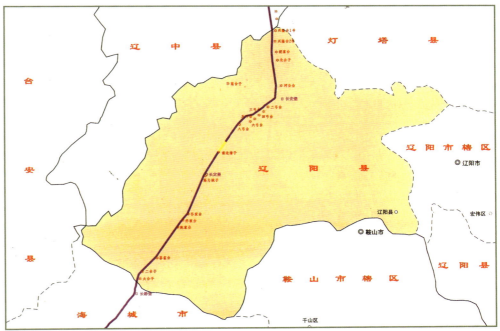

上／全辽总图

下／辽阳县明长城分布图

堡名。据明版辽东边墙图记，长安堡在黄泥洼、长宁堡在唐马寨，长定堡在高力城子。

一、城址

1 / 山岳城址

位于辽阳市灯塔市万宝桥街道山岳堡村村内。据第二次全国不可移动文物普查记载："此遗址为明代辽东屯兵城堡，位于平地上，平面呈方形，边长约100米，城墙以砖石土砌筑，仅存土台残垣。"目前看古城址仍明显高于周边地物，城址上已建有村民住宅。

2 / 乱泥堡城址

位于辽阳市灯塔市张台子镇乱泥堡村北。据第二次全国不可移动文物普查记载："遗址为高出周边0.5米的土台残垣，南北长100米，东西宽100米，面积约10000平方米。城墙早年被拆毁。这是一处明代的军事城堡。"目前，城址地势稍高于四周地面。地表已辟为农田。

3 / 大川城城址

位于辽阳市辽阳县柳壕镇高力城村。从地势上看，城址区明显高于周围耕地。城墙已不存在。据第二次全国不可移动文物普查档案资料记载："城分内城和外城，内城墙上都是居民住宅，内城墙基基本完好，外城墙遭严重毁坏，东西夷为平地，西北可辨，遗迹有残墙址，城中出土过铜镞、铠甲片、明砖、绳纹砖，暴露遗物有砖、瓦残片、白灰渣，外城南北长500米，东西宽470米，内城南北长300米，东西宽270米。"目前，在南、北外城墙基上建有住宅。城址周围都有明青砖散布，东外城地面堆积大量残破明青砖，据采集的明青砖遗物及查阅《全辽志》及第二次全国不可移动文物普查档案，确认该城址为明代驻兵城堡，名为"长定堡"。2018年公布为省级文物保护单位。

4 / 唐马寨城址

位于辽阳市辽阳县唐马寨镇唐马寨村。据第二次全国不可移动文物普查档案资料记载："唐马寨城址是1982年4月26日第二次全国不可移动文物普查调查时发现，城墙已不存在，城址现已成为村落及公社机关房屋所在地，城址面积为长 120 余米，宽 80 余米，大量灰色大砖和白灰堆于地面，有的被住户用来砌围墙、小仓房等，此城址为明代城堡，当地群众传说为唐太宗征东时养马的寨子。"现存城址东西长 200 米，南北宽 180—200 米，城址接近方形，明显较周围地势高，在城址周围散布大量明青砖残块。另外城北残存东西方向长 150 米，宽约 13 米护城河。通过对遗物分析及查阅《全辽志》，认定该城址为明代辽东长城内侧驻兵城堡，名"长宁堡"。2018 年公布为省级文物保护单位。

5 / 黄泥洼城址

位于辽阳市辽阳县黄泥洼镇黄泥洼村。城址处在地势较高的西侧台地。中间是一条东南至西北向的壕沟，深 2—3 米，宽 4—30 米。东侧台地地势较低。由于现代生活的破坏，壕沟内文化层堆积混乱，有明代青砖残块，也有现代生活垃圾及砖瓦等。城址范围及地下情况不详。对该城址采集遗物及查阅《全辽志》、第二次全国不可移动文物普查档案资料分析，该城址为明代辽阳境内长城主要驻军城堡之一，名为"长安堡"。2018 年公布为省级文物保护单位。

6 / 南甸子城城址

位于辽阳市辽阳县黄泥洼镇南甸子村。据第二次全国不可移动文物普查档案资料记载："南甸子城堡，遗迹范围为长 60 米，宽 50 米，该处有少量黑灰土及明代青色砖瓦残块，以前修梯田时曾挖出大量青砖运往别处使用。"目前，城址南北长 75 米，东西宽 22 米，存高 0.9 米，东、南、北三面是水田，西侧是一块坟地，东边 60 米处还有一块长满荒草面积较小的土台。在土台地表发现半块明青砖和一些青砖小块。从地面遗物及对第二次全国不可移动文物普查档案分析，判断该处应是明代驻军城堡遗址。

7 / 二道河山城城址

位于辽阳市辽阳县寒岭镇二道河村。据第二次全国不可移动文物普查资料记载："二道河山城为 1980 年 4 月 15 日第二次全国不可移动文物普查调查时发现，山城保存基本完好，为明代所建，此城是砂岩石砌筑，椭圆形，墙宽 1 米左右，城外看高约 2 米，西部有二级台阶好像是城的出口，在离二级台阶西侧，人工断开近 2 米宽、1 米深的山沟，是战略防御用的，城内几乎用乱石填满，山城始建于明代，当地群众传说此山城为高句丽建造。"目前，山城保存基本完整，呈西南至东北走向，长17米，宽3.7米。南部城墙残高2.2米，宽1.8米。西南端城墙向外为两层台结构，一层台较高，宽3.1米，二层台较低，宽3.5米，再向外为人工开凿成的宽2米、深1米的山沟。东北部城墙向下为陡峭山崖。二道河山城可能是明代一处烽火台。

8/ 古城子城址

位于辽阳市辽阳县隆昌镇隆昌村。据第二次全国不可移动文物普查资料记载："古城子城堡是1980年3月12日二普调查时发现，为明代城堡，早已颓塌，仅存两米高的高台。"目前，仍高于周围地势，西北角比较明显，残存高度2米，土墙周围为倒塌的乱石，有一段石墙保存较好。土台上面有现代居民住宅。

9/ 接官厅城址

位于辽阳市文圣区张台子镇接官厅村。原为明代辽东屯兵城堡，目前遗址还残存有颓塌的土台，仅东北角稍高，约为3.2米。2018年公布为省级文物保护单位。

10/ 前古城城址

位于辽阳市灯塔市沈旦堡镇前古城村。是明代的一处军事城址。目前此处城址已被现代民居所覆盖。城墙不存。2018年公布为省级文物保护单位。

11/ 首山堡城址

位于辽阳市太子河区东宁卫乡首山堡村。首山堡是明代驿站路上的堡城，沿用到清末。目前城址已改建为首山堡村民住宅，但还保留着一段长约20米、宽约0.5米、高0.5米的石头墙基。2018年公布为省级文物保护单位。

→ 接官厅城址

↑ 西八里庄城址

12 / 西八里庄城址

　　位于辽阳市太子河区东宁卫乡西八里村西。为明代辽东的递运所。此城址是座石城，是用红褐色砂岩大石块垒砌而成。目前仅存西面城墙基、东北角及东南角城墙基。2018年公布为省级文物保护单位。

13 / 甜水站城城址

　　位于辽阳市辽阳县甜水满族乡甜水村。据《辽阳县志》记载："该站城近方形，边长500米，有四门，也称'内城'。西门外曾出土一方金代咸平应办所'勾当公事龙字号之印'的铜印。"1904年日俄战争之后，日本人又拓展外城。目前，城墙遗址断断续续尚存，夯土可见，部分石砌墙基保存下来。发现的铜印收藏在辽阳市博物馆。甜水站城时代为金至清。2018年公布为省级文物保护单位。

二、烽火台

1/ 前绣江烽火台

位于辽阳市太子河区沙岭镇前绣江村。东 600 米处为沈大高速公路，南 180 米处为兵马屯村，西 280 米处为 202 国道。该烽火台残存高度 3 米，占地面积约 70 平方米。2018 年公布为省级文物保护单位。

2/ 尤户屯烽火台

位于辽阳市太子河区

↑ 前绣江烽火台

王家镇尤户屯村。东面是鱼塘，南、西两侧是农田，东 400 米是乡级公路。烽火台为夯土筑成，呈圆形。2018 年公布为省级文物保护单位。

3/ 虎头崖烽火台

位于辽阳市文圣区小屯镇高城子村。南 720 米为二台沟屯村民住宅区，再向南 2000 米处为本辽辽高速公路，西侧为山丘，北 1200 米处为辽溪公路。烽火台建于山顶最高处，周围环绕战壕，土石结构。2018 年公布为省级文物保护单位。

4/ 雅拔台烽火台

位于辽阳市灯塔市西部沈旦堡镇雅拔台村。为双烽火台，两台间距甚小，台址并列，呈东西走向，东侧烽火台存高 6 米，西侧烽火台存高 4 米，现台上长满杂草树木。2018 年公布为省级文物保护单位。

5/ 大三界烽火台

位于辽阳市灯塔市张台子镇大三界村。台址呈圆形，东侧边缘为石头砌筑，西侧不见砖石的痕迹，露出夯土。烽火台顶端有一个近代氨水库房。2018 年公布为省级文物保护单位。

6 / 新生堡烽火台

位于辽阳市灯塔市西部西马峰镇新生村。烽火台址呈圆形，夯土筑成。现存高约 5 米，台上长满树木及杂草。2018 年公布为省级文物保护单位。

7 / 全家洼子烽火台

位于辽阳市灯塔市中部大河南镇韭菜台村。台高约 8 米，长方形，为夯土筑成。现台上长满杂草树丛，保存较为完整。2018 年公布为省级文物保护单位。

8 / 朝官寺烽火台

位于辽阳市灯塔市中部万宝桥街道朝官寺村。为一个平顶方形土台，土石结构，高约 8 米，现已颓残，台子四周长满荒草。2018 年公布为省级文物保护单位。

9 / 松树沟烽火台

位于辽阳市灯塔市东部柳河子镇松树沟村。依山势而建。夯土结构，呈圆形。西侧外部呈四级阶梯式。现在已经颓废。2018 年公布为省级文物保护单位。

10 / 沈家沟烽火台

位于辽阳市灯塔市东部铧子镇沈家沟村。呈圆形，为夯土结构，残高约为 2 米。烽火台东侧已被村民取土破坏，目前只剩下西半部。2018 年公布为省级文物保护单位。

11 / 双龙寺烽火台

位于辽阳市灯塔市东部铧子镇双龙寺村。顶部呈长方形，现存高约 2 米，为土石夯筑而成，西侧局部塌陷，保存状况较差。2018 年公布为省级文物保护单位。

12 / 吕方寺烽火台

位于辽阳市灯塔市万宝桥街道吕方寺村，据第二次全国不可移动文物普查记载：“该烽火台长 20 米、宽 8 米，台高 4 米。台中有灰色青砖和残碎砖瓦片。”目前，该烽火台四周边界接近地表，边界不清。

13 / 万宝桥烽火台

位于辽阳市灯塔市万宝桥街道万宝桥公园。据第二次全国不可移动文物普查记载：“当地群众称该台为高丽台，长 40 米，宽 25 米，面积约 1000 平方米，由夯土、白灰、青砖构筑，曾出土过青灰色大砖，布纹瓦片、陶器口沿等。”

目前此烽火台略呈圆形，为夯土结构，台虽然被削顶，但仍可见其轮廓，面积约 600 平方米。根据其夯土结构可认定是明代烽火台。

14 / 首山烽火台

位于辽阳市辽阳县首山镇马伊屯村东首山顶部。据第二次全国不可移动文物普查档案资料记载："首山烽火台是由解放军同志交送发现资料，并于 1981 年 5 月二普队员调查，烽火台残高 5 米，采集有铁箭头一件，是明代烽火台。"目前，烽火台台体尚存，呈正方形，底边长 12 米，顶部坍塌，残高 5 米，西侧、西南及西北坍塌较严重，东侧保存较完整，从东侧观看，由底向上 2.9 米用山石垒砌，再向上用青砖砌筑，最高处残存 7 行青砖，青砖长 40 厘米、宽 20 厘米、厚 11 厘米。北侧偏东是近代修建的砖混结构槽式通道。烽火台是外罩砖石、内为夯土的结构。现顶部建有航标三角架及航标灯。2018 年公布为省级文物保护单位。

15 / 首山站烽火台

位于辽阳市辽阳县首山镇马伊屯村。残存高度为 3 米，底径 8 米，西侧被毁坏，能清晰看到由山石砌成基础，高为 1.3 米，上面为青砖砌筑，青砖残留 4 层，高 0.5 米，从层次关系看烽火台外包砖、内为夯土。从遗留的青砖及烽火台结构分析，此烽火台为明代军事建筑设施。2018 年公布为省级文物保护单位。

16 / 魏家沟烽火台

位于辽阳市辽阳县首山镇马家庄村。据第二次全国不可移动文物普查记载："魏家沟台址，是一个突出地面的高台，外用不规格石块垒砌，内填土，残存高度 5 米、长 10 米、宽 10 米，是明代瞭望台。"烽火台是外包山石、内为夯土的三层结构，现残高 3 米，顶部呈不规则方形，南北残长 7 米，东西残长 5 米。

17 / 响山子烽火台

位于辽阳市辽阳县首山镇响山子村。据第二次全国不可移动文物普查档案资料记载："响山子台址是 1980 年 4 月 17 日二普调查时发现，城堡位于响马山顶，呈方形，长 30 米，宽 33 米，城堡中间地面凹向下，深 2 米至 3 米，城墙只存墙基，墙宽 1.5 米，墙外半山腰围绕壕沟，深 4 米，上宽 2 米，现几乎填平。城堡为明代军事建筑，当地传说古时响马镇守此城。"目前，响山子烽火台址与第二次全国不可移动文物普查时相比无太大变化，环半山腰的壕沟是解放战争时期修筑的战壕，山顶凹向下城堡是战争期间拆毁原建筑修建的防御工事，山顶与半山腰共两层战壕，山顶原军事建筑应为明代烽火台。

18 / 东堡烽火台

位于辽阳市辽阳县刘二堡镇东堡村。台址尚存残存，高度为5米，台体南部坍塌，台顶与底都呈不规则圆形，顶径为3米，底径为8米，台址周围散布明砖残块及辽、金瓷片等，发现明万历通宝铜钱1枚。据遗物、第二次全国不可移动文物普查档案及《全辽志》记载分析，此台址为明代烽火台。2018年公布为省级文物保护单位。

19 / 北台烽火台

位于辽阳市辽阳县柳壕镇蛤蜊坑村。面积约2000平方米。发现许多明砖，砖规格不同，有长38厘米、宽18厘米、厚11厘米和长31厘米、宽14.5厘米、厚10厘米等规格。此台为方形台子，俗称"北台子"。根据地面遗留的明青砖及《全辽志》记载分析，该处应为明辽东长城内侧烽火台。

20 / 蛤蜊坑村烽火台

位于辽阳市辽阳县柳壕镇蛤蜊坑村。面积约2000平方米。一处方形土台。其上为现代民居散布大量青砖。根据采集的标本、地面遗留的明青砖及《全辽志》记载分析，该遗址应为明辽东长城内侧烽火台。

21 / 长大台烽火台

位于辽阳市辽阳县柳壕镇高力城村。台址为土台，地势明显高于周围，土台下面西、北为耕地，东侧为村民住宅。据第二次全国不可移动文物普查档案资料记载："长大台遗址为1982年4月14日二普调查时发现，台址长90米、宽50米，地表散布绳纹砖、瓦当残片、铁镖、灰陶片等。1963年建变电所时将台体推去3米，北部因村民取土损毁严重。"目前，该遗址残存高度为7米，长与宽和第二次全国不可移动文物普查时一致，台上有新建的高力城村委会，在台顶及台址周围散布有明青砖、汉绳纹砖及汉瓦残片，并于西南的村民住宅围墙上发现汉绳纹砖，从地面遗物、收集到的遗物及查阅《辽阳县志》分析，该土台应为明代军事设施遗址并与一处汉代聚落址部分叠压。

22 / 团大台烽火台

位于辽阳市辽阳县柳壕镇高力城村。据第二次全国不可移动文物普查档案资料记载："团大台遗址为 1982 年 4 月 14 日二普调查时发现，台体呈圆形，基本完好，直径 18 米，高 12 米，周围已遭破坏，夯土层清晰可辨，台体顶及周围散布砖、瓦、陶器残部等。"目前，台体与第二次全国不可移动文物普查时基本一样，台体残高 10 米，顶部东西长 9 米，南北宽 6 米，底部东西长 24 米，南北宽 16 米，北部由于取土暴露明显夯土层，每层约 10 厘米，在台址周围散布大量明代青砖、地表采集遗物有明青砖、面饰绳纹里饰布纹瓦当残片、灰陶残片、灰陶陶器口沿等。据采集标本特征及《辽阳县志》、第二次全国不可移动文物普查资料的分析，此台址为明代烽火台遗址。

23 / 黄青堆子烽火台

位于辽阳市辽阳县穆家镇黄青村。据第二次全国不可移动文物普查档案资料记载："黄青堆子台址为 1982 年 4 月 17 日二普调查时发现，长 20 米、宽 15 米，仅存一高出地面 1 米左右的圆形土堆，遗存有青砖残块及白灰渣。此台址为明代夯土墩台，当地传说此台址原为杂草丛生的大土台子，后来成为高于地表的耕地。"目前，遗址分布面积 100 平方米，地势较周围高，地面遗存有 5 块山石，应为墩台基础石，现圆形土台已辟为耕地，无其他遗存。

24 / 古家台烽火台

位于辽阳市辽阳县唐马寨镇刘家村，俗称古台子。据第二次全国不可移动文物普查档案资料记载："古家台烽火台遗址为 1982 年 4 月 16 日二普调查时发现，占地长 35 米、宽 30 米，墩台上部已不存在，仅存在从墩台上挖出的大青砖、大石块等堆积在南面民房的北墙根，此台址为明代墩台。据说在此台南 300 米处还有一台，现为民房所占，已看不出痕迹。"目前，该烽火台位于三层台地的三层台上，东南北三面临现代建筑。西侧为耕地，南北长 41 米，东西宽 35 米，残存高度为 3 米。四周散布明青砖。据遗物、《全辽志》记载分析，确认该遗址为明代辽东长城内侧烽火台遗址。

25 / 乔家台烽火台

位于辽阳市辽阳县唐马寨镇南坨村。台址现残存高度为 5 米，东西长 33 米，南北宽 18 米，在村民住宅前后散布少量明青砖碎块。据采集的明代青砖遗物和《全辽志》记载分析，此台址为明代辽东长城内侧烽火台遗址。

26 / 西坨子烽火台

位于辽阳市辽阳县黄泥洼镇西坨子村。该烽火台之上建有现代民居。南北长 40 米，东西宽 35 米。明显高于周边地势。周围散落许多明青砖残块。从采集到的遗物及《全辽志》记载分析，此处为辽东长城内侧烽火台遗址。

27 / 二弓台烽火台

位于辽阳市辽阳县黄泥洼镇南甸子村。南北约 40 米，东西约 30 米，地势高于周边。其上建有现代民居，周边散布大量明青砖。通过地表遗物及《全辽志》记载分析，此处为明辽东长城内侧烽火台遗址。2018 年公布为省级文物保护单位。

28 / 三弓台烽火台

位于辽阳市辽阳县黄泥洼镇南甸子村。在西北方向远看遗址，明显比周围地势高，地表散落明代青砖残块。根据地表遗物及《全辽志》记载分析，此遗址为黄泥洼段明辽东长城内侧传烽台。

29 / 四弓台烽火台

位于辽阳市辽阳县境内太子河左岸。为夯土包砖结构，西部在村民盖房时被切掉。现存台体南北长 6 米，东西宽 10 米，残高 2 米。断面上可辨夯层，台体周围散见明代青砖残块。2018 年公布为省级文物保护单位。

30 / 五弓台烽火台

位于辽阳市辽阳县黄泥洼镇六弓台村东北与五弓台屯交界处。遗址现为耕地，地势比周围耕地高。南北长 45 米，东西宽 40 米。耕地东侧排水沟中有残存的明代青砖块。通过采集的遗物及《全辽志》记载分析，此处为五弓台烽火台，是明辽东长城内侧烽火台遗址。

31 / 六弓台烽火台

位于辽阳市辽阳县黄泥洼镇六弓台村。遗址东西长约 40 米，南北宽约 40 米。周围散落明代青砖。通过地表遗物及《全辽志》记载分析，此处为为六弓台烽火台，是明辽东长城内侧烽火台遗址。

32 / 七弓台烽火台

位于辽阳市辽阳县黄泥洼镇六弓台村。遗址地势比周围耕地高，东西长

30 米，南北宽 15 米，边缘处有明青砖残块。通过对地表遗物及《全辽志》记载分析，此处为七号台烽火台，是明辽东长城内侧烽火台遗址。2018 年公布为省级文物保护单位。

33 / 兴隆台 1 号烽火台

位于辽阳市辽阳县小北河镇兴隆台村。西距兴隆台长城 400 米，南距兴隆台 2 号烽火台 1400 米，东北距七台子烽火台 1500 米。平面为方形，剖面为梯形。现存台体顶边长 14 米、底径 42 米、残高 1.6 米。2018 年公布为省级文物保护单位。

34 / 喜鹊台烽火台

位于辽阳市辽阳县穆家乡喜鹊台村。西距高力城子长城 200 米，西南距二台子烽火台 2600 米，东北距陈家台烽火台 4600 米。平面为方形，剖面为梯形。残存一座漫坡状土丘，被当地居民辟为耕地，周围可见青砖残块。建筑结构不清。现存台体顶边长 14 米、底边长 36 米、残高 1.3 米。2018 年公布为省级文物保护单位。

35 / 大台子烽火台

位于辽阳市辽阳县穆家乡大台子村。西距高力城子长城 500 米，东北距二台子烽火台 830 米，西南距长静堡 2300 米。平面为长方形，剖面为梯形。地面残存一座漫坡状土丘，被当地居民辟为耕地，周围可见青砖残块。建筑结构不清。现存台体顶边长 16 米、宽 14 米，底边长 51 米、宽 46 米，残高 1.3 米。2018 年公布为省级文物保护单位。

36 / 八弓台烽火台

位于辽阳市辽阳县黄泥洼镇六弓台村。遗址为太子河大堤所覆盖，地面无遗物。在大堤外侧 30 米处的村民住宅围墙上发现许多明青砖，为遗址上拆搬而来。从遗物及《全辽志》记载分析，此遗址应为八弓台烽火台，是辽东长城内侧烽火台遗址。

37 / 高台子烽火台

位于辽阳市辽阳县小北河镇高台子村。据第二次全国不可移动文物普查档案资料记载："高台子烽火台是 1982 年普查时发现，长 10 米，宽 10 米，早期已被破坏，仅存一高台，暴露遗迹遗物有夯土层、砖、瓦残片，采集遗物为瓷器片、绳纹砖等，是明代礅台。"目前，高台东西长 22 米，南北宽 17 米，残高 15 米。从上到下夯土层清晰可见，下部残存外包砖墙，存高 0.6 米，长 4 米。北部高台坍塌形成长 19 米、宽 18 米、高约 6 米的土堆，从土堆中发现明代瓷器残片、包墙青砖，从遗物及第二次全国不可移动文物普查资料分析，该高台是明代烽火台遗址。2018 年被公布为省级文物保护单位。

38 / 兴胜台烽火台

位于辽阳市辽阳县小北河镇兴胜台村。已被现代民居覆盖。地势高于周边地区，大量青砖被用于建造宅院围墙。通过这些青砖及《辽阳县志》的记载分析确认，此处应为明代辽东长城内一处传烽台遗址。

39 / 张家烽火台

位于辽阳市辽阳县河栏镇张家村。坐北朝南，用山上灰色页岩垒砌，呈不规则圆形，残高 1.7 米，顶径 2.8 米，底径 6 米。页岩已经风化破碎向下堆积，从烽火台东南方向能辨别出人工垒砌痕迹。通过建筑垒砌方式及《辽阳县志》的记载分析，此处为明代烽火台。

40 / 山咀子烽火台遗址

位于辽阳市辽阳县河栏镇后台村。呈方形，残高 1.2 米，东西残宽 4 米，南北残长 5 米，以黄绿色页岩垒砌，从烽火台南面看有明显垒砌痕迹，北面为缓坡。通过建筑垒砌方式及《辽阳县志》记载分析，此烽火台为明代烽火台。

41 / 高力城烽火台

位于辽阳市辽阳县甜水满族乡王家村。据第二次全国不可移动文物普查档案资料记载："王家村高力城为 1980 年 4 月二普调查时发现，此山城建于高力山顶部，是一个防御山城，城郭不规整，把石头凿成一个高 1.7 米、宽 70 厘米的城门，西墙和北墙用乱石堆砌而成，北借一石山，东、南两侧利用断崖，此山与其他山相接处凿一道沟槽设障。"目前，此山城与第二次全国不可移动文物普查调查时相比几无变化。根据城址位置、筑城方式分析，王家村高力城可能是一处明代烽火台。2018 年公布为省级文物保护单位。

42 / 老达烽火台

位于辽阳市宏伟区兰家镇西喻村。面积约 100 平方米，根据第二次全国不可移动文物普查记载："此台长 5 米，土堆高 3 米，台顶已坏，用不规则的石头包砌，这是一处明代烽火台。"现烽火台东西长 10 米，南北宽 10 米，残高 3 米。已被辟为耕地。

43 / 鸭子沟烽火台

位于辽阳市宏伟区兰家镇石灰村。据调查原墩台东西长 10 米，南北宽 10 米，高约 10 米。现墩台位于鸭子沟屯耕地中，东西残长约 9 米，南北残宽约 9 米，残高约 5 米。面积约 81 平方米。为方形，实心。墩台是内夯土，外用不规则石块外砌。现墩台西北部已大面积坍塌。时代为明代。

44 / 南沙烽火台

位于辽阳市弓长岭区安平乡沙土坎村。依山势而建，三面为悬崖峭壁，一面可以攀登。平面呈不规则形状。现烽火台北侧存有一少部分用石块人工堆砌的台体，面积约 450 平方米，残高约 3 米。此烽火台居高临下，并且视野开阔，是一处重要的观察军事信息的烽火台。初步断定其时代为明代。

45 / 姑嫂城烽火台

位于辽阳市弓长岭区安平乡姑嫂村。此处三面环山，一面临水，为军事要地。墩台呈方形，以石块垒砌。高 4 米。站在台上可以瞭望，又可作为放狼烟的烽火台，古称烽燧，又名狼烟台，是军事防御设施。辽阳城周边，分布几百座烽火台，用以报警，传递军情，隔一定距离即筑一座，一台燃起烽烟，邻台见后也立即举火，很快传告全线戒兵，做好准备。姑嫂城烽火台就是其中一座。2005 年公布为市级文物保护单位。

← 姑嫂城烽火台

46/ 四方台烽火台

位于辽阳市弓长岭区汤河镇石四村。台为石砌，长8.5米、宽6.92米、高3.9米。四周建有围墙，长12.3米、宽8.9米。今烽火墩台尚在，围墙已部分颓毁。2005年公布为市级文物保护单位。

47/ 台子沟烽火台

位于辽阳市文圣区庆阳街道唐户社区。根据《中国文物地图集·辽宁分册》记载："台址位于山上，平面呈方形，边长4米，高3米。台外壁以平整石板砌成，并有梯道登望，时代为明代"。现台芯杂土堆积，残高3米，顶部南北长9.3米，东西宽6.7米，部分台址石头被当地居民拆搬用于盖房。

上／四方台烽火台

下／四方台烽火台侧面

→ 台子沟烽火台

古墓葬

一

青铜时代墓

辽阳地区青铜时代早期的墓葬基本无葬具，晚期开始出现木棺和木椁葬具，显示了较高的等级。随葬品以夹砂陶器为主，晚期青铜器数量明显增加，以曲刃青铜短剑最具代表。墓葬不同的文化内涵和特征，暗示墓主人属于不同族群，已有学者将各个文化的人群分别与文献中记载的东北古族相对应。

1 / 杏花石棺墓

位于辽阳市宏伟区曙光镇原杏花村北约 200 米处。1995 年辽化二期工程文物勘探中发现。共发现石棺墓 14 座，但绝大部分已残破不堪，不见遗骨、遗物等，墓葬的具体情况不清楚。只有 3 座墓葬形制清楚，保存较好。这 3 座石棺墓随葬品仅有 2 个黑陶壶，皆夹砂，有云母粉。从墓葬形制、随葬品特点分析，初步认定墓葬年代为青铜时代。

2 / 高砬子石棺墓

位于辽阳市文圣区东京陵街道太子岛村。据第二次全国不可移动文物普查档案记载："石棺墓长 1.7 米。前宽 0.5 米，后宽 0.26 米，墓深 0.45 米，平面呈梯形，用 6 行石块砌成四壁，上下石板铺盖，骨架胸下部有 1 件横平小陶碗，棺盖上出土双孔石刀 1 件，棺内外散布木炭，封土中有同时期陶残片。"时代为青铜时代。

3 / 小卧虎沟墓群

位于辽阳市辽阳县河栏镇稠林子村。暴露于山路上，能辨认的有 5 座墓葬，墓壁由自然山石板石及卵石砌成，墓顶及墓底结构不详，由于破坏、拢乱严重，葬式及随葬品不详。从墓葬形制上初步判断此处墓群年代为青铜时代。

4 / 二道河山上墓群

位于辽阳市辽阳县河栏镇二道河村。据第二次全国不可移动文物普查资料记载："二道河山上石棺墓为1975年发现，在岔沟山坡上发现墓葬20余座，共有7座石棺，随葬品有青铜短剑、青铜斧、青铜凿、滑石斧、镞范、陶豆、陶壶、陶罐等器物。在墓周围的山岗上有夹砂红褐陶片，器底、口沿及横板耳，均为手制，此石棺墓群为鞍钢地质队发现。"根据随葬品特征分析此墓群年代为青铜时代。

5 / 接官厅墓群

位于辽阳市文圣区东京陵乡接官厅村。据《中国文物地图集·辽宁分册》记载："1965年3月发掘14座，均为石室墓。墓平面呈长方形，单室。出土环形铜饰、陶壶、钵、横耳陶罐、猪骨头等。"此墓群年代为青铜时代。

← 接官厅墓群

战国至汉代墓

战国时期辽阳地区纳入燕国版图，墓葬文化面貌受到来自燕文化的很大冲击，经与本地的土著文化碰撞融合后，呈现新的墓葬面貌。本地区已发现时代明确的战国墓葬较少，随葬品方面的重要变化在陶器胎质和器物组合的变化，泥质陶开始逐渐取代夹砂陶，器物组合以体现中原文化的鼎、豆和壶等陶礼器组合为代表。青铜器的数量较前期也有明显减少。

秦的短暂统一，虽在东北辽阳地区留下了少量遗迹和遗物，但始终未发现秦代墓葬。至两汉时期，墓葬数量明显增加，规模逐渐扩大，基本上围绕辽阳市区分布，以辽阳旧城外西北部和东南部汉墓最为集中。从墓葬的族属上看，绝大多数为汉人墓，与之前的东北地区土著民族墓葬有明显的差别。汉族墓葬的大量发现，说明当时本地区的汉族人口已达到相当的规模，反映了秦汉王朝对东北的大力开发和关内中原人口大量涌入的情况，奠定了汉族居民和汉文化在辽阳地区历史发展进程中的重要地位。从墓葬的面貌特征上看，西汉仍以土坑墓为主，新出现了瓮棺墓。

1／ 热电厂墓

位于辽阳市白塔区襄平街道销堡社区第一热电厂院内。根据第二次全国不可移动文物普查档案记载："1983 年 11 月建热电厂时发现该墓，墓葬位于望水台墓群内，为战国时代石板墓，面积约 4 平方米。墓的形制、尺寸等具体内容档案无记载。"

2／ 徐往子墓

位于辽阳市白塔区铁西街道城徐往子村。1986 年 10 月辽宁省地质勘探公司 103 队在挖下水道工程时发现，辽阳市博物馆迅速赶往现场进行抢救性考古发掘。发掘前墓地封土已被取走，墓葬被破坏，只余北部墓室，但残留部分未扰乱。墓葬为竖穴土坑墓，方向为正南北，墓口距地表 60 厘米。

墓葬南部已被下水管打破，只余北部，由于破坏严重，已不见葬具和人骨。出土遗物有陶器 13 件、铜带钩 1 件和大量破碎的滑石饰片。陶器皆原位，位于墓穴北部。徐往子战国墓中，未发现有明确纪年的随葬品。但根据出土器物的形制，可大体判断其年代范围。墓葬中鼎、豆、壶、盘的器物组合以及燕式深腹高、滑石片均为典型战国燕文化风格。

↑ 徐往子墓出土夹砂灰陶绳纹鬲

↓ 徐往子墓出土弦纹灰陶盖豆

3／ 新城墓

位于辽阳市文圣区东京陵街道新城村。1983 年 6 月，辽阳市太子河区东京陵乡新城村砖厂工人在取土时，发现了东西并列的两座墓葬。辽阳市文物管理所工作人员闻讯赶至现场，经现场勘查，他们发现西边的墓葬上原有封土已被取走，露出外椁木板、圹椁与椁壁间填充灰膏泥、河卵石及黄土等。辽阳市文物管理所对西边已被扰动的墓葬进行抢救性发掘。共发现大型木椁墓两座。其中 2 号墓（M2）较大，墓口长 5.7

↑ 新城墓

↑ 新城墓出土铜鼎

↑ 新城墓出土金银错夔龙纹柄铜勺

米、宽 4 米，墓底长 3 米、宽 3.3 米、深 3.6 米。木棺外有双层木椁，外椁长 4.8 米、宽 2.24 米、高 1.45 米。随葬品有铜器、漆器、成套礼器，大量生活用具，和木车、木马等 70 余件。反映墓主人的社会地位较高，该墓当是郡守一级的墓葬。该墓葬出土了陶罐、陶壶、铜鼎、铜豆、铜勺、铜带钩、木车、木马、木俑、漆盒、玉璧等几十件文物。

4/ 辽阳苗圃汉墓群

位于辽阳市白塔区八一街南北两侧。西北距辽阳市中心约 5000 米，东距太子河约 2500 米。2008 年辽阳市政府在八一街南、原辽阳市林科院院内（俗称苗圃）进行房地产开发时，发现了一批汉到魏晋时期墓葬，辽宁省文物考古研究所对之进行了配合性考古发掘，并在随后几年（2009—2012 年、2014—2015 年）对这片区域进行了持续的勘探和发掘工作。2016 年，配合辽阳市电

1		3
2		4
		5

1 辽阳苗圃汉墓群 M69
2 辽阳苗圃汉墓群 M13
3 辽阳苗圃汉墓群

4 陶仓
5 长颈瓶

业局 220 千伏输变电新建工程，于八一街北、2008 年发掘区西北约 450 米处进行了考古发掘。因遗存性质和地层堆积基本相同，判断与八一街南的发掘区同属一片墓地，因而也使用了"苗圃墓群"这一名称。辽阳苗圃汉墓群主体遗存为汉魏晋时期墓葬，兼有数座辽、金、元末明初时期墓葬和战国时期、辽金时期窑址各一座。

该墓群是辽阳地区首个全面大规模发掘、全面揭露的汉魏墓群，对汉魏时期辽东郡的社会历史、居住人群的研究具有重要意义。以往发表的考古资料多为发掘简报，或分布位置较分散，或是高等级高规格带壁画的墓葬，苗圃墓群的墓葬分布比较集中，形制比较丰富，出土随葬器物较多，能提供一个较为完整的自西汉至晋墓葬时间序列及多个社会阶层人群的丧葬习俗研究实物资料。辽金元时期墓葬也具有填补、丰富辽阳地区该年代发掘资料，实证东京辽阳城社会历史的重要意义。2013年公布为全国重点文物保护单位。

5／ 南林子墓群

位于辽阳市白塔区武圣街道供销社区。此墓现被压在教学楼下，地表无任何遗存。根据第二次全国不可移动文物普查复查档案记载："1954年7月发现，当时清理发掘5座。其中一座墓长3.37米、宽1.42米。墓结构为石棺木椁墓。南为两块石板竖立成墓门，并有门框，北为两块石板横砌，东西两壁为长方形石块叠砌。墓底平铺石板，券顶用长方形大青石板平盖，墓门外，斜铺两块础石，墓向南偏西24度，葬式仰身直肢，骨架残缺，有腐朽木炭，随葬品已烂成泥状的漆器、陶塑、陶奁、陶鼎、陶瓶、陶罐及铜钱七枚，时代汉代。"

↑ 大林子墓群

6／ 大林子墓群

位于辽阳市太子河区铁西街道大林子村。根据第二次全国不可移动文物普查档案记载："1955年发现墓群，省博物馆清理发掘，墓室为砖室墓，面积大约有1000平方米，出土了一些汉代灰陶明器，被省博物馆收藏。"

7／ 徐往子墓群

位于辽阳市太子河区铁西街道徐往子村徐往子桥洞西侧。据第二次全国不可移动文物普查档案记载："1985年修徐往子桥洞时，发现此墓群。辽宁省博物馆发掘，为砖室墓。出土了陶灶、井、罐等，时代为汉。"

8／ 韩夹河墓群

位于辽阳市太子河区铁西街道韩夹河村南。根据辽宁省文物考古研究所发掘简报介绍：2009年4月在辽溪铁路改移工程时发现，面积约300平方米，共发掘清理三座，墓1为土圹砖室结构，呈"长方形"，无墓道。墓长约3米，宽约1米，头骨一个，腐烂严重。随葬品有盆、奁、耳环、银器共11件；墓2为土圹砖室墓，呈"甲"字形，由于墓道上光缆通过且与铁路路基距离太近，长度不明，宽约0.76米，高约1.06米，人骨两具，为仰身直肢，保存完整。

西侧为男性，东侧为女性，头向东北向，出土有陶瓶、罐、盆、器盖、长颈瓶、奁、耳杯、陶井等21件；墓3为土坑石室墓，呈"甲"字形，由于上部光缆通过，长度不明，宽约0.68米，人骨两具，保存较差，出土有陶器，石器，有盆、奁、釜共7件。时代为汉代时期墓群。

9 / 白塔南墓群

位于辽阳市白塔区文圣街道六一社区。根据第二次全国不可移动文物普查档案记载："1957年发现，大致范围在站前至第一招待所，职工电影院一带。当时发现4—5座墓葬。只清理一座，出土有灰陶明器、铜镜等。"时代为东汉。

10 / 北铁门外一号墓

位于辽阳市白塔区文圣街道公路社区。根据第二次全国不可移动文物普查档案记载："1954年发现石室墓，长3.34米、宽1.46米、面积4.8平方米。墓顶青石板平铺，仅一块石板横立，其他三壁为石板。墓底石板平铺，人骨2具，仰身直肢葬，出土铜镜一面，还有随葬的陶器等。"时代为汉代。

11 / 桑园子墓群

位于辽阳市文圣区庆阳街道唐户社区。墓群面积约400平方米。根据第二次全国不可移动文物普查复查档案记载："1958年发现该墓群，瓮棺墓长0.6—1.0米、瓮径约40—50厘米，构造很不一致，多数用几个陶瓮套接，也有用残破陶盆、陶甑套接，还有瓮外加筑砖块或石板成为小墓室。随葬品极少，属儿童墓葬，仅发现环首铁刀，琉璃珠等。"时代为西汉末至东汉时期。

12 / 唐户屯墓群

位于辽阳市文圣区庆阳街道唐户社区。根据第二次全国不可移动文物普查复查档案记载："1954年发现，共发掘213座墓，其中石板墓173座，瓮棺墓38座，砖室墓2座，多为单人和双人葬，多数为南北向，墓葬平均长2米至3米、宽1.5米至2.0米，出土陶灶、长颈瓶、井、盆、奁、货泉、铜印、环首铁刀、铜指环、琉璃耳环、玛瑙珠等。出土两方铜印，较为珍贵。一方为'韩□私印'，一方为'公孙□□'。"时代为西汉至东汉时期。

13 / 鹅房墓群

位于辽阳市白塔区文圣街道魁星社区。根据1987年复查档案记载："1954年清理21座墓，有土坑墓、石室墓、砖室墓、瓮棺墓等。出土文物除陶器、

货币外，还有带钩、樽、朱绘陶器等，附近还出土汉代千秋万岁瓦当一枚。"时代为汉代。

14 / 泉水墓群

位于辽阳市宏伟区兰家镇石灰村泉水屯老村委会西北200米处。墓群面积约8000平方米。此墓群已被当地村民破坏，现在周围还散落着许多青石板碎块。另有一墓已暴露在外，面积约7平方米，为"工"字形墓，有耳室，未发掘。初步认定时代为汉代。

15 / 杨家墓群

位于辽阳市宏伟区曙光镇杨家花园村。据第二次全国不可移动文物普查记载："1976年辽化建厂时发现一批砖石墓，出土文物有长颈瓶、耳杯等陶器，时代为汉代。"

16 / 千山酒厂墓群

位于辽阳市白塔区南门街道千佛寺社区原辽宁千山酒业集团有限公司院内。据第二次全国不可移动文物普查复查档案记载："1983年4月，千山酒厂在施工中发现一批绳纹砖墓葬，当时已全部遭到破坏，出土了灰陶井、陶盒、长颈瓶、陶壶等。"时代为东汉。

17 / 曙光墓群

位于辽阳市白塔区南门街道曙光村。2009年4月建筑施工中发现墓葬之后，辽阳市文物保护中心对此处进行抢救性清理。可辨认的有石室墓、砖室墓，墓葬当时已遭到严重破坏，出土13件陶器，有陶烤炉、陶罐等，初步推断时代为汉魏。

上／官屯墓地

下／西王庄墓群

18 /　玉皇庙墓群

位于辽阳市白塔区南门街道新华社区。根据第二次全国不可移动文物普查档案记载："东西100米，南北50米，占地约5000平方米。墓葬分布密集，均是青石板墓，已被破坏。"时代为汉代。

19 /　官屯墓地

位于辽阳市灯塔市西大窑镇官屯村。据第二次全国不可移动文物普查记载："此墓1982年被发现，是石室墓，出土陶瓮、长颈瓶、陶器座、盖罐等陶器。"时代为汉代。

20 /　西王庄墓群

位于辽阳市辽阳县首山乡西王庄村西北。据第二次全国不可移动文物普查记载："西王庄汉墓群范围大致在长1000米，宽1000米的地面有12座墓葬，皆被破坏，在地面上留有残砖碎块。此地又称为'刘家坟'，并在原队长王某某家门口有个残缺石雕羊。"

21 /　下洼子墓地

位于辽阳市辽阳县兴隆镇下洼子村。此墓葬区分布范围南北长50米，东西宽60米，地面散布大量绳纹砖，但未采集到陶器及残片。通过采集的绳纹砖分析，此处应为汉代墓葬。

东汉至两晋壁画墓

东汉时期辽阳有壁画墓、瓮棺墓、砖室墓、石室墓，至东汉中晚期，这些墓葬的规模有逐渐增大的趋势，开始出现带有斜坡墓道、前后正室及左右耳室的大型多室墓。随葬品也不断丰富，以楼、灶、耳杯、瓶、盆、盘等陶明器组

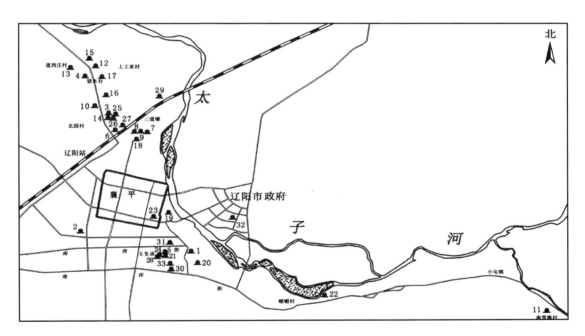

1. 迎水寺墓　2. 南林子墓　3. 玉皇庙墓　4. 北园1号墓　5. 棒台子1号墓　6. 三道壕车骑墓　7. 三道壕令支令墓　8. 三道壕1号墓　9. 三道壕2号墓　10. 棒台子2号墓　11. 南雪梅村壁画墓　12. 上王家村壁画墓　13. 道西庄壁画墓　14. 北园2号墓　15. 小青堆子墓　16. 南台子墓　17. 东台子墓　18. 三道壕3号墓　19. 东门外墓　20. 鹅房墓　21. 玉皇庙2号墓　22. 峨嵋墓　23. 东门里壁画墓　24. 玉皇庙3号墓　25. 北园3号墓　26. 北园4号墓　27. 三道壕4号墓　28. 玉皇庙4号墓　29. 三道壕西晋墓　30. 南环街壁画墓　31. 南郊街壁画墓　32. 河东新城墓　33. 苗圃2014M2壁画墓

↑ 辽阳壁画墓群分布示意图

合最具代表，与中原地区汉墓出土者如出一辙，另随葬有数量较多的五铢钱，反映了当时地域经济繁荣的景象。辽阳地区未发现诸侯王及重要品官的墓葬。

魏晋时期的墓葬特征与当地汉墓基本相同。隋唐时期，辽阳地处中原王朝和东北地方少数民族高句丽政权交战的前沿地带，战事频繁，辽阳地区发现一些高句丽民族的墓葬遗存。均为单室石室墓，墓葬形制及随葬品方面极具民族特征。

本章节主要以介绍辽阳壁画墓为主，因其墓葬数量较多，墓室的石壁上所绘的彩色壁画内容丰富，色彩绚丽，技法高超，引人入胜，故辽阳壁画墓闻名遐迩，具有显著特点的古代文化遗存，一直备受社会各界的高度关注。

1／ 迎水寺墓

位于辽阳市东北郊今文圣区（原太子河区）东京陵乡迎水寺村北的太子河右岸。该墓墓向南偏东，规模较大，构造较为复杂。系用淡青色页岩大石板支筑、白石灰勾缝而成。墓门用石板外封。墓室平面呈"凸"字形，室内四周通回廊，并排 4 个棺室和 1 个后室。墓葬南北长 4.5 米，左右宽 6 米，高 1.9 米。随葬器物有房、杯、勺等 7 类泥质灰陶明器及半两、五铢、货泉等铜钱。

石壁上彩绘壁画内容有对坐宴饮人物图、牛车出行图、车马图和庖厨图。墓室西壁绘有一幅男女主人对坐图。帷幕高悬，男子头戴黑帽，穿红色长袍，

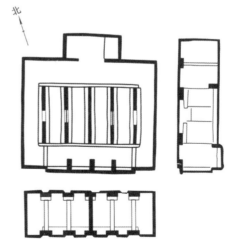

北

左／迎水寺墓石椁

右／迎水寺墓平、剖面图

白领袖，一手举毛笔；女子拱手，穿红色长袍，白领袖，左右侍者3人。墓室东壁绘一幅二女对坐图，二女均穿红色袍，拱手，一女戴9个发簪，另一女戴8个发簪。一幅牛车图和拴马图。一黄牛驾圆篷车，御者并行。墓室北壁绘有悬挂鸡禽的庖厨图。此墓年代在东汉晚期，即为2世纪末至3世纪30年代。

2／ 南林子墓

位于辽阳市白塔区武圣街道市委社区。石板支筑而成，墓道东向。平面呈"凸"字形。由前室、后室、回廊和侧室组成，室内有仿木结构石柱。墓室的墙壁、柱梁、天井等处都遗留彩绘痕迹，残留的色彩依稀可见。墓室中部为1个椁室，围绕椁室是一回廊，设有前廊，左、右各有1个耳室，其中左耳室稍大。出土有陶灶、陶井、陶制饮食器、金戒指、漆器碎片以及半两、五铢、货泉、大泉五十等铜钱。壁面主要部分都残存有壁画痕迹，主要用朱、褐、黄、黑等色彩绘制。左侧回廊左壁以大、小二石构成，在大石上部接墓顶盖板石下部处，绘有稍小人物坐像11人，下面绘有稍大人物坐像5人、立像2人。左边绘有类似"筑垣"的图像，再向左为大型坐像人物4人。后廊后壁正中墨画高大树木1棵，向左右伸展树枝。右耳室后壁上方绘有建鼓，旁边有2人物作舞蹈状立像，下边是1辆向右边的牛车。左耳室左壁上面绘1张幔幕，其间吊有玉壁，其下方可能为人物坐像。另据附近村民说，此前墓顶盖石板下部还画有日月图，但发掘时已不可见。原田淑人认为该墓为东汉时期汉人建造。

左／南林子墓石椁

右／南林子墓壁画

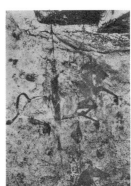

3/ 玉皇庙墓

位于辽阳市白塔区（原太子河区）南门街道千佛寺社区。该墓后被编为玉皇庙 1 号墓。据第二次全国文物普查档案记载："墓呈'丁'字形，方向是南偏西 5°，墓长 4.7 米，宽 2.5 米，墓顶距地表 0.6 米，墓内淤土厚约 1 米，结构为石板支筑，白灰勾缝。墓门由 3 块石板封堵，墓内前部中间两排并列，6 个石柱支撑墓顶，间隔成 3 个墓室，左、右两室铺石板尸床，后接左右高凸的明器台，台上至墓顶高 2 米，高出前部墓顶 0.4 米。骨架已被扰乱，早年被盗，随葬品置明器台上，大部分被毁，均属灰陶明器，约 20 件。少数陶器施有朱彩，有房、勺、灶、长颈瓶、罐、奁、高足壶等陶器，另有鱼骨和 20 枚汉五铢钱。墓内左、右两壁壁画基本脱落，据残迹辨认可能为男女对坐图和车骑图。"根据出土器物及壁画内容，推断该墓时代为东汉晚期。

4/ 北园壁画墓（北园 1 号墓）

位于辽阳市西北郊太子河区铁西街道瓦窑子村东南。墓葬原封土高约 10 米，规模较大，墓室构造较为复杂。椁室用淡青色页岩大石板支筑，白石灰勾缝而成。墓室前后长 7.85 米，左右宽 6.85 米，高 1.70 米。墓门 3 块石板外封，西南向。椁室由外围 4 个耳室、1 个后室，中间 3 个棺室和回廊组成。前廊左右各突出一小室，后廊后壁及椁室左、右两壁中部也各向外突出形成 3 个小室。椁室中央纵列 4 道立壁，将其分成 3 个棺室和回廊。两侧各为 1 块巨石壁，中间两道壁各由 3 块较小壁石组成。3 个棺室之间石壁均断开有 2 个缺口，可以视通。墓室被盗掘破坏严重，人骨及随葬品已不存。唯墓中壁画保存较好，内容极为丰富，按其内容可分为宴饮图、属吏图、楼阁图、后羿射鸟图、乐舞百戏图、斗鸡图、仓廪图、车列图、骑从图等。另有题字 4 处、白粉书 1 处、墨书 3 处。白粉者文句较长，仅存上首 4 字有半，下段漫漶不可读辨。"教以勤化以诚""小府吏""代郡廪""季春之月□（汉）……"等。

宴饮图绘一座凤凰脊屋顶建筑，堂中帷幕高悬。画面一男二宾对座宴饮，之间置盘案食器，热气升腾。男主人黑帽青袍，宾进贤冠、青袍。室内二侍，却敌冠，穿黑袍。室外侍者进贤冠，穿青袍捧瓶侍候主人。小府吏图，二人进贤冠，穿青色长袍，托底，黑缘领袖。

楼阁图画三层高楼，黛瓦朱栏，赤色青锁，下铺石台阶，楼顶装饰铜鸟，

左／北园 1 号墓骑从图

右／北园 1 号墓平、剖面图

两侧脊端树赤色有游长旗，上结朱绶，随风飘扬。中层楼中坐一妇人，观看楼外风景。楼右画一腾空而起裸体人持弓箭射楼顶金乌，即后羿射乌图。

乐舞图画建鼓，旁一人击鼓，一人作长袖舞。百戏图别开生面，数人同时表演，使人目不暇接。一人飞弄六丸，一人飞三剑，一人飞轮。另有二人配合作反弓腰背，掌趾落地，一人手脚履地伏行，腰间翘起长尾，作兽走状，一人两手着地，双脚上举作倒立状。皆穿短窄折袖衣，细腰大袴。斗鸡图，画两雄鸡相斗，一胜一败。车列图，画车 8 辆，前后衔尾而行。骑从 24 人，每车右侧 2—3 人，车后 1—2 人，中间主车驾 3 马，后拥骑从 5 人。骑从图，阵容宏大，横排 6 人，每二骑并进，共有百余骑。有执长柄佩剑，有持长旗，有持伞盖，有捧器物骑从，鱼贯而行，全队武士先驱，文吏后卫，充分体现出仪工森严。

→ 北园 1 号墓仓廪图

↑ 北园1号墓车骑出行图（一）（二）（三）

左／北园1号墓凤凰楼阁图

右／北园1号墓宴饮图

北园1号墓是目前辽阳发现的壁画墓中规模最大、绘画水平最高、题材最为丰富的一座，按其形制，墓主人当为辽东郡守一级的官吏。此墓年代在东汉晚期至汉魏之际。1961年公布为国家级文物保护单位。

5／ 棒台子1号墓

位于辽阳市西北郊太子河区铁西街道望水台村北约500米的平地上。1944年被日本人江上波夫盗掘。因墓封土高大，百姓俗称"大青堆子"。1951年5月，中国学者李浴曾亲自考察过该墓葬。

墓上现存封土呈方锥形，高7米，底边每面长22米。椁室用淡青色页岩大石板支筑，白石灰勾缝而成。墓室左右宽8米，前后深6.6米，墓内高1.7米。墓门封闭严密，石柱四根，石扉3扇，方向东偏南10°。四周石板立壁围成椁室，由左右耳室、后室、中部三棺室和回廊组成，底部和顶部均铺盖石板。曾被盗扰，随葬器物不详。

墓室壁画保存较好，内容极为丰富。有的一壁表现一个主题，有的数壁连画一个完整画面，也有一壁上下分属两个主题。按其内容可分为门卒图、门犬图、杂技乐舞图、宴饮图、车骑出行图、宅第图、庖厨图、日月流云图等。

墓门两立柱外面分别画有门卒图。门卒作武士装束，头戴红白帽，着朱红袍，皂缘领袖。右手执长方形盾，左手执环首长刀，刀环系红缨，浓眉大眼，白齿朱唇，须眉聚立，神态凶恶。两立柱里面分别画有门犬图，粉白身躯，细颈竖耳，颈系红绳，张口向门外作吠状。

墓门左、右两壁画两组杂技乐舞图，右壁乐舞演奏，歌手5人，乐师4人，

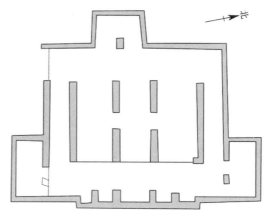

左／棒台子1号墓

右／棒台子1号墓平面图

5人奏琵琶、吹洞箫和弹琴瑟，歌舞5人，表演杂技节目8人，分作倒立前行、化装兽走，木台弓腰反立，袒背跪地，舞盘、舞轮、舞丸以及持短杖指挥者，动态和神态各异。右壁杂技表演26人，有乐工5人弹琴、吹箫，奏琵琶，歌手5人，头戴朱顶黑帽，身穿朱色衣，黑白领袖。表演节目亦有兽走倒立、反弓、舞弄铜链等。

左右小室壁间画主人宴饮图，图像高大，两男子各坐床上，后有屏帐，左右前后有托盘进食、抱弓鞭、打团扇侍立仆人，其戴黑帽、穿黑长袍，形象小于主人。

右廊的左、右、后三壁及左廊左壁画车骑出行图，是此墓壁画场面较大的画幅。全队骑吏43人，骑士91人，徒步随从22人，加上乘从车者、驭手共173人，车辆有黄钺车、鼓车、金钲车、黑盖车和白盖车共10辆，马125匹。戴盔着甲执长旗、矛、戟、棨戟的武吏列前，文吏列后，构成连骑结队仪仗出行。

后廊后左壁画宅第图，中央庑殿式三层高楼一座，黑盖红柱枋，白窗扇，楼下四五层石阶，楼顶高大装饰十分醒目，楼左后方一屋舍，灰盖红柱黑墙。楼右前方绘有朱色井亭一座，两柱支亭盖，盖下辘轳垂长绳，整个画面构成一所院落。

后小室的右、后、左三壁画有庖厨图，右壁双釜长方灶，庑殿式木橱，黑盆四足木方盘，筒状圆器，叠置四足方案、四足圆案、圆筐笼、黑盆、铁镬等各种器物。后壁模枋铁钩分挂扁壶、兽头、鹅、双雉、双鸟、猴、心肺、猪子、干鱼、鲜鱼等食品。有22人在榨汁、调理食物、取筐篮、洗刷器物、烤食品、

1 棒台子 1 号墓日月流云图

2 棒台子 1 号墓百戏图

3 棒台子 1 号墓庖厨图

4 棒台子 1 号墓星宿图

5 棒台子 1 号墓穿壁图

杵捣、脱鸡毛，左壁手持长刀解兽，俎上切肠肉，握牛角，绳束肥猪等屠宰图。

前廊上顶石绘有日月流云图，色彩青白而淡雅如夜空中朵朵彩云在飘浮，颗颗星辰在闪闪发光，棺头壁端满布垂壁蛇纹和云纹，形象逼真。

该墓墓室筑造不仅讲究、坚固、豪华，其规模也是辽阳汉代墓葬较大的一座。墓主人无疑是上层人物，或为当时辽阳辽东郡郡守一级的官吏。此墓年代在东汉晚期至汉魏之际。1961 年公布为国家级文物保护单位。

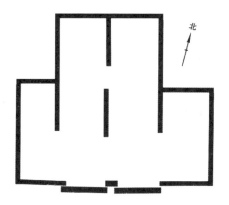

左／三道壕车骑墓平面图

右／三道壕车骑墓

6／ 三道壕车骑墓

位于辽阳市文圣区东京陵街道冶建化工厂区。1951 年发掘，因车骑壁画较为突出，被命名为三道壕车骑墓。

椁室用淡青色页岩大石板支筑，平面呈"丁"字形，有前廊、左右 2 耳室、2 棺室，墓门在前壁正中。方向南偏东 15°。椁室左右宽 4.13 米，前后长 3.36 米，室内高 1 米。

左耳室石壁绘家居饮食图，一幅男女对坐饮食，三幅独坐高堂，堂上均高悬朱色帷幕。榻前设几，几上置盘插毛笔，背后有屏障，后立男女侍者各 1 人，男侍者黑帽长袍，右捧黄包袱，左抱弓鞭；女侍者高髻长袍、长裙，手执团扇、托盘，向主人打扇进食。共绘画有 5 男 8 女计 13 人。

右耳室石壁画庖厨图，一幅绘画有猪头、豚肩、猪肚、双兔、双雉、干鱼、扁壶、鲜鱼等，食品分挂在木杆铁钩上，2 人黑帽青衣，双手执物在横板上操

↑→ 三道壕车骑墓宴饮图

作，5 个圆底大陶瓮在木架上。另一幅绘画有一高髻穿绿袍女子在井亭摇辘轳挽绳汲水，两黑衣白裤女子用木架抬黑盆，一黑帽白衣男子双手高举黄色风轮状物，两黑缘短衣男子在大方灶旁加柴操作。共绘画有男女 12 人。

右棺室右壁及右耳室前壁右壁画墓主人车骑出行图，前为先导车马出行，四导骑分两侧居前列为第一骑队，右黄、红马，左紫、黑马，黑盖黄马车在当中为车头，单人乘，1 人驾车。第二骑队二骑吏分路两侧，左白马右黑马，骑吏黑帽长袍。第二辆为无盖小车，御者黑帽白衣，驾黄马车载二瓮，最后红马为黄帷车，车载圆形物。其后为第二骑队，二骑吏先左右并行，穿红衣白裤，

← 三道壕车骑墓庖厨图

↑ 三道壕车骑墓车骑出行图

手持短杖，右红马左白马夹道前行；后二骑吏皆红衣白裤，头戴黑缨朱红帽，各执棨戟，左紫马右黄马随后而行。头辆车紫马黑盖应为男主人车，坐黑帽朱衣人，御者黑帽红衣。第三骑队右白马左紫红马，二骑吏皆黑帽黑衣，手执弓鞭，后辆为黄牛辎车，3人徒步左右随从，1人黑帽黑衣白裤，御者在牛右侧持鞭前行，2人头戴黑帽着白襦裤执杖夹毂前行。共绘画男女20人，车乘5辆、马牛17匹。

门卒日月图中门卒持刀武士装束，石枋头兽面张口露齿，日月云气分画在前廊藻井两端。

随葬遗物有灰陶明器、铜发簪和铜饰件、骨簪、五铢钱等。其中陶井模型，四面围栏，走道井亭俱全，制作精致，为陶制明器中精品。从壁画内容和随葬品等级看，墓主人无疑是一上层官吏。该墓年代当在魏晋之际。1961年公布为国家级文物保护单位。

7 / 三道壕令支令墓

位于辽阳市文圣区东京陵街道冶建社区（原窑业二厂墓）。1953年发现，因有"令支令"墨书题字，被命名为三道壕令支令墓。

椁室用淡青色页岩大石板支筑，为平面呈"丁"字形的多室墓。内分前廊、左廊、左右耳室、两棺室。墓门在前壁中部，2扇石板封闭。

葬式保存完好，右棺人骨2具，左棺1具，都是头北足南仰面伸肢葬，葬具有元宝形石灰枕。随葬有泥质灰陶罐、陶釜、铜带钩等遗物。

右小室前壁画鞍马6匹，马夫2人，红帽、朱色短衣、粉红裤。右及后壁

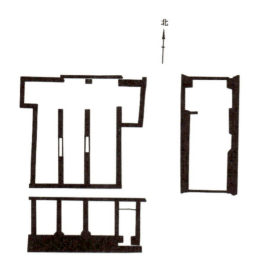

左 / 三道壕令支令墓平剖视图

右 / 三道壕令支令墓

绘家居图，墓门左壁绘庖厨家居图画一男主人、两女主人，分坐在3间堂屋，每间帷幕高悬，男主像头戴黑色三梁冠，身穿深红袍，黑缘领袖，女主像头梳高髻，前加花饰，后插垂式发簪，穿赭红上衣、花瓣纹裙。左右男女侍者分别向主人捧盘进食、打扇。值得注意的还有榜题隶体墨书字迹，分别为"巍令支令张□□""□夫人""公孙夫人"。

令支令张氏或是魏人，而公孙氏夫人或许是出身于辽东的大族公孙氏。此墓年代当在魏晋之际。1961年公布为国家级文物保护单位。

8/ 三道壕1号墓

位于辽阳市文圣区东京陵街道冶建社区（原窑业二厂墓）。1955年发现。

墓室南向，用淡青色大石板支筑。平面呈"凸"字形，前后长3.40米，左右宽4.65米，内分前廊，左右耳室，并列4个棺室，棺中各置石板尸床，棺前石板挡头。墓门4块板石外封，室顶和地面石板平铺。

墓内葬人骨架3具，分葬于第一、第三棺室，葬式为头北脚南仰身直肢葬，还有1具人骨二次葬，葬具铺盖苇席，头部有石灰枕。

随葬遗物有"铜出徐州"铭文铜镜、漆盒、铁剪刀、骨尺、五铢钱、货泉钱、银钗、银镯、

← 三道壕1号墓夫妇对坐图

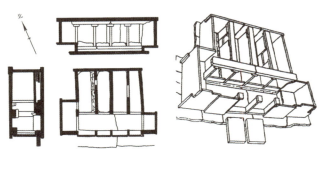

左／三道壕 1 号墓平、剖视图（左）及透视图（右）

右／三道壕 1 号墓

金指环、银指环、银顶针和 1 件灰白圆底大陶罐、2 件灰色陶钵。

石壁彩画是用朱、墨、青、黄、赭、白等色，直接绘于石壁上。男女主人对坐饮食图 3 幅，画面布局大同小异，帷幕高悬，拱手坐在方榻上，前置短几、三足食器等。男主像黑帽，黄角巾，穿宽袖大袍，白缘领袖，女主像头戴发帼，后加装饰，插步摇，身穿橙色花衣，白裙、红衣花裙。

庖厨图画有滑轮的井栏，长方大灶，灰白陶瓮。横杆上可辨挂有肉块、雉鸡、野兔、心肝等食物。

车马图画有枣红鞍马 1 匹，黄牛棚车 1 辆。门犬颈系绳索，张口向外，姿态凶猛。1961 年公布为国家级文物保护单位。

左／三道壕 1 号墓庖厨图

右／三道壕 1 号墓对坐饮食图

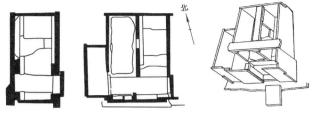

左 / 三道壕 2 号墓墓门

右 / 三道壕 2 号墓平、剖视图（左）及透视图（右）

9 / 三道壕 2 号墓

位于辽阳市文圣区东京陵街道冶建社区（原窑业二厂墓）。1955 年发现。

椁室用淡青色页岩大石板支筑，平面呈曲尺形，前后长 3 米，左右宽 2.75 米，1 个耳室，2 个棺室和前廊，墓门 2 块石板外封。

有棺室人骨架 1 具，头北足南仰面伸展葬，葬具苇席上下铺盖。

随葬遗物有五铢钱、大陶盆、小陶盆、大陶罐等。

石壁上的彩画有男女方席对坐图。帷幕高悬，男子红领缘黄上衣，女子红黑领缘衣花裙。还有红日、牛车等画面。1961 年公布为国家级文物保护单位。

10 / 棒台子 2 号墓

位于辽阳市西北郊太子河区铁西街道望水台村东棒台子 1 号墓东南约 1000 米处。1956 年发现，1957 年发掘。壁画石板及摹本现存于辽宁省博物馆。

墓椁室平面呈"工"字形，系用大块淡青色页岩板石支筑，石灰勾缝。南北长 4.66 米，前宽 5.96 米，后宽 5.12 米，室内高 1.9 米。前后廊各有左右耳室，四棺室，四周石板围立，上下石板铺盖，顶加石条横枋。墓门在前壁中部，方向南偏东 20°。侧门在后廊左耳室左壁，两门用石板外封。

墓室内共葬有 6 个个体，有成年人和儿童，有男有女。葬式一种为头北足南仰身直肢葬，一种为二次葬。

随葬遗物有铁刀、白玉饰、五铢钱、铜环、漆器和井、方灶、罐、瓮、单把杯、长方盘、耳杯、豆、器座、盒、釜、碗、瓶、圆案等灰陶明器 60 余件。

石壁上绘有彩画。门卒头戴红黑帽，绿衣领执盾武士装束，宴饮图画男女

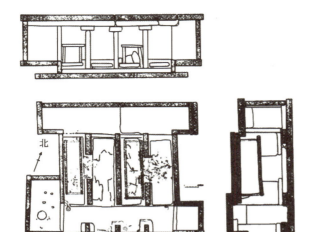

左／棒台子 2 号墓平、剖视图

右／棒台子 2 号墓軿车图

主人对坐在方榻上，红帷高结，朱带下垂，男子戴平顶黑帽，女子头戴发帼，红衣赭领，石绿内衣，红线褶裙，右手执杯。主人左右男侍戴黑帽穿青绿袍，抱红囊，捧长方盘。女侍发前插 2 支红笄，石绿上花衣黄领袖，红内衣，腰系朱带拖地，红长裙，石绿镶缘，手托杯盘向主人敬食。府吏头戴墨冠，赭青袍石绿领缘，肥袴、拱手、双手捧笏，雁行躬立。

车骑图中前导骑 3 人，皆黑帽红衣土黄袴，一骑红马，挽缰扬鞭策马，一

左／棒台子 2 号墓府吏图

右／棒台子 2 号墓骑吏图

骑黄马，提缰回臂扬鞭，一骑石绿马，勒缰，红鞯车后，一从骑红黑斑马，抱红囊。

楼宅庭院图正中高楼 3 层，四阿式盖顶，瓦垄，脊有鸟状物，朱栏红柱，石台阶，红色楼梯。水井 1 眼，院墙 1 道，流水式墙顶朱红门楼。

车列图中画 4 辆车一字排开，均作进入宅门状。前辆红盖车，次为黑盖黑帷车，再次为土红马驾鞯车，最后一辆为驾土红牛鞯车。

壁画题字有"大婢常乐""主簿""议曹掾"，均墨笔隶书，另有月轮图等。1961 年公布为国家级文物保护单位。

11 / 南雪梅村壁画墓

位于辽阳市文圣区小屯镇乡南雪梅村北。1956 年发现。

椁室用淡青色大石板支筑，平面呈"丁"字形，前后长 3.25 米，左右宽 6.06 米，室内高 1.80 米，正门在前壁中部，南偏东 40°，外用石板封堵。内有前廊、中廊、左右耳室、后室和 3 个棺室，侧门在后室左壁。

丛葬 6 人，头北足南仰面直肢葬，葬具有苇席。

随葬遗物有银指环、五铢钱、货泉、连弧纹铜镜、漆盒、铁环刀及灰色泥质耳杯、圆案、盘、豆、三足壶、盆、钵、盂、勺、三足奁、套盒、长颈瓶、洗、器座等陶明器。陶盘内壁正中刻画羽人持剑与龙格斗的场面，其四周刻有二鹿、一人首鸟身像和二盔甲的骑士。两骑士正在战斗，前者持戟，后者张弓射箭。

石壁彩画有房舍、门犬和人物图像。人物均为男性。拱手对坐于朱色帷幕

左 / 南雪梅村壁画墓平、剖视图

右 / 南雪梅村壁画墓出土陶盘

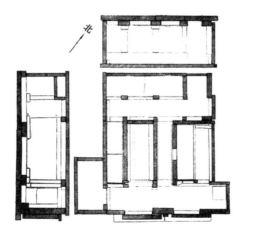

之下，左右各 3 人，左前方 1 人，其前置长方形红几，几下有一红色圆案。后 2 人均着红袍，下方置长方形黄几，几上放着 1 个红圆案。右前方 1 人着红袍，次赭袍，后 1 人着绿袍。

12 / 上王家村壁画墓

墓葬位于辽阳市太子河区铁西街道上王家村。1957 年发现，1958 年发掘。

椁室用淡青色页岩大石板支筑，平面呈"丁"字形，南北长 5 米，前宽 4 米，最高 2.5 米，分前廊，左右两小室和 2 个棺室。前廊顶部用 4 行石板互相抹角叠压成平顶方形天井结构。墓门在前壁正中，方向 106°。

男女合葬，葬式头东足西仰面直肢葬，葬具有木棺和石灰枕。

随葬遗物有铁镜、漆盒、五铢钱、货泉钱、陶盘及青瓷虎子 1 件。虎子制作精美，虎头把手后附有蛇尾，腰两侧有飞翼，较为罕见。

右耳室南壁上彩绘有主人宴饮图。堂上朱幕高悬，男主人端坐方榻之上，头戴冠，右手持麈尾。面前置红方案，背后有朱色屏障。榻右侍立 1 人，黑帽长袍束腰，捧笏面向主人，头部墨题"书佐"字样，标明侍者身份。屏后侍立 3 人，均黑帽长袍束腰，捧笏面向主人。榻右一侍者，托盘向主人进食。

左耳室北壁绘牛车出行图。前导骑 8 人分列路两侧，骑吏黑帽长袍，拱手捧笏，主人坐黄牛车在后，御者黑帽短袍，持缰绳步行。

西壁可能绘房宅。棺室后壁刻画文字"呜呼哀哉□""嗟夫此石出东山古人致□□当奈何"等。该墓年代为西晋时期，是目前发现辽阳壁画墓时代最晚的一座。2019 年公布为全国重点文物保护单位。

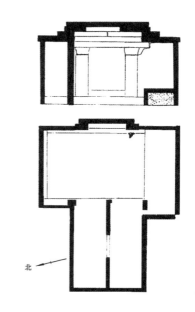

↑ 上王家村壁画墓平、剖视图

↓ 上王家村壁画墓出土青瓷虎子

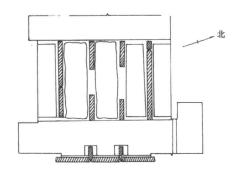

↑ 道西庄壁画墓平面图

↓ 道西庄壁画墓

13 / 道西庄壁画墓

位于辽阳市西北郊太子河区铁西街道道西庄村，1958 年发现。

墓葬平面呈"T"字形，用淡青色页岩大石板支筑，椁室有前后廊，前廊左右各一耳室，3 个棺室并列。

骨架已被扰乱，随葬陶器较少，有泥质灰色盘、罐、碗等陶器。

后廊的后壁画有墓主人车骑出行图。场面较大，人物众多，能辨认出来的近 50 人。列队前呼后拥，1 人前导，4 人举迎风招展长旗列前，由 2 至 6 人组成横列骑队。武吏在前，文吏在后，还有步行骑从。2 辆主人乘坐白盖车，下部列挂食品，2 人捧物走进。

该墓时代应在魏晋之际。2007 年公布为省级文物保护单位。

14 / 北园 2 号墓

位于辽阳市太子河区铁西街道铁合社区，1959 年发现。椁室用淡青色页岩大石板构筑，墓门南向，2 块石板外封，内有 3 个棺室、2 个耳室、1 个后室和前后两廊。

葬人骨 2 具，前廊左耳室高台 1 具人骨，左棺室 1 具架，均头北足南，仰面直肢葬。骨架葬在耳室为辽阳地区首次发现。随葬品有灰色陶器和金耳环。

石壁上彩绘有门卒门犬图。门卒头饰圆形黑发髻，身披甲衣，短裤，红缘领袖，腰缠红带，手持一弓一箭武士装束。屋舍图画板瓦屋顶，檐下斗拱承托，脊落一乌鸦。日

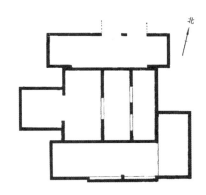

↑ 北园 2 号墓平面图

↓ 北园 2 号墓

月仙鹤图，高悬红日，三足金乌展翅，圆月玉兔，白鹤回首。武器架图画甲衣、盾、环首刀、红缨戟。该墓时代应为汉魏之际。2013年公布为全国重点保护单位。

15／ 小青堆子墓

位于辽阳市太子河区铁西街道景尔屯村旁路东，未被发掘。

据第二次全国文物普查档案记载："小青堆子墓封土堆呈圆锥形，高3.7米，底宽18米、周长93米，是石板墓，可能为大型墓葬。1961年，辽宁省博物馆文物工作队对该墓进行了考古勘探，从封土中央探到1.6米处有夯土层，3.7米处有白灰封顶。"

该墓为汉魏时期的墓葬。1961年公布为全国重点文物保护单位。

16／ 南台子墓

位于辽阳市太子河区铁西街道望水社区一热电厂区。

据第二次全国文物普查档案记载："南台子墓封土堆呈圆锥形，高2.7米，底宽18米。是石板墓，可能是大型墓葬。1961年，辽宁省博物馆文物工作队对该墓进行了考古勘探，未发掘，墓顶白灰封顶。"

该墓为汉魏时期的墓葬。1961年公布为全国重点文物保护单位。

17／ 东台子墓

位于辽阳市太子河区铁西街道望水台村村委会东。据第二次全国文物普查档案记载："东台子墓为汉魏时期墓葬，封土呈方锥形，

↑ 小青堆子墓

↓ 南台子墓

↓ 东台子墓

高 3.5 米，底宽 21 米，周长 88 米。1961 年，辽宁省博物馆文物工作队对该墓进行考古勘探，从封土堆顶探到 2.7 米处有白灰封顶，顶无夯土层。墓葬未发掘。勘探为石板墓，可能是大型墓葬。"

该墓时代为汉魏时期。1961 年公布为全国重点文物保护单位。

18 / 三道壕 3 号墓

位于辽阳市文圣区东京陵街道冶建社区。北距 1、2 号墓 200 余米。1974年发现。

墓椁室平面呈"工"字形，用淡青色页岩大石板构筑。椁内前后有廊，左右有耳室，中间棺室，墓门南向，方向 190°，用一块大石板外封，前后长 4.50米，左右宽 1.26 米，室内高 1.80 米。墓中葬 2 人，头北足南仰面直肢葬，葬具有石灰枕。

随葬遗物有铜耳杯、骨簪、银顶针、铁剪刀以及陶罐、陶扁壶、陶钵、陶奁等灰陶器，奁内残存有鸡骨遗骸。

前室右耳室石壁上彩绘有男女对坐图。帷幕高悬，男主人长袍，黑缘领袖，高冠，拱手坐方榻上，女主人红短褂花裙，红飘带白内衣，高髻，前插红花饰，后插曲簪。女侍长衣红裤向主人打扇，进食，侍童穿短衣、双髻，捧盘向主人进食。

前室左耳室有牵马图。画红鞍马，马夫短裤，头结发，挽缰绳。后室北壁墨线勾勒两层楼阁图。另有家居及云气装饰图。

该墓时代为汉魏之际。2013 年公布为全国重点文物保护单位。

左 / 三道壕 3 号墓平面图

右 / 三道壕 3 号墓墓主人图

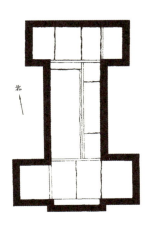

19 / 东门外墓

位于辽阳市文圣区东京陵街道东城社区鹅房街 12 号辽宁金箱金属结构厂厂房。

根据第二次全国文物普查档案记载:"1974 年发现该墓,石板墓,长方形,石板立筑四壁,中间立石板隔为两个棺室,石壁上彩绘有四神图和人物房舍图,未发掘。"该墓时代为魏晋之际。

20 / 鹅房墓

位于辽阳市文圣区东京陵街道东城社区鹅房村南。1975 年发现。墓椁室平面为"工"字形石板墓。椁室用淡青色页岩大石板支筑,前后长 4.8 米,左右宽 3.48 米,室内高 1.48 米。墓门东南向,石板外封。椁内前后左右有小室,中部为 2 个主室,上下石板铺盖,石灰勾缝。

随葬器物有方灶、瓢、勺、豆、奁泥质灰陶器。金属器有环首铁刀、铜镜、银指环等 60 余件。

石壁上彩画有文吏诵经像,画一排六男拱手坐像,身穿绿袍,白缘领袖,头戴进贤冠,各持帛书卷。宴饮图,画三男一女拱手对坐,男主人黑帽,穿红绿袍,白缘领袖,女主人高髻穿红袍。中间一男身穿绿长袍束腰长带,两手履地,形如飞天向主人作倒立表演。楼阁图中墨线勾勒二层高楼,楼顶左上方绘有一轮圆月。此外前室右小室还有梅花鹿、马、兽、鸭等可辨图像。

该墓时代为汉魏之际。2006 年公布为全国重点文物保护单位。

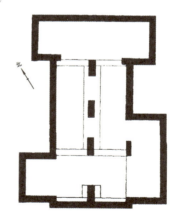

左／鹅房墓乐舞图

右／鹅房墓平面图

21 / 玉皇庙 2 号墓

位于辽阳市白塔区南门街道南光社区玉皇庙西侧。1979 年发现，已经被盗。为与日本人在 1942 年发掘的玉皇庙壁画墓以示区别，将该墓编号为玉皇庙 2 号墓。墓平面呈"T"字形，为单室墓，规模较小，面积在 10 平方米以下。明器台向两侧延伸突出于棺室形成后廊。随葬有陶器和钱币。陶器有房、灶、釜、奁、勺等明器，还有陶罐、陶长颈瓶、陶高足壶等生活用具。该墓壁画不详。时代应为东汉晚期。

22 / 峨嵋墓

位于辽阳市宏伟区曙光镇峨嵋村东 1000 米的太子河南岸，南距本辽公路 150 米。1977 年挖排水沟时发现。

据第二次全国文物普查档案记载："此墓为淡青色页岩石板结构，石板支筑'丁'字形椁室，前廊左右各一耳室，后廊一左耳室，墓门立 3 个石柱，4 块石板堵封墓门，墓室中间并列四棺室，3 个过窗。整个墓室长约 4.2 米，宽约 5.3 米。前廊右耳室顶石压角两层方形天井。墓前廊右耳室东、南壁有壁画，可辨两幅男女主人对坐图，绘于前廊右耳室两壁石上，为起居宴饮等画面，有的已模糊不清。清理时出土灰陶罐 1 件（残）、铜镜钮部残件 1 件。"该墓时代与辽阳上王家晋代壁画墓接近。

23 / 东门里壁画墓

位于辽阳市白塔区文圣街道文庙社区老城东门里南 75 米的城墙基下。1983 年居民挖菜窖时发现。

墓室用淡青色页岩大石板构筑，由东、西二棺室和明器室组成，平面呈"T"字形。墓门在南壁中部，石板外封，方向南偏西 10°，门外墓顶砖砌翼墙。

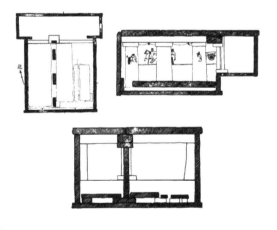

↑ 东门里壁画墓平、剖视图

墓室四壁石板围立，底、盖石板平铺, 4 根石柱支筑墓顶。墓室以 2 块石板相隔，各置石板尸床。通长 3.6 米，宽 3.1 米，高 1.54 米。棺室北部有明器室，明器

↑ 东门里壁画墓飞廉图

台加高。

葬人骨3具，东棺室葬儿童1人，西棺室葬1男1女，葬式均头北足南，仰身直肢葬。葬具有白灰枕，满席和白灰铺1层以敛尸。此墓可能为家庭合葬墓。

随葬遗物以灰黑泥质陶器为主，共29类62件，置于后部明器台和棺室、墓门内。陶器主要有罐、套盒、长颈瓶、壶、瓮以及房、灶和井等陶明器和仿漆器的陶案、陶耳杯等。另有银指环、铁刀、漆奁、锯齿纹铜镜和半两钱、五铢钱等。

石壁上的彩绘有门卒图。站立男子头结黑色牛心帻，着右衽短衣，黑缘领袖，手执长方形盾和环首铁刀。小吏图，头戴黑色单梁进贤冠，着束腰青长袍腰带，拱手执棨戟。

出行图画二骑吏，一人头戴黑色屋形帻，着右衽白袍，黑缘领袖，一人倒骑马，身着圆领长袍，持环首铁刀。其后一辆軿车，幔圆朱篷，驾一黄牛，当为妇人所乘。宴居图，画一男子坐像，黑冠黑袍，一女立像高髻，着红色束腰拖地衣裙，墓顶板天象图，画日上金乌、月上蟾蜍及数十个红色星点装饰图案。西壁水波纹中画一马形飞廉，东壁水波纹中画一白色羊首人身异兽，头有曲角，身披长毛。

↑ 东门里壁画墓门卒图
↓ 东门里壁画墓属吏图

从墓室结构和随葬器物看，此墓年代当为东汉中期。壁画内容反映出墓主人可能是辽东郡属下一个三百石的文职或相当于县令级别的官员。2013年公布为全国重点文物保护单位。

24 ／　玉皇庙 3 号墓

位于辽阳市白塔区南门街道南光社区玉皇庙西侧。1984年发现。已被扰动。该墓编号为玉皇庙3号墓。为单室墓，规模较小，面积在10平方米以下。平面呈长方形。长2.24米，宽1.17米，墓门南偏西15°。墓室南部葬人，发现人骨1具，头向北，仰身直肢葬。北部为以石板砌筑加高的明器台。随葬遗物残存有陶瓿、陶瓶和圆形陶灶等。墓葬壁画不详。该墓时代应与东门里壁画墓相近。

25 ／　北园 3 号墓

位于辽阳市北郊今太子河区铁西街道北园社区铁合金厂职工宿舍区，1986年发现、发掘。

此墓为"工"字形石墓，用淡青色页岩大石板支筑，椁室由前廊、左右耳室、后室、三棺室和明器室组成。

墓室葬有人骨3具，均头北足南，仰身直肢葬，葬具有石灰枕和木棺。

随葬遗物百余件，以泥质灰色陶明器为主，还有漆奁盒、铜镜、环首铁刀、五铢钱等。其中两层陶楼。歇山式瓦顶，门窗别致华丽，在汉代陶楼明器中少见，具有建筑研究价值。

壁画有文吏诵经像，12个人物各捧一卷帛书似在诵经，均戴进贤冠。天象图有日上金乌和月上蟾蜍，另有6个圆点星座。男女对坐图，帷带高悬。车

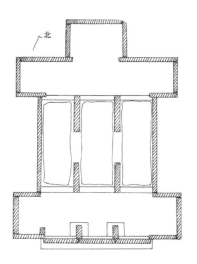

左 / 北园 3 号墓

右 / 北园 3 号墓平面图

马出行图，白车两马上部一落鸟桑树。家畜图，有黄牛、马、鸡、鸭、猪等六畜俱全。门卒门犬图，门卒武士装束捧弓箭形象高大。门犬满身长毛、凶猛。歌舞图，一束长袖歌女作跪坐状。庖厨楼阁图，楼三幢，画有鱼、鸭、鸡、肉等食品。

该墓时代与鹅房墓相近，应为汉魏之际。2006 年公布为全国重点文物保护单位。

26 /　北园 4 号墓

位于辽阳市太子河区铁西街道铁合社区。据第二次全国文物普查档案及《中国文物地图集·辽宁分册》记载，墓为石室墓，呈"工"字形，淡青页岩石板支筑。前后左右各一小室，中设 2 个尸床，墓门 2 扇，由石板封堵。前廊左小室顶被打破，墓内有积土，葬式不明。墓室在前廊，左耳室的壁画是门卒图，右耳室是宴饮图，后廊中部是一红金乌，尸床中间立面画云气图。墓长 3.8 米，宽 3 米，面积 11.4 平方米。出土物在后室有陶明器 20 余件，有灶、井、罐、勺、架、座、灯、钵、水斗等。尸床上有漆器残片。该墓时代为东汉晚期。

27 /　三道壕 4 号墓

位于辽阳市文圣区东京陵街道冶建化工厂院内。车骑壁画墓东约 150 米的铁道西侧。1989 年，辽宁省文物考古研究所发掘。墓葬已全部毁坏，墓室结构已不能确定，仅在部分石板上见有壁画，内容不明。出土有一小玉人。

28 /　玉皇庙 4 号墓

位于辽阳市白塔区南门街道南光社区玉皇庙西侧。1990 年发现。已经被

1	2
	4
3	
	5

1　北园 3 号墓庭院车马图

2　北园 3 号墓宴饮及乐舞图

3　北园 3 号墓侍吏门犬图

4　北园 3 号墓侍吏图

5　北园 3 号墓门卒图

扰动。该墓编号为玉皇庙4号墓。墓为双室墓，规模中等。平面呈倒"T"字形，无后廊，前室左右有耳室，右耳室大于左耳室，并设有明器台。墓葬有壁画，内容不详。随葬遗物残存有陶罐。

29 / 三道壕西晋墓

位于辽阳市文圣区铁西街道冶建社区沥青厂院内。1983年发现，同年进行了清理。

墓葬平面呈"工"字形，墓向南偏东15°，南北长4.85米，东西宽4.46米，深1.8米。墓椁用淡青色页岩大石板支筑，室内分为前后廊，两廊左右各有耳室，中间并列4个棺室。南为石板构筑前廊，3根支柱，柱上置长方形石枋，枋上压墓顶石板，前廊东西各砌一小室，西小室有高0.37米的明器台，中间4个棺床并列。骨架6具，分葬在3个棺床上，一棺两具。均头北足南仰身直肢葬，应为家族合葬墓。北为后廊，东西边各砌一耳室，西侧有明器台。

墓葬石壁上刻划有文字、图像。文字纪年有"太康七年""太康九年""太康十年"，刻在正对棺室的右廊北壁或棺室立壁。推测埋葬时间分别为太康七年、九年、十年3个年份。地名"襄平"（今辽阳）刻在前廊右耳室正壁。官职"将军"刻在棺室前部壁面。图像有武士像、飞鸟图、鸭啄鱼图、射鹿图以及彩绘公鸡等，多刻划在棺前横枋或立柱斗上。还有许多难以辨认的文字。

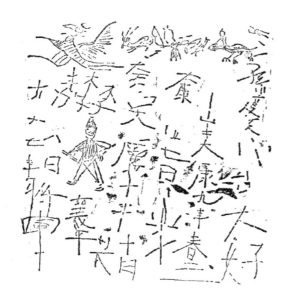

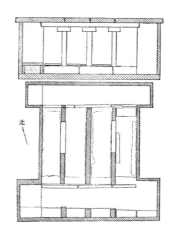

左／三道壕西晋墓墓壁刻划文字图像摹本

右／三道壕西晋墓平、剖面图

西明器台上置有陶盘2个，尸床上放陶钵1个、环首小铁刀、银环1双、银发髻1双、"位至三公"铜镜，东耳室有陶瓶、陶盘、灰色陶钵等。

太康为西晋武帝年号，依据纪年文字判断，墓葬时代应为西晋初年。1983年公布为市级文物保护单位。

30 / 南环街壁画墓

位于辽阳市宏伟区文圣路东、南环街北100米处的香港花园1号楼东端。1994年8月建设香港花园1号楼时发现，辽宁省文物考古研究院对其进行了发掘。

墓葬用淡青色石板支筑而成。平面略呈"凸"字形。长3.92米，前宽4.18米，后宽2.98米。由墓门、前廊、左右耳室、棺室组成。墓向196°。墓门设在前壁中部，中间置立柱两根，将门分为三洞。立柱上置栌斗，下垫方形础石，栌斗上置长条石板做门楣，支柱前侧下端凿出豁口，卡在门槛上。门用3块长方形石板封堵。前廊为长方形，石板铺地，地面低于棺床约0.3米，长2.38米，宽0.96米，高1.46米。耳室与前廊右端连为一体，前、后、右三面用石板围立，石灰勾缝，长0.88米，宽0.64米，高1.46米。左耳室与前廊的左端相连，构筑方法与右耳室同，比右耳室略大。地面铺有石板。棺室在前廊的后面，周壁用石板围筑而成。底铺石板为尸床，中间立置间断石板做隔墙，将棺室分割为左、中、右3间，隔墙间断处形成过洞，使各棺床连通。

墓内共发现人骨3具，头向葬式不明。出土随葬品陶器13件，有套盒、案、盘、樽、盂、灯、耳杯等。石器器盖1件，银顶针1枚，铜钱88枚。

壁画直接绘于石板上。右耳室盖石上绘有一轮红日，日中有墨笔绘成的三足乌。右壁绘家居图，正中为男主人坐像，旁站立侍者。左耳室右壁绘饮食图，红帷幕下两方榻上绘男女对坐像，中间站立一穿长袍侍者，双手作取物状。男坐像榻前置长方几，几上圆案中置耳杯。左耳室左壁绘一老者站像，举右手持物。门柱上绘有云气图。

该墓年代在魏至西晋之际，墓葬人的身份应是魏晋时期县令级别的官员。

31 / 南郊街壁画墓

位于辽阳市白塔区南郊街北侧的辽阳电力设备有限公司院内。2004年4月至7月辽宁省文物考古研究所勘探并发掘了3座石板墓。3座墓均用青石板支筑，为大型多室墓，均由封土、墓圹和墓室 3 部分组成。

1 号墓坐北朝南，方向 20°。封土呈椭圆形，南北长 14.4 米，东西长 12.8 米，残存最厚处约 0.5 米。墓圹近方形，东西长 5.34 米，南北宽 5.6 米。该墓有北门和东南角门两个门，均呈斜坡状。北门为正门，墓道平面呈梯形。东南角门为副门，平面呈长方形。墓室平面近方形，南北长 5 米，东西宽 4.4 米。由前廊、侧廊、主室（棺室）、后室和南、北两个耳室组成。墓室内发现人骨已经扰乱，头朝向均不清楚，可辨 3 具个体。壁画内容比较丰富，采用石膏、朱砂、石墨、白垩土等直接绘于青石板上，有云气图、门吏图、回廊图、属吏奏事图、宴饮图、青山图、太阳图、车马出行图等。随葬品 70 余件。大部分为陶器，也有玉器、石器、骨器。陶器有长颈瓶、扁壶、盛器、盘、奁、盒、井、瓢、魁、灶、环、釜、灯盏、条案、俎、耳环等。玉器、石器、骨器有玉瑱玲、石蝉、锥、镞等。

2 号墓位于 1 号墓西侧，坐南朝北，方向 20°。封土呈椭圆锥形，南北长 13.2 米，东西长 8.8 米，残存最厚处约 0.5 米。墓圹呈"凸"字形，南北长 6.14 米，东西宽 3.73 米。墓道在墓室北部，斜坡状，平面呈梯形。墓室呈

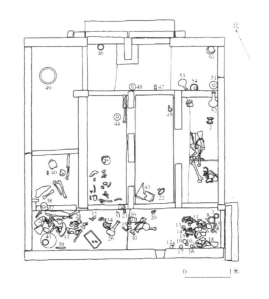

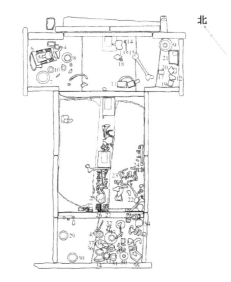

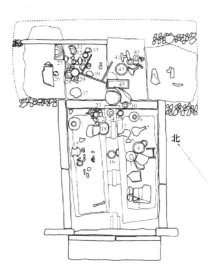

上／南郊街 1 号壁画墓平面遗物分布图

中／南郊街 2 号壁画墓平面遗物分布图

下／南郊街 3 号壁画墓平面遗物分布图

"丁"字形，南北长 4.8 米，东西宽 1.8—3.1 米。由前室、主室（棺室）、后室和东、西 2 个耳室组成。墓室内发现人骨已遭扰乱，头朝向均不清楚，可辨 3 具个体。壁画绘有红色云气图、红色瑞兽图、团云图、如意云气图、几何图案等。线条较为随意流畅。随葬品 60 余件，其中陶器 50 多件，也有铜器、铁器、石器和骨器。

3 号墓位于 2 号墓西侧，墓室坐北朝南，方向 210°。封土呈椭圆形，南北长 10.66 米，东西长 8.92 米，残存最厚处约 0.5 米。墓圹呈"凸"字形，南北长 7.4 米，东西宽 3.6 米，深近 2 米。墓道在墓室南部，斜坡状，平面呈梯形。墓室呈"丁"字形，南北长 3.74 米，东西宽 3.3 米。由主室、后室和东、西 2 个耳室组成。墓室内发现人骨已遭扰乱，头朝向均不清楚，可辨 1 具个体。壁画保存较差，只能看到东西壁上几个线条，内容不清。随葬品 45 件，其中有陶器、石器和铜钱。

1 号墓的年代略晚于东门里壁画墓，应在东汉晚期偏早阶段。2 号墓较 3 号墓年代略晚，均为东汉晚期。1 号墓墓主人地位最高，2 号墓其次，3 号墓最低。

左／南郊街壁画墓属吏奏事图

右／南郊街壁画墓云气图

3 号墓墓主人应为县令级别。2013 年公布为全国重点文物保护单位。

32 / 河东新城墓

位于辽阳市文圣区东京陵街道政府西南河东新城回迁楼址内。2010 年 8 月发现，发现时部分已被破坏。

墓葬为石板砌筑的四棺室墓，坐北朝南，方向160°。平面略呈长方形，南北长约 4.5 米，东西宽 4 米。通过辽阳市文物保护中心清理残余部分可知墓的结构由墓道、墓门、前廊、墓室和明器台组成。墓葬地面平铺石板，其上用立石板围砌形成前廊、墓室和明器台，从前到后逐层抬高，形成 3 个层面。前廊紧接墓门，为一东西向长方形廊池。墓室紧接于前廊北部，为 3 道南北向立石板墙间隔而成的 4 个并列棺室，隔墙中间都留有窗口，4 个并列棺室中部相通。各棺室中均置大石板尸床。墓室北部为一高出墓室尸床的长方形明器台。

壁画残存 2 幅，分别位于前廊东壁和东侧南壁上。东壁壁画绘有偏幰车图、牛耕图和牵马图。东侧南壁壁画绘有宴居图、童子牵鸠车图和角抵图。此外，在童子牵鸠车图上方有墨书一列"公孙□□"四字。

出土遗物共计 8 件，有陶瓮及石盖、陶奁盖、墓砖

↑ 河东新城墓宴居图

↑ 河东新城墓牵马图

左 / 河东新城墓家居宴饮图

右 / 河东新城墓牵马图

残块、铁镜、石灰枕、漆器残片。

河东新城墓应为汉魏之际公孙氏统治集团的贵族墓葬。

33 / 苗圃 2014M2 壁画墓

位于辽阳市白塔区南门街道原辽阳林业科学研究院苗圃院内。

M2 墓为 1 座大型石板砌筑的多室墓，遭盗掘严重，墓顶、墓室后部石板基本不存。该墓由墓道、西室、中室、北室组成。墓道 2 条，斜坡状，分别位于中室南侧和西室西侧。西室和北室为长方形，中室近正方形。少量人骨散乱于中室。出土陶罐 4 件，另有数枚五铢钱。

墓室内石壁上有文字和壁画。文字分别刻于西室南、北两侧和中室东侧的立板上。其中西室北侧石壁之上刻有"郭师""以

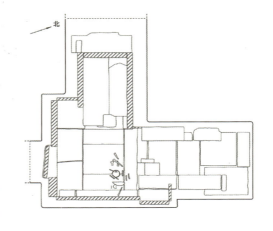

↑ 苗圃 2014M2 壁画墓平面图

太安三年春三月十八日造讫师王休盛""闻此"以及由横竖线条组成的简单类似幔帐图案。西室南侧石壁之上的文字及图案入石较浅因而模糊，可辨为"张乐安曾得□□""吴□□□□"字样及简单刻划的两个行走的人物图案。中室东壁上刻有"吾以建安三年""茂安"字样。壁画绘于南侧墓门和中室北侧立石板上，剥落较为严重，色彩为黑、红两色，内容为人物牵马和幔帐。南墓门东侧绘有一门吏，左手较清晰，折腕执一长柄状物，右手不大分明，似掌心向外置于胸前。中室北立板之上壁画剥落严重，隐约可见幔帐形象。

墓室"太安三年"和"建安三年"的两处纪年刻字应为同一人所为。该墓是一座利用前代墓葬材料砌筑的墓葬，墓葬上有修造墓室的匠人留下的西晋石刻纪年。两行重要的石刻文字与墓室建造时间一致，即西晋永安元年（304）为墓葬的建造时间。该墓可能

1		1 苗圃 2014M2 壁画墓石椁
2	3	2 苗圃 2014M2 壁画墓刻划文字
		3 苗圃 2014M2 壁画墓刻划人像
4	5	4 苗圃 2014M7 壁画墓牵马图
		5 苗圃 2014M7 壁画墓人物图

是由迁徙辽东的山东造墓师或山东造墓师的传承人王休盛进行改建的，体现了魏晋时期辽东与山东地区的密切交流及联系。

结语

辽阳地区汉魏晋壁画墓在总体上与中原地区保持一致，但发展上明显落后于中原，并有较强的地方性特征。自燕置辽东郡，到秦汉大一统，汉文化随着汉王朝对东北的政治统治而进入东北，为东北文化的繁荣发展起了重要作用。辽阳地区作为东接高句丽、南通乐浪的枢纽，两汉时期政治、经济、文化得以迅速地发展。汉末公孙氏割据辽东，政治稳定、经济繁荣，大型壁画石室墓的发现，壁画中场面宏大车骑出行图、杂技舞乐图正是从侧面反映了这一时期辽东地区经济文化繁荣昌盛的局面。曹魏两晋时期大型墓葬减少，随葬品急剧衰落，则与公孙氏灭亡后辽东社会经济衰落和曹魏西晋推行薄葬密切相关。辽阳地区汉魏晋墓葬的发展演变，在很大程度上反映了两汉魏晋时期汉民族及汉族文化在东北地区的发展状况。

辽金元墓

辽建国并统一北方之后，将大量汉族居民重新从关内或辽西地区迁往辽阳，在契丹统治者"以国制治契丹，以汉制待汉人"国策的大背景下，辽阳地区辽代墓葬面貌也呈现出地域性和文化性差异。

辽阳地区目前已发现的金代墓葬数量远远少于辽代，形制上较辽墓也有较大差别，以长方形砖圹墓为主，无墓道、墓门和墓室等结构。

元朝立国不及百年，在辽阳地区留下的墓葬数量同样较少，但较金代略有增加。元墓的形制以长方形砖圹带有石盖板者为代表，也有石椁墓和土坑木棺墓，墓主人族属有汉族和高丽族等。而墓葬主要分布在市区，高丽墓中出土的高丽青瓷带有鲜明的民族特色。

1／ 柳家画像石墓

位于辽阳市辽阳县隆昌镇兰凤村柳家屯（白家西沟）4 组北 400 米处山坡下。据第二次全国不可移动文物普查资料记载，1980 年 3 月 11 日第二次全国不可移动文物普查对此墓调查，在伪满日本侵占东北时期即遭破坏，1976 年修梯田时发现。据说曾出土过铜钵（碗）、铜箸，附近有人曾发现过陶罐和宋代铜钱，汪某某曾挖出一口铁锅，重 60 斤已卖废铁。墓葬为八角形单室石墓，墓向北偏东 30°。墓口距地表 1.6 米，长 1.24 米，宽 1 米；墓底距地表 2.26 米，长 0.28 米，宽 3.08 米。石墓由绿砂岩石板及石条砌筑，平面呈八角形，每边转角处有石立柱，柱两侧凿槽沟，内镶画像石板，石板分上下两块。柱顶置栌斗，斗上搭放条石，石条向上叠砌攒尖墓顶，顶端置一石雕莲花图案藻井。墓中间有一长方形石板，应是停棺之用，葬式不明。目前，画像石墓已被封存。2003 年公布为省级文物保护单位。

2 / 天齐庙西墓

位于辽阳市白塔区襄平街道天齐社区。面积约 20 平方米。根据第二次全国不可移动文物普查复查档案记载："1971 年在中医院的西南方向挖人防工程时挖出一座砖石墓葬，长方形墓室，南向券顶，因已被破坏，只见到白釉瓷片等，墓室后端内石方台放置木炭。"时代可能是辽金。

3 / 洋湖沟墓

位于辽阳市宏伟区兰家镇单家村洋湖沟。据第二次全国不可移动文物普查档案记载："此石棺是 1974 年 11 月 18 日调查时所发现，当时石棺在居民于公普家当作马槽用，所以棺底被凿成一孔洞。墓为方形，深 70 厘米，长 87 厘米，宽 60 厘米，用青白色石灰岩凿成方形凹槽。棺内早年被破坏，出土物情况不明。"时代为辽代。

↑ 金厂画像石墓石刻

4 / 金厂画像石墓

位于辽阳市辽阳县八会镇金厂村。1956 年秋，发现 3 座辽金画像石墓。1957 年 4 月由李庆发、金殿士和王增新前往清理，并将全部墓石运至辽宁省博物馆，复原保存。此墓室顶上距现地表 0.55 米，地表上不见封土。墓室平面呈长方形，长 3 米，宽 0.72—1.03 米，高 1.15—1.3 米，墓向北偏东 162°。墓室系用绿泥片岩石板和石条支筑，石灰抹缝。墓内有朱漆柏木棺 1 具，棺内葬 1 人，葬式不明，随葬品遗物有粗陶罐 1 件。在墓壁的 7 块板石和 5 根柱石上，分别雕有人物画像。时代为辽代。

5 / 石咀子山画像石墓

位于辽阳市文圣区小屯镇南雪梅村 6 组西侧石咀子村。据第二次全国不可移动文物普查档案资料记载："石咀子山壁画墓伪满时被掘毁，墓室为圆形，深 1.25 米，直径 2.4—2.6 米，砖石合筑墓，下部用石块砌成，高约 1.11 米，上用 21 层青砖砌穹窿顶，收口处约 0.7 米，用石板压盖，东南侧为墓门，砖砌宽约 1 米处用石板堵住。石壁上抹白灰，用毛笔画墨线壁画，线条粗犷，略施淡彩，内容：正面是风景画，红色柱、椽、锦缎帐子，右边有男女侍者手捧祭祀用具和五个乐手在演奏，左边画的同样有祭祀用品、演奏器和男女侍者乐手。墓室遭严重破坏，葬具不清，为辽代墓葬。"

6 / 魏家沟墓

位于辽阳市辽阳县首山镇马家庄村。石棺损坏，内部随葬品散失，石函碑（石棺盖）保存完好，为石棺墓。石函碑里面有文字记载，落款为：辽大康九年（1083）。碑正文不清，由辽阳县文物管理所收藏。为辽代墓葬。

7 / 南庄墓

位于辽阳市白塔区武圣街道八一社区。1976 年 4 月二○一医院在挖水道沟取土时发现此墓。长 2.1 米、宽 0.77 米、面积 1.6 平方米、深 1.0 米。墓向西偏南 40°，墓葬砖石砌筑。墓葬四壁平砌青灰砖，两块石板铺盖。葬式仰身直肢，为男性。随葬品有褐釉瓶 2 个、缸 1 个、碗 1 个及金、元代铜钱 20 枚。时代为金元。

8 / 三道壕墓

位于辽阳市太子河区铁西街道韩夹河村。根据第二次全国不可移动文物普查复查档案记载："此墓是 1953 年 5 月 8 日，韩夹河窑厂取土时发现。墓长方形，长约 2.0 米、宽约 0.5 米、深约 0.6 米，砖石墓，青灰砖平铺砌筑四壁，石板盖顶。当时只将随葬品取出，未做正式清理，葬式不详。出土物：黑花四耳银钵一件，瓷碟一件。"时代为金代。

↑ 三道壕墓

9 / 石灰窑墓

位于辽阳市宏伟区兰家镇石灰村。据第二次全国不可移动文物普查档案记载："此墓是村民郑春仁在山坡上放羊时发现的，只收集到青瓷枕一个，太平通宝铜钱一枚，残白釉铁花瓷罐一个和铜盘、铜匙等，据发现人讲述还有铜火锅和铜箸等被人卖掉。"根据出土器物分析，该墓为金元时期墓葬。

10 / 庞夹河墓

位于辽阳市太子河区望水台街道上王家村。根据第二次全国不可移动文物普查档案记载："1976年10月生产队取土时发现此墓，墓呈长方形，为东西走向，墓深0.77米，长2米，宽0.63米，石板和砖合筑，长方形青灰色砖平铺十二行为墓的四壁，三块石板盖顶为墓顶，墓底铺砖，石板厚度为15厘米，墓出土随葬品有铜镜、铁剪、铜匕、铜盆、菊纹青瓷碗、均窑瓷碗、乳黄瓷碟等各1件，宋代铜钱12枚。"年代为金元时期。

11 / 望水台一号墓

↑ 望水台一号墓

位于辽阳市太子河区铁西街道北园社区纸板厂。据第二次全国不可移动文物普查档案记载："1977年11月辽阳纸板厂消防队挖菜窖时发现。11月4日清理时墓已毁坏，为砖椁木棺墓，青砖砌成长方形墓壁，石板盖顶，墓底夯实，地上平铺木炭，上为木棺。仅存铁棺钉，墓长2米，宽0.8米，面积1.6平方米。出土文物：铜钵（残碎）四件，青瓷碗、钧窑碟、铜匙、铜箸、镀金帽饰各一件，宋铜钱六枚。"时代为金元时期。

12 / 老弓长岭墓

位于辽阳市弓长岭区何家村。据第二次全国不可移动文物普查复查档案记载："当时出土了白釉铁锈花玉壶春瓶及铜匙等随葬品，时代为元代。"

明清墓

辽阳地区的明代墓葬较多，为竖穴土坑或砖石墓，具有木质棺、椁等葬具，有单人葬和双人并列合葬等下葬方式。

清初辽阳作为都城，东京城周边分布有大量的满、蒙族贵族和汉族平民墓葬。清贵族和重要大臣墓葬规模普遍较大，地表建有墓园、殿堂等，立有石碑。

1 ／ 孟家房墓地

位于辽阳市宏伟区曙光镇孟家房村。据第二次全国不可移动文物普查记载："地面有残断青石石人一对，石狮一对，墓早年被盗掘，木棺被毁。"现墓葬处仅存无碑赑屃一座，长约 2.5 米，宽 1.5 米，高 1 米，花岗岩雕刻。还发现无头石像一座散落在墓葬处，高 50 厘米，宽 30 厘米，现存宏伟区博物馆。

← 孟家房墓地

↑ 龙源墓葬群

2/ 龙源墓葬群

位于辽阳市宏伟区工农街道龙源小区 7 号楼西 10 米处。2008 年 5 月 16 日发现，共发现 9 座墓葬。其中 2 个为砖石墓葬，最大的砖石墓葬由 3 个相连的墓室组成，总长 4.2 米、宽 3 米。其他墓葬分布于主墓葬周围，规模较小。辽宁省文物考古研究所于 2008 年 5 月 16 日—5 月 29 日进行挖掘，并出土一个铁胎方形罐，高约 30 厘米，金质顶带花翎帽头等小件金银器和一些乾隆时期的钱币等物。

3/ 李尚文家族墓地

位于辽阳市灯塔市铧子镇栈道村。据村民介绍：该墓地规模很大，约有封土 10 个，占地面积约 400 平方米。20 世纪 90 年代被盗掘，出土了墓志铭 2 块。其中 1 块刻有"明诰授镇国将军分守宁前左参戎映溪李公墓志铭"。现存灯塔市文物管理所，根据墓志并查阅相关资料得到墓主人相关信息：墓主李尚文，字宗周，号映溪，襄平人，生于正德八年，卒于明万历七年，享寿六十七岁。

4/ 东京陵

位于辽阳市文圣区东京陵街道东京陵村。是继清朝关外三陵（永陵、福陵、昭陵）以外的第四座清朝皇家陵寝。曾埋葬努尔哈赤的祖父、父亲、妻子及伯父、兄弟、儿子等人，为清朝（后金）建国后第一座皇家陵寝。清太祖努尔哈赤迁都辽阳后，于后金天命九年（1624）将其祖父、弟、子等十余人的陵墓由赫图阿拉迁至东京城东北 2000 米的阳鲁山上，成为后金祖陵，故称"东京陵"。顺治八年（1651）六月乙亥，顺治帝下诏以东京陵为积庆山，从祀方泽。东京陵设有四周缭墙、山门、碑亭等建筑。碑亭保存完好，建于舒尔哈齐墓前，是四券单檐歇山顶式建筑，内有彩绘藻井，亭中立有大理石《庄达尔汉把兔鲁亲王碑》，用汉、满两种文字刊刻，字迹清晰，雕刻精美。

穆尔哈齐及其子达尔差的陵园，位于舒尔哈齐陵园东南约 200 米处，园

↑ 东京陵

↑ 东京陵碑楼

↑ 东京陵石碑

寝呈长方形，共二进院落，前院有墓碑三通，其中穆尔哈齐墓碑一通，达尔差墓碑一通，均为康熙十年（1671）敕建，另一通石碑为1936年穆尔哈齐的十世孙宝熙、熙洽所立。石碑均是龟趺螭首。1988年，东京陵被列为省级文物保护单位。2013年公布为全国重点文物保护单位。

5／ 刘氏墓

位于辽阳市辽阳县甜水满族乡水泉村。墓无封土，地表遗存有赑屃碑1通，界桩1对，供桌1个，碑座1个，残碑1通，古油松1棵。占地面积约3000平方米。赑屃碑通高3.3米，赑屃座长2.4米，宽1米，厚0.66米。落款为"咸丰六年六月初十日右翼协领八世孙萨斌通阿汉讳辅瑞、承领修八世孙刘富代健立沐□□□"，正文689字。碑阴碑名为"长人溥名印"。残碑是乾隆三十九年（1774）四月十九日曾孙刘佩（德、宽、玉、亮）率玄孙刘国（纲、权、彪、义、宪）等为曾祖考妣而立。通过对碑文及所留遗物分析，此地为清代刘氏家族墓地。2017年公布为市级文物保护单位。

6／ 达都将军墓

位于辽阳市灯塔市鸡冠山乡胡巴什村。四周为旱田地，仅存石碑1通，由

上／达都将军墓

下／荆山墓

碑首、碑身、龟跌座构成。石碑材质为汉白玉。碑身高2.1米，宽0.96米，厚0.32米，碑首高0.9米，宽1.03米，厚0.34米。现碑首已脱落卧地放置，龟跌座已断为2块，碑文清晰可见，满汉两种文字。碑阳刻有"皇清诰赠光禄大夫镇守奉天等处将军加一级达都之碑"。2017年公布为市级文物保护单位。

7／ 荆山墓

位于辽阳市灯塔市鸡冠山乡胡巴什村。现有两通石碑，呈东西方向立置。两碑碑身高均为2.5米，碑首高为1.2米，宽为1.07米，厚为0.39米，龟跌座长为2.9米，宽为1.15米，为9眼透龙碑，东侧碑文记述清代议政大臣端简荆山生平。荆山，（？—1717）姓费莫氏，正白旗满洲人。康熙二十五年（1686）由监生补礼部笔贴式。历官至太常寺寺丞、户部员外郎、管太常寺卿等。康熙五十三年（1714），纂修玉牒副总裁官。明年署理仓场总督事务。康熙五十五年（1716）六月，升礼部尚书。卒谥"端简"。西侧碑则为御赐。2017年公布为市级文物保护单位。

8／ 彭春家族墓

位于辽阳市灯塔市西大窑镇公安堡村北400米的旱田地里。俗称皇姑坟，据康熙五十五年（1716）《迁墓迁园志》碑文记载：创建于清康熙五年，经康熙七年、二十七年、三十二年、五十年、五十二年5次增修，最后于康熙五十五年墓园工程完毕。墓园面积15300平方米，园内建有土山、栅栏、甬路、玉台、班房、石狮、衙门、碑亭等建筑。迁葬有彭春曾祖父何和礼、祖父何芍图、曾祖母端庄固伦公主以及彭春、劳满色、齐锡等父母兄弟14人墓。彭春作为满洲正红旗都统、驻东北地区的一名主要军事将领，曾参加康熙年间3次较大的军事行动，即反击沙俄侵略的雅克萨战争，平定噶尔丹和吴三桂反叛的战争，立下很大的功绩。

彭春家族墓，立有顺治十三年（1656）满汉文《何和礼诰封碑》《何芍图诰封碑》、康熙二十三年（1684）《彭春诰命碑》、康熙五十五年（1716）《端庄固伦公主碑》以及康熙五十五年全满文《建园迁墓志》，记述了墓园的迁葬、建园等较详细情况。碑石现存辽阳博物馆碑林中。2017年公布为市级文物保护单位。

9 / 穆家坟

位于辽阳市弓长岭区汤河镇红穆村。占地面积20多平方千米。墓园分东、西两园，到清末，在东茔园内有墓葬32座，在西茔园内有墓葬129座，共计有墓161座。近现代以来，其后裔又陆续迁葬或入葬204座，总计365座。1974年在全市文物调查时发现的两通碑，为康熙十六年贾弩诰命碑和康熙二十七年贾弩诰命碑。现已移至辽阳博物馆碑林收藏。2005年公布为市级文物保护单位。

10 / 瑞兴墓群

位于辽阳市太子河区铁西街道瑞兴化工厂。2009年9月22日，瑞兴化工厂建宿舍楼勘探时发现1处墓葬群，辽宁省文物考古研究所对其进行发掘清理，由东向北依次为M1—M5。M1长1.94米，宽1.06米，面积2平方米，墓内有人骨一具，仰身直肢葬，女性，无随葬品。M2长2.6米，宽1.2米，面积3.1平方米，墓内有木棺一具，棺内人骨一具，侧身曲肢葬，男性，无随葬品。M3长3米，宽1.5米，面积4.5平方米，被破坏严重，墓葬内仅有腿骨两块，无随葬品。M4长2.7米，宽2.6米，面积7平方米，木棺内夫妇合葬，右侧木棺头有一釉陶壶。M5长2.5米，宽1.9米，面积4.75平方米，木棺内夫妇合葬，被一现代灰坑打破，右侧木棺内有一陶罐，左侧木棺头有一陶壶，依出土物分析，该墓葬群时代为清晚期。

11／ 庆阳化工厂墓

位于辽阳市文圣区庆阳街道唐户社区。早年被盗掘，现墓坑中南、西两面存有 3 行条石垒砌墓壁。墓室长宽各 4 米。距墓东南和西南 15 米两处各散落碎石块，有"尖"顶形器物、"葫芦"形器物、刻有动物及花草图案的残石 20 余块。初步推断为清代墓葬。

第五章

古建筑

—

中国建筑具有独特的东方风格，数千年来、继承演变，分布广泛。辽阳地区现存的地上古建筑数量较少。这些建筑历经风雨沧桑，依然保存着它固有的结构和风格，形成一个独具特色的建筑体系。

第一节/

塔、寺庙

一、塔

1/ 辽阳白塔

　　位于辽阳市白塔区胜利街道公园社区白塔公园内。为佛舍利塔，原称广佑寺宝塔，因塔身涂有白垩，俗称"白塔"。塔高70.4米，8角13层，为垂幔式密檐砖塔。由下而上可分台基、须弥座、塔身、塔檐、塔顶、塔刹六部分。台基高6.4米，周长80米，直径25.5米，分两层：下层台基高3米，每边宽22米；上层台基高3.4米，每边宽16.6米。须弥座高8.6米，向上渐缩，外面青砖雕有斗拱、俯仰莲，斗拱平座承托塔身。塔身高12.6米，8面柱形，每面置砖雕佛龛，高9.375米，宽7.55米。龛内坐佛高2.55米，其中头部0.5米，身1.15米，莲花座0.9米。两侧砖雕胁侍高3.25米，宽0.97米，足踏莲花，双手或捧钵，或持莲合十，神态可掬。龛上宝盖，璎珞四垂，左右上角，飞天一对，长1.6米，飘然平飞。正南斗拱眼壁，横陈木制匾额4方，高0.5米，宽0.4米，上面雕刻"流光碧汉"4个楷书大字。塔身上部为密封塔檐，高26.1米。一层檐下有木质方棱檐椽，椽上斜铺瓦垄。第2层至13层逐层内收，各层均有涩式出檐，每两层之间置立壁，壁悬铜镜，共镶96面，映日生辉。8角外翘，飞椽远伸，椽头下系风铎，共104个，迎风清响。塔顶为砖砌覆钵及仰莲，高6.8米，上拴8根铁链，每根长14.15米，分别与8角垂脊宝瓶相连。塔刹上竖刹杆，高9.9米，直径0.9米，中穿宝珠5个，火焰环、相轮各1个。宝珠鎏金铜质，周长2.94米，高0.8米。宝珠下系火焰环，周长2.3米，相轮在2

↑ 白塔全景

至 3 宝珠之间。刹杆帽为铜铸小塔，巍然云天。关于白塔的始建年代，明永乐二十一年（1423）七月十五日所立塔上铜碑中记载："此塔自辽所建，金及元时皆重修"。辽阳白塔是辽阳古文化的丰碑。1988 年公布为全国重点文物保护单位。

2／ 圆公塔

位于辽阳市文圣区庆阳街道唐户社区庆阳南厂北大庙青云山南坡永宁寺塔院内。系明代辽阳僧纲司致事副都纲兼广佑寺住持释道圆墓塔。明正统七年（1442），释道圆弟子行平率师兄弟及徒子徒孙 81 人所建。永宁寺塔院先后建有 7 座僧塔，圆公塔为大，居塔群之中。塔高 6 米，由石块加工砌叠而成，自下而上分 4 部分。塔基 0.6 米，青石砌成，现已下陷与地面相平。塔座下面是较薄的石刻莲瓣，中间为 8 面须弥束腰，塔檐刻石斗拱，须弥束腰，正南面镶

嵌《辽阳僧纲司致事副都纲兼广佑寺住持圆公塔铭》刻石。塔身的塔铭刻石长方形，淡青色页岩，高 1.7 米，宽 0.87 米。正文 20 行，满行 78 字，楷体，天台师鉴撰文，行荣书丹。铭文约 1500 字，记述释道圆一生弘法活动。塔八角七檐，由下至上，逐层内收。该塔是辽阳市保存下来的一座明代女真族高僧墓塔。2014 年公布为省级文物保护单位。

3 / 塔湾塔

位于辽阳市辽阳县甜水乡塔湾村。是一座七层密檐式八角形砖塔，高 18 米，整体可分塔基、塔身、塔檐、塔刹四部分。塔基直接筑在 30 米高的岩石平台之上，高 1.10 米，每面宽 2.13 米，通体用砖直砌。束腰高 0.57 米，八面壶门各有砖雕坐佛，转角负重力士，往上斗拱承栏板，八面各一坐佛，转角立柱。塔身高 3.76 米，每面两倚柱收度明显。中间坐佛高 1.45 米，作手捧净水瓶、合掌等不同姿态。左右飞天，八面各作站立、卧式、舞带、手捧莲花等不同姿态飞舞。垂幔式宝盖在其上。第一层塔檐砖雕斗拱出木橼，往上各层出檐均用六行砖叠涩砌筑，层层内收，八角攒尖收顶，各层角檐均悬风铎。塔刹砖砌宝瓶，瓶上为刹杆，中穿石珠。坐在莲花刹座上。塔为辽金时期所建，明清时期补修，塔旁有辽金时期庙址砖瓦遗存。2014 年公布为省级文物保护单位。

4 / 普公塔

位于辽阳市宏伟区曙光镇峨嵋村。建于 1939 年，系普公和尚墓塔。塔高 4.1 米，6 面密檐，青石精雕。由下至上，分塔基、塔身、塔刹 3 部分。基座高 1.3 米，分 5 层。塔身高 1.4 米，6 面，正面龛置龙头，龛内镌刻："曹洞正宗二十二世

↑ 塔湾塔

应真堂上济下生普公老和尚之塔"。其他 5 面镌刻龙狮鹿松柏等图案。塔顶高 1.4 米，斜铺瓦楞，交脊下伸，外镶龙头，口衔风铎；塔刹为宝瓶，瓶上置仰莲，莲上石刹杆，杆穿 2 个石珠。通身玲珑有致，古朴多姿。2005 年公布为市级文物保护单位。

二、寺庙

1/ 清风寺

位于辽阳市辽阳县首山镇马伊屯村。地处首山群峰环抱之中，依山建寺，坐北朝南，沿势而上。建于明隆庆五年（1571），占地 3418 平方米，殿堂 34 间，山门、正殿、后殿在同一中轴线上。东西跨院，四周围墙，歇山式木结构，雕梁画栋，具有典型的明代寺院建筑风格。寺门 3 楹，中为过厅，左右门房置泥塑密迹金刚力士像；正殿 3 楹，额匾"秦梦汉觉"，左右竖楹"鉴别有定衡，行他是是非非难逃慧眼；慈悲存隐念，即使林林总总及早回头"。禅堂额匾"县花香远"，左右竖楹"遵大路以仰瞻高山卓尔；扣禅关而徐步御风泠然"，为清乾隆通政使司参议王尔烈撰书。寺内有佛像百余尊，后遭毁坏。1985 年 10 月，该寺由公安部门辟为劳教人员看管所。其后，辽阳县文物部门接收，1995 年修葺告竣。1988 年公布为省级文物保护单位。

上／首山清风寺全景

下／刘二堡清真寺

2／清真寺

位于辽阳市辽阳县刘二堡镇中心村。始建于清乾隆五十六年（1791），2004 年 8 月重修。清真寺坐西朝东，由门房、影壁、左配房、右古榆树、古井、正殿及北架子房组成。院落围墙呈不规则长方形，东西长 37.9 米，南北宽 20.6 米。门房中间为门洞，左右两侧各两间，为后增建。进门洞正对面是影壁，影壁东面为清真寺复修碑记，西面为捐资人碑刻，配房五间，后增建。正殿面阔三间，进深三间，筒瓦硬山式屋顶，垂脊前有走兽，前檐有檐柱，柱下有圆形柱础石，明间装有六扇对开棂格门，两次间为四扇对开棂格窗，石灰石及山石砌筑的台明高约一米，踏步五级，殿外檐梁、枋施彩绘。架子房在正殿左侧，2004 年在原有框架基础上修缮、复建。2005 年公布为市级文物保护单位。

3／观音寺

位于辽阳市白塔区文圣街道金银社区中华大街 207 号。该寺始建于清初，后经多次维修。寺内有山门、正殿、后殿、左右配殿、钟鼓楼，占地面积 1764 平方米。山门面阔三间，进深二间，硬山顶；钟楼、鼓楼呈方形，歇山顶；正殿、后殿、配房均为面阔三间，进深三间，硬山顶。1983 年公布为市级文物保护单位。

4／清真寺

位于辽阳市白塔区武圣街道新世纪社区。始建于清顺治八年（1651）。占地 1785 平方米，建筑面积 760 平方米。坐西朝东。寺内建筑匀称地布围在东西向的轴线上，青砖檐墙围起。前后两院，东西深 51 米，南北宽 35 米，正门对开，设在面街的东端，5 间对厅，中间穿堂，左右各两间。一进院落内南北

↑ 观音寺局部

↑ 清真寺大殿

各 5 间配房。南 5 间为男沐浴室，是男穆斯林礼拜前大、小净之处；北 5 间为教长室和讲堂，是平素向穆斯林讲授经典，办理教务的地方。面东明 3 间的庑殿为"省心殿"，也就是清真寺的"帮克楼"。殿前立石碑 3 方，悬挂横匾 3 方，南书"处守清规"，为清代辽阳州正堂龚文撰题；北书"还朴归真"，为清代山西提督王相庭于光绪二十三年（1897）撰写；中间"纲维理数"，为清代礼亲王于光绪三十二年（1906）撰题。二层殿主体是礼拜殿，楼阁式，分上下两层。一层为六冥盔顶圆楼，下面则与腰殿飞檐相抵，前后毗连，拼成凸字形平图。礼拜殿可容纳数百人礼拜，殿内雕梁画栋，山水花鸟，绘画精美。登上阁楼凭栏眺望，近可俯瞰寺内全貌，远可浏览古城盛景。阁楼为半圆形顶盖，铁刹杆上托镶一芽锡铸新月，为伊斯兰教教堂标志。越过礼拜殿两侧山墙连接的拱形门，可到二进院落。南侧自东向西为锅炉房 1 间，女沐浴室 3 间，殡仪馆 5 间。殡仪馆青砖灰瓦，色调幽暗，庄严肃穆，是信奉伊斯兰教族人逝后停入整理之处。西端为后大门，平时不开，为信奉伊斯兰教族人出殡走车之通口。1991年公布为市级文物保护单位。

殿前竖立石碑两通，分别为：

1.《辽阳清真寺穆公纪念碑》是宣统元年（1909）立于清真寺院内，碑质青石，碑通高 145 厘米，碑首高 40 厘米，宽 42 厘米，厚 19 厘米；碑身高 70厘米，宽 40 厘米，厚 15 厘米；碑座高 34 厘米，宽 69 厘米，厚 43 厘米。碑首方形、抹角。碑题楷书"清风亮节"，碑身刻楷书 10 行，满行 30 字。碑阴刻施财姓名。记载了辽阳清真寺阿訇穆海亭在光绪二十八年（1902）至光绪三十年（1905）期间，监修辽阳清真寺邦克楼和拜殿的过程。

2.《建筑清真寺大墙碑记》是 1924 年立于清真寺院内，碑质青石，碑通高 206 厘米，碑首高 64 厘米，宽 68 厘米，厚 23 厘米；碑身高 96 厘米，宽65 厘米，厚 20 厘米；碑座高 60 厘米，宽 91 厘米，厚 46 厘米。碑首方形、抹角。碑阳四框浮雕中华民国国旗和图案月亮和星星伊斯兰教宗教标识。碑身刻楷书 21 行，满行 30 字。碑阴刻施财姓名。记载了清真寺建筑大墙的经过。

5 / 朝阳寺

位于辽阳市弓长岭区汤河镇柳河汤村北白云山之阳。俗称老洞、观音洞，依山建殿。占地面积 9400 平方米，建筑面积 840 平方米，塔院 260 平方米。

始建于清康熙四十一年（1702），乡民谷元印集资辟为禅林。嘉庆十五年（1810），乡民许德海、谷洪贵重修。光绪二十一年（1895），禅宗临济宗比丘尼觉悦、觉恺从观音寺比丘空祥兑得，改为比丘尼庵。宣统三年（1911），率徒昌体、昌宝、昌盛等再次整修。有正殿3楹，尼舍3间。1966年寺院被毁。1994年3月22日，更名朝阳寺。复修和扩建山门、天王殿、大雄宝殿，由南至北在同一中轴线上。青石雕狮，后为山门，大门对开，两边侧门、山门额"朝阳寺"。大雄宝殿内奉正位释迦佛、观世音菩萨、地藏王菩萨，樟木精雕，真金装身，侧位文殊、普贤菩萨，左右护法韦驮，伽蓝主者菩萨。西侧为地藏殿3楹，建筑面积86平方米，正位奉地藏王菩萨，墙置灵牌。大殿后为观音洞，也称朝阳洞。洞口西南向，高2.5米，宽1.4米，再入豁然开朗，高3.5米，宽4米。往里小口高1.03米，曲身可入。洞中冬暖夏凉，长年温度12℃至15℃，石灰岩洞壁如龙虎作盘曲回顾状。入洞10米处较为宽敞，置莲花座，上奉汉白玉质滴水观音菩萨立像。东跨院二层小楼，上下8间，建筑面积192平方米，为比丘尼舍。居仙洞正位，依山朝南，高1.8米，宽1.4米。入洞开阔，高4.5米，宽9米，深16米，洞上有洞，高险不可测；下有暗泉，旁有侧门；内奉胡仙、三霄娘娘、陈抟老祖、吕祖像。西跨院二层小楼为居士林，上下8间，建筑面积192平方米。庭中花坛耸立6米高汉白玉观音菩萨像。院墙北另置别院，为比丘尼塔林。朝阳寺建筑古朴有序，现在已成为旅游观光的胜地。2005年公布为市级文物保护单位。

6／ 永安寺

位于辽阳市白塔区文圣街道怀王社区。占地面积1200平方米，建筑面积673平方米。永安寺原名永安堂，传载系三国魏青龙元年（233）辽东太守公孙渊家庙改建而成。清顺治三年（1646）、康熙十二年（1673）、道光六年（1826）、光绪三十一年（1905）大修。庙体坐北朝南，青砖围墙，南北各有一座单间大门，前山门匾额书"永安堂"，后山门匾额书"三圣庙"。有牌楼、地藏殿、观音殿、三圣殿，东西配房，青松数株，道光、光绪年间古碑各一通。

↑ 永安寺正殿

↑ 吉洞峪火神庙

永安堂原为比丘所建，1940年，比丘尼释昌然从比丘扁尘接管为比丘尼寺院，改称观音堂。1949年前，有房屋52间。后被毁。1986年更名为永安寺。目前已修复大殿3楹，正位奉观音、文殊、普贤菩萨，十八罗汉列坐东西。东耳房为地藏殿，西耳房为三霄殿。新建左右配房各7间，东为尼舍。西为尼舍和斋堂。山门3间，中为门厅，东为经书流通处，两侧门房各3间。庭中耸立3层宝鼎，碑两通。四周院墙，庙体掩映在周边林立的高楼环拥之中。寺院横匾"永安寺"，殿前竖楹"永驾慈航，弘愿普渡，引众生同登西天乐土；安居竹林，闻声救苦，导三界共瞻南海祥云"。

7 / 吉洞峪火神庙

位于辽阳市辽阳县吉洞峪满族乡吉洞峪村吉洞峪中学院内。庙宇尚存，坐北朝南，东西长9.9米，南北宽6.75米，面阔3间，进深1间，歇山合瓦顶，前出廊檐，4根檐柱，椽与额枋有彩绘，门窗为后改造，前墙与庙门向前移与檐柱等齐。庙内山墙有壁画，未改动，跨梁上的彩绘为新绘制，庙内有古钟1口，钟铭文"道光十年十月成造，小次沟永清观，住持道杨全"。从建筑形式分析该庙年代为清代。

8 / 长安寺

位于辽阳市白塔区东兴街道天齐社区。原有正房3间，东、西厢房各3间，坐北朝南，前有1座山门，东西有便门，有钟楼和鼓楼，时代为清代。后来，山门、钟鼓楼等建筑被毁。现有正房3间、东西厢房各3间保留下来，建筑主体基本未改变，现为居民住宅。2005年公布为市级文物保护单位。

第二节／

桥梁及其他

1／ 常乐桥

位于辽阳市辽阳县兴隆镇常庄村。桥面长8.4米，宽4米，高1.9米，石桥整体由豆青石条建筑，桥面南侧因现代维修加宽0.7米，由钢筋混凝土砌筑，桥面为水泥罩面，石板数不清。桥墩两座，间隔2.2米，由5层豆青石条砌筑。桥西南侧有桥碑，通高1.32米，碑阳：碑头浮雕卷云纹，下部中间"千秋不朽"四字。碑身落款为光绪十二年（1886），碑铭为《重修常乐桥碑记》，正文不清，是辽阳境内唯一保存完整的一通桥碑。2017年公布为市级文物保护单位。

↑ 常乐桥

2／ 万宝桥

位于辽阳市灯塔市万宝桥街道万宝桥村。据《灯塔县志》记载："明天启元年（1621）后金夺取沈辽后，为给八旗军运输军火、军粮，将木桥改为石桥，命名为万宝石桥"。该桥为2墩3孔平面石板桥，由33块条石组成，桥长9.16米、宽4.6米、高3.4米。据记载：万宝桥曾经在1816年、1822年进行两次重修。

↑ 万宝桥

1999年灯塔市利用原桥构件又进行了维修，两侧设有石柱栏杆，桥的栏杆是用青石制作而成。保存基本完好，仍可使用。2017年公布为市级文物保护单位。

3 / 永宁桥

位于辽阳市灯塔市古城街道石桥子村。据第二次全国不可移动文物普查记载："该桥为五墩四孔石桥，桥面由28块条石组成，每块石板长2.86米，宽0.64米。每个桥墩由五层条石叠成，两岸有护坡石。石板之间对缝严密无灰泥"。时代为清代。现桥面平整，两侧护坡石虽有部分塌陷，但基本完好，仍在使用。2017年公布为市级文物保护单位。

↑ 宇治桥
↓ 康德桥

4 / 宇治桥

位于辽阳市白塔区襄平街道药机社区。九一八事变后，日本修筑。桥长24.5米，宽5米，呈拱形，桥栏板高0.85米，桥下有4个桥墩，整个桥身全部为钢筋混凝土结构。保存较好，仍在使用。

5 / 康德桥

位于辽阳市灯塔市古城街道前烟台村。始建于1936年，是日本侵略者为运输军火所建，为六墩五孔，钢筋混凝土结构。在1993年因影响洪水泄洪，桥体东段被炸毁。现经测量，残桥长25.6米，宽5.5米，高4.5米。

6 / 襄平书院

位于辽阳市白塔区老城大东门里东二道刚家胡同四高中院内。创建于清道光年间，原设于城内义学街。道光十七年（1837），辽阳知州章朝敕率众集资修葺。光绪十年（1884），在刚家胡同建新校舍。光绪十六年（1890），启馆开学。光绪二十六年（1900）停办。光绪二十七年（1901），更名为襄平学堂。现存42间青砖合瓦房，为三进四合院，

↑ 襄平书院东厢房

↑ 襄平书院碑楼

坐北朝南。建有仪门、翠花门、中厅、后厅、东西厢房，设讲堂、山长室、斋长室、监院、斋舍、书房等。院内立有《新建襄平书院记》和《襄平书院条例》两通碑石。现为辽阳市第四高级中学。1983年公布为市级文物保护单位。

↓ 襄平书院大门

第六章

近现代重要史迹

—

　　1900 年以后，在西方各国的建筑思想、建筑文化的影响下，辽阳地区相继出现了一批具有西方各国建筑风格的工厂、洋行、洋楼式住宅等建筑。同时，中国传统建筑受西方建筑文化的影响，两者相互借鉴融合，相继建成的图书馆、大学教学楼、名人故居等，作为这一时期辽阳历史建筑的经典作品保留下来，成为近代建筑文化的缩影。同时，1882 年英国传教士吴阿礼通过教会传教形式来辽阳进行传教活动，营建了教堂建筑、医院及教会学校。辽阳最早的天主教堂建筑完全仿照西方哥特式建筑，部分建筑局部加入本土风格，是近代建筑的一个特点。

第一节／

建筑旧址

1／ 拓石烟草公司旧址

位于辽阳市白塔区襄平街道公园社区。始建于清光绪三十一年（1905）。砖木结构，二层楼，俄式建筑风格。南北长 40 米，东西宽 23 米，高 12 米。面积 920 平方米。2014 年公布为省级文物保护单位。

2／ 施医院

位于辽阳市白塔区襄平街道北门社区。1887 年英国苏格兰长老会派吴阿礼医生到辽阳购买东六道街大明寺寺址建成医院及医生住宅。施医院于 1890 年建成，1900 年 5 月施医院被义和团焚烧，于 1905 年重修。解放后施医院改扩建成为辽阳市中医院。现存两座英式建筑保存最为完好，2014 年公布为省级文物保护单位。

↑ 拓石烟草公司旧址

↑ 施医院

3 / 满铁图书馆旧址

位于辽阳市白塔区襄平街道白塔公园西侧。建于1907年。建筑主体为单层起脊红砖水泥结构，拱形门窗，室内铺设木质地板，东西长20米，南北宽13米，占地面积为260平方米。2016年改建为"九一八事变密谋地纪念馆"。2017年公布为市级文物保护单位。

4 / 辽阳卫戍病院

位于辽阳市白塔区襄平街道药机社区和平路中铁十九局院内。建于1907年，3处建筑总占地面积为960平方米。北楼为红砖勾缝两层楼，屋顶起脊日式建筑，长40米，宽20米，面积约800平方米。门窗原为木质结构，后经维修改建成塑钢，楼内铺设木质地板；南侧并排两座建筑均为红砖起脊日式建筑，每座长10米，宽8米，面积约160平方米。现为十九局办公用房。

↑ 满铁图书馆旧址

↑ 辽阳卫戍病院

↑ 满洲火药株式会社辽阳火药制造所旧址

5/ 满洲火药株式会社辽阳火药制造所旧址

位于辽阳市宏伟区曙光镇峨嵋村。是日本建立的军工厂，1939年开始筹建，1941年正式开工投产。解放后，1953年在火药厂的废墟上建成峨嵋结核病疗养院。至今仍有7间日式营房、1座军火库、1所俱乐部、1座铁碉堡、2处防空掩体、1个日式"兔子庙"及指挥部等14处原建筑保留下来，均为混凝土结构。2017年公布为市级文物保护单位。

6/ 日本关东军三八三部队变电所旧址

位于辽阳市文圣区庆阳街道唐户社区庆阳化工（集团）有限公司南厂院内。1938年，日本陆军造兵厂第二制造所在厂区内建变电所。解放后收归国有为三七五厂使用至今，保存情况较好。此变电所南北长24米，东西宽12米，高14米，券顶，为钢筋水泥结构。2017年公布为市级文物保护单位。

7/ 日本关东军三八三部队宪兵司令部旧址

位于辽阳市文圣区庆阳街道黎明社区庆阳街中心转盘东南约18米处。建于1938年，占地面积约5400平方米。主体建筑为二层楼，砖混结构，平面略

↓ 日本关东军三八三部队变电所旧址

↓ 日本关东军三八三部队宪兵司令部旧址

上／仁母院

下／仁母院石碑

呈"工"字形。2017 年公布为市级文物保护单位。

8／ 仁母院

位于辽阳市白塔区襄平街道北门社区。主体建筑呈"八"字形，建筑面积约 568 平方米，为中西结合的建筑风格。现存一通刻有"仁母院"的石碑。镶嵌于原仁母院院门西墙上，长 1.12 米，宽 0.63 米，厚 0.15 米。

9／ 庆阳化工厂苏联专家楼旧址

位于辽阳市文圣区庆阳街道唐户社区庆阳化工（集团）有限公司（厂部）东北约 150 米处。1954 年庆阳化工厂为苏联专家而建的住所。此建筑为一幢中西相结合的两层楼房，为砖混结构。长 35 米，宽 24 米，高约 10 米，建筑面积约 1680 平方米。1970 年以后由中国人民解放军驻三七五厂军事代表室使用至今。

10／ 庆阳厂部楼

位于辽阳市文圣区庆阳街道唐户社区台子沟路 2 号，是 1954 年庆化公司建的办公大楼。此建筑是一栋二层建筑，起脊瓦顶，为砖混结构，坐北朝南，东西长 88 米，南北宽 28.8 米，高约 15 米，具有北方建筑风格。

↓ 庆阳化工厂苏联专家楼旧址

↓ 庆阳厂部楼

11 / 宪兵队宿舍旧址

位于辽阳市文圣区庆阳街道唐户社区。建于1938年左右，是日本关东军三八三部队宪兵队宿舍。平面呈"王"字形，前排房和后排房东西长80米，南北宽5米，高约7米，中间房比前排正房和后排房长度短5米，高度和宽度一致。穿堂的总长约60米，宽度和高度一致，有部分损坏。为砖混结构两层建筑。解放后为庆阳职工宿舍。

12 / 南大营营房旧址

位于辽阳市白塔区武圣街道卫国社区。根据《中国文物地图集·辽宁分册》记载："1932年，日本军国主义为扩大侵略战争，建此兵营。当时南大营有营房11栋。其后，日本八三一的炮兵联队、五七四的炮兵联队、五零一的军犬育成所等在此驻扎。"现仅存两栋，一栋东西长95米，南北宽16.5米，1952年加砌一层，为办公用房；另一栋东西长69米，南北宽18.7米，为公寓大楼，1987年加砌一层。两栋均为砖混结构。1987年后，为部队使用至今。

13 / 陆军军人会馆旧址

位于辽阳市白塔区文圣街道六一社区。根据《中国文物地图集·辽宁分册》记载："始建于1931年，为满洲陆军军人会馆，后改作满映电影院。"砖木结构一层，日式建筑风格，长38.06米，宽32米，建筑面积1218平方米。1948年由辽阳市总工会接管作为职工俱乐部，1955年改名为职工电影院。1990年改为娱乐场所。

↓ 宪兵队宿舍旧址 ↓ 南大营营房旧址

↑ 北大营营房旧址

14 / 北大营营房旧址

位于辽阳市白塔区襄平街道公园社区。1902 年俄国在北哨建兵营，俗称"北大营"。日俄战争之后，此处又成为日本的兵营。目前北大营大部分营房已被拆毁建楼，但还有 7 处建筑保留下来。为砖石水泥结构，具有起脊日式风格建筑。7 座营房归属部队。

15 / 日本煤铁矿办公楼旧址

位于辽阳市辽阳县寒岭镇金家村。坐北朝南，东西长 55 米，南北长 9 米，占地面积 500 平方米，为两层砖混结构，正门有雨搭，前后左右四周出檐，由木板围成檐板。目前，楼顶被改成红色彩钢瓦，西部楼顶有烟囱 1 个。保存基本完好。

16 / 塔子人民公社旧址

位于辽阳市辽阳县吉洞峪满族乡塔子岭村。1976 年建成，原塔子人民公社所在地。此建筑东西长 63 米，南北宽 8.5 米。硬山式红瓦顶，菱角式封护檐，临辽凤线公路一面以雨搭为中心，两侧各 14 个拱形窗子，正门雨搭顶上是人民公社标志，四根柱式结构，柱顶为卷云形纹饰相连，正中上部饰外圈麦穗与齿轮、内部是五角星图案，之下是"塔子人民公社"六个字，此建筑是 20 世纪 70 年代人民公社典型建筑，具有时代意义。

↓ 葆窝水库外宾楼

17 / 葆窝水库外宾楼

位于辽阳市弓长岭区安平乡沙土坎村（葆窝水库公园内）。建于 1972 年。东西长 29.31 米，南北宽 6.34 米，面积约 185.82 平方米。为二层砖混建筑，目前该建筑仍为葆窝水库管理局使用。

18 / 烟台采矿所俱乐部旧址

位于辽阳市灯塔市铧子镇北山街道北山小学校。根据《中国文物地图集·辽宁分册》记载："鸦片战争后，

沙俄入侵辽阳，1898 年设立东清铁道会社，日俄战争后，日本从俄国人手中夺取了采矿权和设备，于 1934 年成立了烟台采矿所。"此建筑为同时期所建，为典型的日式建筑，砖混结构，面积 490 平方米。是采矿所附属建筑，是用于举行会议及文化活动的场所。

第二节／

宗教建筑

1／ 天主教堂

位于辽阳市白塔区文圣街道菜市社区。始建于清光绪二十九年（1903）。天主教堂正门外接钟楼，钟楼高 33 米，外部 3 层。1 层为四方柱形，东南西三面设门，向北入堂；2 层四面雨淋窗，挂置青石板，上刻"天主堂"三个大字，内悬合金铜钟；3 层为八角锥体，向上渐缩，塔尖高 3 米，上置十字架，迎日生辉。内分 5 层，每层均置圆梁，扶梯登绕而上，达女儿墙，城区风光多收眼底。钟楼北接大堂，堂长 40 米，宽 12 米，高 10 米，建筑面积 480 平方米。砖木结构，建筑风格为哥特式。正门对开，东西置侧门。中间两排立柱，每侧 11 根，把室内分成三通廊式。3 盏明灯悬吊室间，辉照 3 条通道。北面设祭台，正祭台置耶稣圣心像；东侧副祭台置约瑟像；西侧副祭台置圣母像。台东壁开便门，与更衣室相接。更衣室面积 30 平方米。2014 年公布为省级文物保护单位。

2／ 基督教堂

位于辽阳市白塔区襄平街道登福社区。占地 3564.5 平方米，建筑面积 1782.5 平方米，为辽阳市基督教活动中心，史称辽海教区辽阳中堂会。1907 年建成。大堂坐北朝南，总体为十字形罗马古圣堂结构形式，前厅宽敞，为民族宫殿式样，匀称分立 4 根油漆木柱。正门及东西边门成圆拱结构，上部为半圆花岗岩凿成弧形拱窗，下部为油漆木门。正厅高 7 米，宽 11 米，长 18 米，可容纳 400 人。两侧各有柱拱三孔，分承上盖木石压力，新颖别致。中为讲坛，半圆拱连成一个整体，另有折射式 4 个小拱分别与前厅各砌体相连。讲坛两侧为东西两厅，长宽各 7 米，置有上呈拱形的木体便门。后厅长 4 米，宽 10 米，中间隔成两屋，为预备室。东西南三壁镶嵌木窗，过顶用花岗岩精凿弧形拱组成。堂外为中式青小瓦屋面，放射形铺开。上部为木石结构的钟楼，高 12 米，里面悬有铸钢大钟，为英国菲尔市维克逊有限公司 1881 年铸制，重 217 公斤。顶端立红色十字架，高 1.5 米，为教会的标志。堂前修置小花园。2014 年公布为省级文物保护单位。

3/ 单庄子天主教堂

位于辽阳市灯塔市佟二堡镇单庄子村。始建于光绪二十三年（1897），占地面积 1900 平方米，建筑面积 280 平方米。1936 年扩建，占地增加到 4980 平方米，建筑面积 375 平方米。东院正房 5 间，西院正房 5 间，西厢房 10 间。现仅有西院 10 间西厢房保留下来，为砖混结构硬山式建筑。2017 年公布为市级文物保护单位。

第三节／

名人故居、民居

一、名人故居

1／ 李兆麟故居

位于辽阳市灯塔市铧子镇后屯村。故居有正房 3 间，东西厢房各 3 间，为砖、石结构，占地面积 958.8 平方米。现为辽阳、灯塔两级"爱国主义教育"基地。2005 年，被辽宁省委组织部命名为"党史教育基地"。2007 年公布为省级文物保护单位。

↑ 李兆麟故居

2／ 彭公馆

位于辽阳市白塔区中心路 2 号。原是彭贤于 1921 年建造的私宅，为仿清王府式四合院建筑，占地面积 2 万多平方米。整个建筑群布局合理、疏密适度、装饰考究。房屋以中轴线为中心南北对称分布，分为东西跨院，东院宅舍，西院为花园、果园。建筑面积总计 1500 多平方米，共有房屋五十余间。彭公馆是东北地区规模较大、保存较好的三进一厅四合院建筑群之一。现已辟为辽阳民俗博物馆。1988 年公布为省级文物保护单位。

↑ 彭公馆大门

↑ 彭公馆垂花门

← 高公馆局部

3／ 高公馆

位于辽阳市灯塔市张台子镇房身村。为高毓衡（字筠阁）的公馆。始建于1927年，1929年竣工。占地14000平方米，建筑面积1916平方米，分中、东、西三院、共有房屋99间。院中央为一方形建筑，由四面房屋围成，硬山式建筑，各有檐廊呈回字形，纯为封闭的内宅，也可称祖宗堂，是公馆的中心建筑。内宅西院，有两栋前后各5间卷棚式房屋建筑，举架高于内居宅，稍后于内宅。内宅东院，亦是两栋前后各5间硬山式房屋。东南角设炮台。1951年，房身中学设此。2001年开始维修，年内竣工。2017年公布为市级文物保护单位。

4／ 吴公馆

位于辽阳市白塔区文圣街道福民社区。为吴恩培公馆。始建于近代，称"松石斋"。吴公馆坐北朝南，占地面积1600平方米，建筑面积630平方米，是由

三排面阔五间、进深 7.2 米的单檐硬山式正房与院墙围成的三进四合院。建筑手法采用磨砖对缝，前院东、西两侧设雨搭走廊。后院东西配房各 3 间，为 1990 年新建。现为曹雪芹纪念馆。1994 年公布为市级文物保护单位。

5/ 于公馆

位于辽阳市白塔区文圣街道登福社区。为于冲汉私宅。始建于 1905 年，占地面积 598 平方米。主体建筑为一幢俄式两层楼房，花岗岩罩面，铁板铺楼盖，有地下室，楼后辟有花园。现为辽阳有线电视台库房。2005 年公布为市级文物保护单位。

左 / 于公馆维修之前

右 / 于公馆

6 / 白乙化故居

位于辽阳市宏伟区石场峪村，是抗日英雄白乙化出生、成长的地方。故居为进深两间砖石墙草顶建筑，建筑面积53.5平方米，前后有院，20世纪50年代进行了整修，2009年由宏伟区政府投资对故居进行重新修缮，屋顶改为瓦顶，门窗换为玻璃木门。现成为宏伟区爱国主义教育基地。2017年公布为市级文物保护单位。

↑ 白乙化故居广场

↓ 白乙化故居

7 / 赵毅故居

位于辽阳市灯塔市铧子镇唐家村。建于 1942 年，为爱国将领赵毅故居。故居为东北传统式四合院建筑，由门房、正房、东西厢房构成。正房 5 间，宽 19 米，进深 7.5 米，东西厢房均为 3 间，宽 11.3 米，进深 7 米，均为硬山式建筑。门房、东厢房于 1974 年拆掉，现仅剩正房 5 间、西厢房 3 间、院墙一段。

8 / 徐珍故居

位于辽阳市辽阳县吉洞峪满族乡兴隆沟村。为近代爱国人士徐珍故居。坐西朝东，正房 5 间，前门房 5 间，东西厢房各 5 间，前院 10 间，现仅存正房 5 间。所在院落现面积为东西长 65 米，南北宽 31 米。地表遗物现存院门 2 块石建筑构件，2 块上马石，被移至胡姓村民家建房。

9 / 赵乃普故居

位于辽阳市辽阳县首山乡小赵台村。为清代官员赵乃普故居。此建筑为正房五间，东西配房各五间，门房五间（有门洞），目前残存故居一间。1998 年由于年久失修倒塌。

10 / 四合院建筑群

位于辽阳市白塔区文圣街道登福社区。为张作霖时期吉林省官银号董事长王大中的私宅。建于近代。 院落坐北朝南，占地面积约 5000 平方米，建筑风

格为硬山式建筑。由东西并列的三个四合院组成，每个院落均由正房、厢房、门房等组成。2005年公布为市级文物保护单位。

11／ 翰林府

位于辽阳市白塔区跃进街道新世纪社区。为"辽东才子"王尔烈居所。清嘉庆皇帝赐建。分为东西两院，房屋20余间。西院为住宅、东院为书房、花园。门朝南开，门前有上马石、影壁，一间小门楼，外挂"太史第"，内挂"传胪"两匾，蓝地金字，由大学士王杰题写。门里第一排5间前厅，房脊左右斜插"钢刹寿"，表示为官显赫。第二排5间后堂，是祭拜祖宗之所，堂里收藏王尔烈画像和谱书，王尔烈七十和其母九十大寿两架寿屏，在夹壁墙里收藏，作为王氏世代传家之宝。现在，两架寿屏，珍藏在辽阳博物馆。现为王尔烈纪念馆。1991年公布为市级文物保护单位。

↑ 翰林府

二、民居

1／ 金银胡同民居

位于辽阳市白塔区文圣街道金银社区。坐北朝南。建筑面积91平方米，东西长约13米，南北宽约7米，硬山式建筑，磨砖对缝工艺，仅有正房3间，为青砖灰瓦，无东西厢房。

↑ 金银胡同民居

2 / 上堡刘氏民居

位于辽阳市辽阳县河栏镇上堡村8组。坐北朝南，东西长18.7米，南北长7.65米。砖瓦石木结构，五间硬山式建筑，仰瓦顶龙凤脊头（东龙、西凤），南坡东端有四垄合瓦，西端有三垄合瓦。前窗上扇为菱格窗，下扇为玻璃窗，门两侧窗子为菱格窗，窗台以下为黄色条石砌筑的前墙，散水由石灰石板铺成。有素面戗檐砖、戗檐角柱石及压砖板石。房内部仍保持原格局，东西两侧屋门各有四扇菱格门，中间两扇为对开。西厢房为五间，现已残破作为仓库使用。近代建筑。2017年公布为市级文物保护单位。

↑ 下达河民居

3 / 下达河民居

位于辽阳市辽阳县下达河乡下达河村。坐北朝南，南北长60米，东西宽30米。第二次全国不可移动文物普查记载："院内现存正房五间，东厢房五间，大门处残存残抱鼓石一对。正房五间长19米，宽7.5米，为硬山式仰瓦屋顶，山尖处有垂莲砖雕，两山墙保持原建筑形式，梁头有明显彩绘痕迹，门窗已经改动，墀头的戗檐砖雕丢失，窗下砖墙中嵌有浮雕方形石构件，东厢房五间残破不堪"。据下达河乡志记载，此民居始建于清光绪十三年（1887），由高兆郎初建，高兆郎是下达河人，清光绪十二年的举人。此民居在1946年5月曾经作为中国人民解放军四纵解放鞍山海城的指挥所。2011年公布为县级文物保护单位。

4 / 安庄子白氏民居

位于辽阳市辽阳县首山站村。坐北朝南，现存5间房，东西长18.4米，南北宽7.35米，仰瓦顶，东西两侧靠近斜脊各三垄合瓦，屋脊、山墙、前后墙仍保持原建筑样式，前窗改成现代玻璃窗，东侧马窗改成红砖墙，西侧马窗改成水泥墙，室内分隔墙改动。为清末民国初建筑。

5 / 马伊屯张氏民居

位于辽阳市辽阳县首山镇马伊屯村。坐北朝南，现存 3 间房。房宅东西长 11 米，南北宽 6.8 米，仰瓦顶，后改动的锁链脊，蝙蝠脊头，两山墙、后墙仍保持原建筑样式，前墙水泥罩面，内部已改动，烟囱修补过，前后窗改动。根据建筑风格初步认定为近代建筑。

6 / 东王庄杨氏民居

位于辽阳市辽阳县首山镇东王庄村杨姓村民宅院内。坐北朝南，民居为 5 间房，东西长 22.7 米，南北宽 6.2 米，仰瓦顶，房脊仍保持原样式，两侧毁坏，东西两侧戗檐石为石质浮雕麒麟古松、绶带鸟牡丹纹等，山墙和后墙保持原建筑样式，前墙水泥罩面，前窗改动，为近代建筑。

7 / 胜利刘氏民居

位于辽阳市辽阳县穆家镇胜利村。为刘氏家族祠堂。建于民国时期。坐北朝南，正房三间，东西长 9.6 米，南北宽 5.3 米，为硬山式建筑，前出檐，方椽，有飞椽，有檐柱 4 根，柱下有柱础石，有廊心墙，房瓦已换成现代的水泥瓦，房屋木构架完整，山墙完整，后墙完整，6 扇对开菱格门保存完整，窗子有改动。近代建筑，目前此祠堂被用作储物仓库。

第四节／

工业建筑及附属物

↑ 寒岭火车站

1／　寒岭火车站

位于辽阳市辽阳县寒岭镇松树村。建于 1933—1935 年。坐北朝南，东西长 14.47 米，南北长 5.44 米，砖混结构，红瓦顶（应该是后来维修改变），前后左右出檐，以木板围成檐板，前后墙、左右山墙为红砖砌筑外面漆成黄色，窗台以下石灰石砌筑，漆成灰色。建筑主体仍保持初建时日式建筑风格，窗子、门改动。2017 年公布为市级文物保护单位。

2／　新寒岭火车站

位于辽阳市辽阳县寒岭镇松树村。建于 1932 年。车站坐北朝南，砖混结构，东西长 39.84 米，南北长 10 米。水泥瓦顶，前后左右四周出檐，以木板围成檐板，罩蓝色漆，前后墙及山墙为砖墙罩黄色漆，从窗台以下为水泥罩面。从整体上仍保持初建时日式建筑风格，门窗都有改动。2017 年公布为市级文物保护单位。

3／　十里河火车站

位于辽阳市灯塔市大河南镇大河南村。建于 20 世纪初期，为南北走向（厢房），南北长 17.5 米，东西宽 6.7 米，建筑面积为 117.25 平方米。砖混结构，窗户较小。2017 年公布为市级文物保护单位。

左／十里河火车站

右／日本神社附属房

4／　日本神社附属房

　　位于辽阳市白塔区胜利街道公园社区。1909 年，日军将白塔公园内的古庙拆除，开始修建神社，用于祭拜日俄战争中战死的日军将士。现存的这栋建筑便是当年日本关东军修建的日本神社附属房。南北宽 8.5 米，东西长 17 米，占地面积约 150 平方米，日式风格建筑，周围房檐为木制，外探屋顶起脊，上罩青瓦。2005 年公布为市级文物保护单位。

5／　杨木山日式建筑群

　　位于辽阳市弓长岭区苏家街道苏北社区。1933 年由日本人建成。原有 53 幢。目前存有 10 栋，每栋长约 15 米，宽约 9 米，面积约 140 平方米，总占地面积 43550 平方米，为砖混结构的起脊建筑。2017 年公布为市级文物保护单位。

6／　站前日式俄式建筑群

　　位于辽阳市白塔区文圣街道六一社区。为清末至民国期间建筑，东西横向排列，日式、俄式建筑共 8 处。均为砖混结构。总计建筑面积约 1800 平方米。原为铁路职工宿舍，1945 年后由辽阳铁路生活段使用，1993 年房改时归个人所有。2017 年公布为市级文物保护单位。

↑ 杨木山日式建筑群

左／站前日式俄式建筑群（俄式）

右／站前日式俄式建筑群（日式）

↑ 南山碉堡

7／ 南山碉堡

位于辽阳市文圣区庆阳街道唐户社区庆阳化工（集团）有限公司唐户屯南厂拉笛山山顶处。建于1938年左右，由日本关东军三八三部队所建。主体为圆形，直径5米，高6米，墙厚0.45米，面积约19平方米，钢筋混凝土结构。碉堡主体分为两层，一层有一门两窗；二层为一门五窗。另外，一、二层楼体各面均设观察口、狙击口、通风口。在碉堡顶四周设有铁护栏，从门垛经外爬梯能上楼顶。在碉堡北侧有进楼门垛，为长方形，长2.52米，宽1.85米，高3.4米。此门垛东西两面各设铁门，门高1.2米，宽0.6米。保存基本完好。

8／ 北园碉堡

位于辽阳市太子河区铁西街道北园村。建于1937年，由日本人建造。建筑面积约为19平方米。此碉堡平面呈"圆"形，直径约5米，高约2米，壁厚1.1米，为钢筋混凝土砌筑。碉堡四周设观察口、狙击口、通风口。

9／ 北园地堡

位于辽阳市太子河区铁西街道北园村。建于1937年后，由日本人建造。地堡长约6米，宽约2米，高约1.5米，壁厚0.6米，为钢筋混凝土砌筑。地

左／北园碉堡

右／北园地堡

堡内设有观察口、狙击口、通风口。

10／ 蔡庄碉堡

位于辽阳市太子河区东宁卫乡西八里村。建于1937年后，由日本人建造。碉堡大体呈圆形，外探出3个扇形面，每个面宽1.2米，长2.4米；碉堡高3.2米，壁厚0.4米，面积40平方米。整个碉堡为钢筋水泥结构，两层，分布射击孔，360度无死角，内有钢筋梯子用于向上层攀登。目前碉堡主体保存较好，无盖。

↑ 蔡庄碉堡

11／ 安庄子暗堡

位于辽阳市辽阳县首山站村。1931年日本侵占东北后，为守住首山车站所建。暗堡为钢筋混凝土结构。整体呈东西分布，西侧为身体部分，长方形，长6.8米，宽5米，拱形顶，东北角为头部入口，形似龟，长4.4米，宽2.8米，露出地面部分高1.2米，顶端被破坏。

12／ 首山站碉堡

位于辽阳市辽阳县首山站村。建于1931年后，由日本人建造。碉堡主体保存完好，钢筋混凝土结构，高4米，周长17米，顶端有垛口，主体周围墙壁上有射击口，碉堡横剖面为圆形，在北边凸出一方形垛，东南、西南各凸出一方形垛将圆等分，凸出的方形垛长3.15米，凸出部分高0.92米，被等分的

左／首山站碉堡

右／首山站出张所

三段弧长都是 2.15 米。碉堡入口在东侧，内部分两层，一层为室内，周围墙上有射击口，二层为垛口部分。

13 ／　首山站出张所

位于辽阳市辽阳县首山站村 2 组首山火车站西 60 米处。建于 1932 年前后。建筑主体保存完好，砖混框架，内部结构稍有改动，建筑主体呈"L"形，L 形长边为东西方向，短边为南北方向，长边长 13.6 米，短边长 10.47 米，山墙宽 5.82 米，院内南北方向长 3.47 米，正门面向火车站方向。现产权归个人所有。

第五节／

其他建筑

1／ 东山日俄战争遗址、首山战壕

位于辽阳市辽阳县首山镇向阳寺村东山。现已成为首山公园，山顶是翠风亭。据 1927 年版的《辽阳县志·卷二十一·兵事志》详细记载："光绪三十年（1904）甲辰日俄之争，中国居中立地位。辽东受其蹂躏，辽阳尤甚，两国以五十余万人来辽阳，战线一百八十里，历时十昼夜"。其中首山战役为辽阳会战的主战场之一，首山主峰及首山附近的东南山、西南山、南山等四处是日俄首山之战的主要战场。东南山即是现在的东山。战壕遗迹在山北坡保存较完整，分为上下两层，环山分布，山南坡由于历年植树及开发首山公园，战壕遗迹已模糊不清，山北坡散布混凝土碎块，为战壕所留下。原立于翠风亭下有 1 通日军阵亡将领墓碑，现保存于辽阳县文物管理所。2017 年公布为市级文物保护单位。

2／ 辽阳水塔

位于辽阳市白塔区文圣街道水塔社区自来水公司院内。据《中国文物地图集·辽宁分册》记载："此水塔由辽阳市公署 1939 年修建，呈圆柱形，为钢筋水泥结构。塔高 41.82 米（包括塔顶避雷针高度），直径

↓ 辽阳水塔

左 / 徐往子水塔

右 / 徐往子水塔

12 米"，面积 113.04 平方米。已废弃未使用，保存基本完好。2017 年公布为市级文物保护单位。

3 / 徐往子水塔

位于辽阳市白塔区胜利路与新运大街交会处。建于 1919 年，为钢筋混凝土结构，塔高 45 米，塔顶部呈"粮囤"形，下部有 12 根水泥柱支顶，水塔为火车站货场供水。目前水塔已废弃。2017 年公布为市级文物保护单位。

4 / 弓长岭千人沟、万人坑

位于辽阳市弓长岭区苏家街道苏北社区。日本侵略者进入弓长岭后，强迫矿工冒险作业，塌方、冒顶事故经常发生，造成大批矿工死亡，1943 年 8 月，日本侵略者选择了三道沟这个地方来掩埋矿工的尸体。在长 20 余米、宽 8 米、最深 4 米的范围内，埋葬了近千矿工，称"千人沟"。由于当时死难的矿工太多，千人沟里层层白骨，再也容纳不下越来越多的尸体，1943 年 10 月，罪恶的日本侵略者又在距离千人沟西南 45 米处挖了个万人坑。万人坑长 80 米、宽 8 米、深 5 米。坑内尸骨姿态各异，显然是被活埋时挣扎求生的情景。目前千人沟、万人坑保存下来，成为爱国主义教育基地。

5 / 立沿渡槽

位于辽阳市灯塔市罗大台镇中立沿村西 100 米处。1975 年，由灯塔市政府组织投资修建。在当时农业学大寨的形势下，农村普遍开展了垦山造地、旱地改水田的工作，立沿渡槽的建成改变了旱田区不能种水稻的历史，对农业发

| 1 | 2 |
| 3 | 4 |

1　弓长岭千人沟、万人坑
2　弓长岭千人沟、万人坑局部
3　立沿渡槽
4　李兆麟将军塑像

展起到了推动作用。此渡槽为钢筋混凝土结构，高2.5米、宽7米、长410米，共有41拱，至今仍在使用。

6/　李兆麟将军塑像

位于辽阳市灯塔市区内。建于1985年11月。塑像由两部分组成，上部为将军骑马出征英姿形象，下部四周是由理石贴面的基座，呈南北走向的长方形。基座的底部到塑像的顶部高约9米，正面是辽宁省原政协主席宋黎题词："抗日民族英雄李兆麟"，右侧为碑志，左侧为附记。1986年公布为县级文物保护单位。

第六节／

烈士陵园、烈士墓及纪念碑

一、烈士陵园

1／ 辽阳市烈士陵园

位于辽阳市宏伟区徐家屯村。占地 2 万平方米。陵园内的纪念馆位于陵园南部，纪念塔耸立在陵园正中，塔高 15.52 米，塔座平台 40 平方米，周围饰以方柱护栏，均为水刷石罩面，纪念碑的正面黑色大理石衬地上，镌有王堃骋题写的八个贴金大字——革命烈士永垂不朽！烈士墓位于陵园南侧，葬有解放辽阳城时牺牲的革命烈士及各个时期牺牲的革命烈士和在这工作病逝的先烈。2005 年公布为市级文物保护单位。

2／ 弓长岭烈士陵园

位于辽阳市弓长岭区团山街道陈家社区。建于 1947 年冬至 1948 年春。此陵园主要埋葬的是在解放战争中牺牲的东北人民军第四纵队十一师三十一团 57 位烈士及外地迁入的刘庆江等 4 位烈士，1964 年

上／辽阳市烈士陵园

下／弓长岭烈士陵园

由于原址被弓长岭铁矿征用，迁入现在所在地重建。陵园共埋葬各个时期的烈士100多位，1997年区人民政府投资100万元对烈士陵园重新扩建，现陵园占地面积20000平方米，建筑面积10000平方米，纪念碑高5米刻有"革命烈士永垂不朽"。

3 / 五顶山烈士陵园

位于辽阳市灯塔市西大窑镇西大窑村。1997年建成。该园坐北朝南，占地面积约327平方米，门前14级台阶上建四柱三开陵园牌楼门，门额上刻有"烈士陵园"4个大字，园内有1座纪念碑，刻有"革命烈士永垂不朽"几个大字，园内有烈士墓5座，为东西排列。陵园是西大窑镇政府为纪念1949年茨山阻击战中牺牲的张连栋等5位烈士而建。保存完好。

↑ 五顶山烈士陵园

4 / 马伊屯烈士陵园

位于辽阳市辽阳县首山镇马伊屯村4组首山西山，当地又称"烈士山"。陵园整体布局坐东北朝西南，大门西接辽鞍公路，为钢筋混凝土结构四柱、三开间、三层牌楼，中央牌楼额板上有"浩气园"三字，水泥地面，进牌楼向东30米，左侧为巨石型"辽阳县烈士陵园"简介碑。记述："新中国成立后全县烈士……及为纪念一九四七年十二月十二日兴隆台战役牺牲的七名烈士和解放鞍山战役牺牲并葬于首山西山的孙景仁等十六名烈士，于一九七零年六月特立此碑，经过多次扩建重修，于二〇〇八年八月又将小屯镇耿家村、水峪村、英守村、望宝村、高城村、兰家镇马家村、河兰镇侯家村、后台村、上麻屯村等三百五十名烈士迁入此陵园安葬。"再向上为水泥台阶通山顶烈士纪念碑，碑顶上有东北解放军战士立像，从纪念碑向东北200米有水泥板铺筑的甬路，终点为凉亭，凉亭西北为烈士墓。

5 / 刘二堡烈士陵园

位于辽阳市辽阳县刘二堡镇喇叭村。陵园建成于1962年，原位置在辽阳县二中操场东侧，后因水灾迁移到现在的位置。陵园坐西朝东，南北长48米，东西宽45米，陵园正门是一座仿古四柱三开间、三层四面庑殿顶、顶饰琉璃瓦的牌楼，砖混结构，中央牌楼横跨木上镌刻："革命烈士陵园"六个大字，牌楼两侧是仿古式围墙，南、西、北三面是由40组钢筋梭枪与砖混柱组成的锁链墙栅栏。陵园中央有垛口座式长城大理石纪念碑，碑右上方饰一颗红五星，中部为郭沫若题："在解放刘二堡战争中光荣牺牲的革命烈士们永垂不朽"，碑后是25座烈士墓，分四行排列，安葬着1948年辽沈战役时为阻击国民党52军进攻牺牲的我军某部长江支队的烈士和社会主义建设时期牺牲的革命烈士。陵园左侧建有"革命烈士陈列馆"，陈列着先烈们生前用过的武器、弹药、遗物等，还有介绍刘二堡烈士陵园变迁情况。

二、烈士墓

1／ 贾彬烈士陵墓园

位于辽阳市弓长岭区贾彬村。1996年为纪念贾彬烈士建成陵园，陵园南北长约20米，东西宽约20米，占地面积约为400平方米。在陵园内有一通烈士纪念碑，刻有八字"革命烈士永垂不朽"。碑高3.75米，底宽1.03米，厚0.9米。碑座为4米见方的水泥方台。在纪念碑后为贾彬烈士墓及墓碑。

左／贾彬烈士陵园

右／贾彬烈士陵园烈士纪念碑

贾彬（1921—1948），原名贾洪林，男，汉族，原籍辽宁省团甸乡贾屯村。1948 年 4 月，贾彬为掩护村干部安全转移，不幸中弹牺牲，年仅 28 岁。

2／　谢东屏烈士墓

位于辽阳市辽阳县吉洞峪满族乡刚家村。陵园于 2008 年 7 月由辽阳县政府重建，坐北朝南，陵园南北长 23 米，东西宽 11 米，占地 400 平方米。陵园四周以立柱围成，陵园正门为仿古四坡庑殿琉璃瓦顶牌楼建筑，牌楼横额上有"浩气长存"四个大字，混凝土砖石结构。

谢东屏，原名谢庆藩，辽宁新民人。1936 年 8 月参加革命，历任易县敌工部部长、晋察冀边区委敌工部副部长等职，抗日战争胜利后任辽阳县第一任县长，1947 年 7 月被反革命分子杀害。1965 年辽阳县人民在其牺牲地建园安葬烈士。

三、纪念碑

1／　雷锋纪念碑

位于辽阳市白塔区襄平街道公园社区。1963 年 3 月 5 日，首都各报都在头版显著位置刊登了毛主席题写的"向雷锋同志学习"手迹。同年在时任辽阳市委书记曹琦同志的提议下，由园林工人和民间工匠合作，于 1963 年 10 月雕刻完工了毛主席题写的"向雷锋同志学习"题词碑，碑材质为页岩，长 2.5 米，宽 1.7 米，厚 0.14 米。另据有关部门考证，此碑是全国最早出现的雷锋纪念碑。目前，此碑屹立在辽阳白塔东北角的土坡上，对外开放参观。

↑ 雷锋纪念碑

2／　李靖宇纪念碑

位于辽阳市灯塔市张台子镇大三界

上 / 李靖宇纪念碑

下 / 响山子英雄集体纪念碑

村。建于 1996 年，碑身高 4.6 米，碑座高 0.66 米。是碑身长、宽各 1 米的正方体水泥建筑，碑的顶端为琉璃瓦、卷云仿古建筑。碑阳刻有"民族英雄李靖宇将军碑"10 个大字，碑的两侧面刻有李靖宇将军生平和简介。

3 / 响山子英雄集体纪念碑

位于辽阳市辽阳县首山镇响山子村。纪念碑整体呈红旗飘扬状，下面为五级台阶长方形底座，南北长 12 米，东西宽 8.7 米，四角为方形水泥花池，底座中间为纪念碑，通高 5.37 米，底座长 6.6 米，宽 1.8 米，高 0.85 米，底座外罩水泥已脱落，暴露红砖，底座上为束腰，高为 0.51 米，西面有行书"真正的铜墙铁壁"七个字，南北两侧为水泥堆五朵向日葵上面为"忠"字，东面为"祖国钢都响山英雄集体纪念"，再向上为水泥塑飘扬的红旗，西面右上角为毛主席头像，红旗下部为水泥浮雕工人、农民、解放军等英雄集体像，东面左上角为毛主席头像，下面为三块水泥板组成的碑文，落款为：鞍山市革命委员会、辽阳市革命委员会一九六九年五月一日立。正文记述 1968 年七一前夕，鞍钢樱桃园铁矿职工子弟学校的红卫兵小将们，在鞍山支左部队某部三连代理排长吴绍谦等同志帮助下，到辽阳市兰家公社响山大队，进行政治野营，其间毛新平在抢救群众落井财物时，因井塌方遇难及吴绍谦不畏危险救援的事迹。

下卷／

馆藏文物

第一章

石器与玉器

——

　　本通览收录辽阳地区重要的玉石器共 12 件（套）。石器是金属工具出现前人类最早制作和使用的生产生活器物，玉器则是在制作和使用石器的过程中脱颖而出的"石之美者"。辽阳地区的石器和玉器基本上都是出土品或征集品。

　　辽阳地区新石器时代文物以安平南山遗址、小屯石嘴山遗址、韩夹砬子遗址、姑嫂城遗址等地出土物为代表。在新石器时代，打制石器、磨制石器、细石器并存。至新石器时代中晚期打制石器的比例减少，磨制石器逐渐成为主流。

　　辽阳地区各时代的玉器，大部分出土于墓葬中，就材质、工艺方面而言，不乏精品。

第一节／

石器

上／石镞

中／石铲

下／石网坠

一、新石器时代石器

1／ 石镞

1980 年辽阳市辽阳县小屯石嘴山遗址出土。灰白色。压制。形状不规则，器身扁平，一端有尖，一侧有锯齿。长 3.35 厘米，宽 0.65 厘米，厚 0.2 厘米。现藏于辽阳博物馆。

2／ 石铲

1993 年辽阳市弓长岭区安平乡姑嫂城遗址出土。灰色页岩。打制。扁平体，双面打刃，刃缘锋利，通体磨制精细，为古代人生产工具。长 23.8 厘米，宽 6.9 厘米，厚 1.2 厘米。现藏于辽阳博物馆。

3／ 石网坠

1980 年辽阳市辽阳县小屯石嘴山遗址出土。灰色页岩。圆角梯形，边缘中部打制成三角形凹槽，以系绑绳索。为古代人生产工具。长 9 厘米，宽 3.5 厘米，厚 5.7 厘米。现藏于辽阳博物馆。

二、青铜时代石器

1/ 青铜斧、凿石范

1990 年在辽阳市辽阳县甜水乡塔湾村出土。国家一级文物。滑石质。灰白色。略呈长方形，两扇扣合为一套。范内凿刻青铜斧模和青铜凿模，在斧和凿的銎口处留有浇注口，范外一面刻三圆。其中两圆以双线回纹相连，一圆内刻火焰纹；另一面以浅浮雕加阴线剔刻出深目、高鼻、阔嘴、半圆耳的两个人面像。长 12.7 厘米，宽 7.6 厘米，厚 5 厘米。现藏于辽阳博物馆。

↑→ 青铜斧、凿石范

↑→ 曲刃青铜短剑石范

2/ 曲刃青铜短剑石范

1990 年在辽阳市辽阳县甜水乡塔湾村出土。国家一级文物。滑石质。两扇扣合为一套，为双面范具，两扇石范上的剑模基本相同，均为尖舌状前锋，曲刃中部具尖节，剑叶下部外弧，短茎，具柱状脊。合范后上、下两端均有十字形浇注口，长 31.8 厘米，宽 7 厘米，厚 6.9 厘米。现藏于辽阳博物馆。

3/ 青铜凿石范

1990 年在辽阳市辽阳县甜水乡塔湾村出土。国家一级文物。滑石质。灰黑色。略呈长方形，两扇扣合为一套，范内为条形凿模，合范后一端有十字形浇注口。长 11.2 厘米，宽 7 厘米，厚 4.1 厘米。现藏于辽阳博物馆。

↓青铜凿石范

第二节／

玉器

上／玉璧

下／玉剑珌

一、战国时代玉器

1／ 玉璧

1983 年在辽阳市太子河区东京陵乡新城战国墓出土。国家一级文物。青玉。磨制。扁环状，内外边缘具方折出棱，两面于两道弦纹之间雕琢旋涡状纹饰。直径 11.1 厘米，孔径 5.6 厘米，厚 0.5 厘米。现藏于辽阳博物馆。

2／ 玉剑珌

1983 年新城战国墓 2 号墓出土。国家二级文物。青玉，局部有褐色沁。呈梯形，两面微凸，两端平齐，两侧渐薄，一端有一圆形孔，用以接鞘。两面皆饰饕餮纹，磨制细腻。长 5 厘米，宽 5.2 厘米，厚 1.3 厘米。现藏于辽阳博物馆。

3／ 玉剑首

1983 年新城战国墓 2 号墓出土。国家二级文物。呈白色，间有褐色沁。剑首呈扁圆形，正面中央微凸一圆形，上阴刻三

← 玉剑首

瓣式水涡纹。外周浅浮雕排列有序的谷纹，外缘饰一周凸棱，背面（即底面）正中有一圆形凹槽，凹槽外等距穿三个斜孔，与槽相通，以供剑首插入时捆扎加固用。直径 4.9 厘米，厚 1.4 厘米。现藏于辽阳博物馆。

二、汉代玉器

汉玉猪

1986 年北园 3 号壁画墓出土。灰白色，作伏卧猪状。呈长条形，两端截平，四肢曲于身下。上部稍浑圆，下部保持平直状。一端为头，以阴线刻目、嘴、耳及前额的皱纹，刀法简练，风格流畅。长 14 厘米，宽 1.9 厘米，厚 1.3 厘米。现藏于辽阳博物馆。

↑ 汉玉猪

上 / 明发冠

下 / 清玉带钩

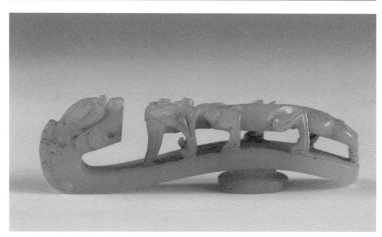

三、明清玉器

1 / 明发冠

1968年兰家乡皖家沟村明镇国将军陈通墓出土。国家三级文物。呈白色。浮雕成冠帽样式。器形椭圆，直壁，椭圆形器口。顶中部稍内凹。两侧各有一圆形穿孔，用于插发簪。长5.9厘米，宽3厘米，高3.2厘米，厚0.1厘米。现藏于辽阳博物馆。

2 / 清玉带钩

1975年辽阳地区收集。国家三级文物。青白色。部分受沁泛黄。钩体长条弧形，钩头呈龙首形，两侧面内凹。钩体上高浮雕"S"形爬行状蟠螭。钩背弯曲处有圆形扣钮。长8厘米，宽1.8厘米，高2.3厘米。现藏于辽阳博物馆。

第二章

陶瓷器

—

　　本通览收录辽阳地区商周时期到民国时期各类陶瓷器皿共49件（套）。这些陶瓷器既有辽阳地区的产品，又有中原地区的产品。战国秦汉墓葬出土的大量陶明器，印证了这一时期中原文化对辽阳地区的影响，表明在全国一统的情况下，辽阳地方民族文化已经融入了秦汉文化。具有契丹民族风格的辽代陶瓷器，在器型和装饰上具有自己独特的风格，典型器物有鸡冠壶、长颈瓶、鸡腿坛等，保留了游牧生活的痕迹。辽代陶瓷器的装饰手法主要有刻花、画花、贴花、印花和三彩釉、单彩釉等，其器型和装饰代表了辽代陶瓷的基本特征。元、明、清时期的产品以瓷器居多，大多是传世品，其中不乏青花、五彩、粉彩等瓷器之精品。但有一些也是辽阳地区的墓葬中出土。

第一节／

陶器

一、商周时期陶器

1／ 双耳陶壶

1955 年辽阳市辽阳县河栏镇二道河子石棺墓出土。国家二级文物。夹砂红褐陶。敞口，高束颈，球腹，圈足。口颈部拍印篦点纹二周，腹部对称饰鸡冠耳各一。高 16.6 厘米，口径 7 厘米，底径 6.8 厘米。现藏于辽阳博物馆。

2／ 三横耳壶

1985 年辽阳出土。国家三级文物。泥质红褐陶。外敞口，束颈，溜肩，鼓腹内收，圈足。腹部堆贴三耳，通体饰三组弦纹。高 25 厘米，口径 11 厘米，底径 6.2 厘米。现藏于辽阳博物馆。

↑ 双耳陶壶

3／ 半圆瓦当

1958 年辽阳老城区出土。国家三级文物。建筑构件。泥质灰陶。呈半圆形，瓦当正面模制双马纹，与战国燕下都遗址出土的瓦当相似。高 10 厘米，长 19.6 厘米，宽 5.1 厘米。现藏于辽阳博物馆。

1　三横耳壶

2　半圆瓦当

3　高柄盖豆

4　陶鬲

5　高足陶盘

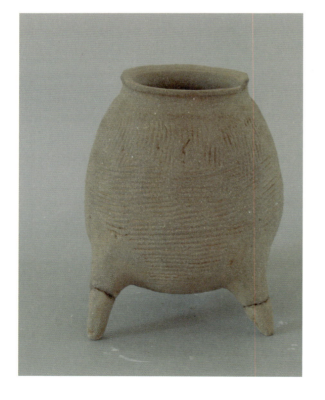

4 / 高柄盖豆

1986 年徐往子战国墓出土。国家二级文物。泥质灰陶。半球形盖,上置三个等距离四棱形立钮。器口内敛,深弧腹,细高柄,喇叭形圈足。柄部饰三组凹弦纹。器形独特,美观实用。高 53.5 厘米,口径 16 厘米,底径 14 厘米。现藏于辽阳博物馆。

5 / 陶鬲

1986 年徐往子战国墓出土。国家二级文物。夹砂灰陶。侈口,束颈,垂腹,圆底置三锥状足。通体拍印绳纹。炊煮器。高 25.1 厘米,口径 13.2 厘米,腹径 18.5 厘米。现藏于辽阳博物馆。

6 / 高足陶盘

1986 年徐往子战国墓出土。国家二级文物。泥质灰陶。敞口,平折沿,沿上置一对平折板耳,浅弧腹,高圈足,足上饰凸弦纹。高 18.5 厘米,口径 23.5 厘米,底径 15 厘米。现藏于辽阳博物馆。

二、秦汉时期陶器

1 / 空心砖

1975 年辽阳地区采集。国家二级文物。泥质灰陶。出土时一端残缺,平面为狭长方形,可见圆形空心,双面饰菱格纹,侧面为素面。长 121 厘米,宽 42 厘米,厚 12.7 厘米。为大型建筑门阶构件。现藏于辽阳博物馆。

2 / 彩绘陶壶

1954 年鹅房 31 号墓出土。国家二级文物。泥质灰陶。敞口,束颈,溜肩,鼓腹,腹下内收,圈足。壶颈、肩部绘红彩云纹、蕉叶纹,腹中部饰红彩双弦纹,近底部饰红彩单弦纹。高 25 厘米,口径 11.8 厘米,底径 12 厘米。现藏于辽阳博物馆。

3 / 彩绘云纹陶盖鼎

1954 年鹅房 31 号墓出土。国家二级文物。泥质灰陶。有盖,子口,附耳,圆腹,圜底,三蹄足。盖顶微鼓。绘红彩云气纹,腹部饰红白彩相间的弦纹,

1	2
	4
3	
	5

1　空心砖

2　彩绘陶壶

3　朱绘云纹陶盖鼎

4　四足烤炉

5　方形陶灶

足上部绘红彩云气纹。高 13.5 厘米，口径 16.4 厘米。现藏于辽阳博物馆。

4 / 四足烤炉

1954 年三道壕 14 号墓出土。国家三级文物。泥质灰陶。长方形，敞口，折平沿，沿上划刻几何纹饰，平底镂雕长条形格，上面划刻火焰纹，底侧贴塑四个站立兽形足。高 10.8 厘米，长 27.6 厘米，宽 16 厘米。现藏于辽阳博物馆。

5 / 方形陶灶

1975 年辽阳汉墓出土。国家三级文物。泥质灰陶，长方形，前端略宽，有长方形不落地火门，火门上有长方形挡火墙，火墙上部及火门两侧划刻几何纹饰。灶面上有五个火眼，火眼上各置一釜。灶的后端有烟道，上立一筒形上细下粗的烟囱。高 28.4 厘米，宽 27.3 厘米，长 31 厘米。现藏于辽阳博物馆。

6 / 重檐陶楼

1986 年北园 3 号壁画墓出土。国家二级文物。泥质灰陶。重檐悬山顶，平底下附四足。一楼正面中间开门，前后有窗。阁楼上前后均有竖条形及菱格形窗户。高 59 厘米，长 57 厘米，宽 37 厘米。现藏于辽阳博物馆。

→ 重檐陶楼

1　高足熏炉

2　陶盍

3　陶锺

4　陶匜

7 / 高足熏炉

1983 年东门里壁画墓出土。国家三级文物。泥质灰陶。上有盖，盖高而尖，镂雕成山峦形，高 34 厘米，底径 17 厘米。现藏于辽阳博物馆。

8 / 陶盉

1983 年东门里壁画墓出土。国家三级文物。泥质灰陶。敛口，扁圆腹，圜底，三蹄形高足。腹中部安有流和长条形鋬，流口向下。圆形盖，盖面鼓突，顶部饰扁圆形钮。高 15 厘米，口径 14 厘米。现藏于辽阳博物馆。

9 / 陶锺

1983 年东门里壁画墓出土。国家二级文物。泥质灰陶。盘口微侈，束长颈，溜肩，鼓腹略扁，平底，假圈足，颈、肩及腹部饰凹弦纹。高 43 厘米，口径 20 厘米，底径 26 厘米。现藏于辽阳博物馆。

10 / 陶匜

1983 年东门里壁画墓出土。国家三级文物。泥质灰陶。器口呈桃形，弧壁，平底，一侧置柄。高 5.5 厘米，通长 16 厘米，宽 11 厘米。现藏于辽阳博物馆。

瓷器

一、辽金元瓷器

1／ 辽白釉牡丹纹提梁注壶

1972 年南林子 6 号墓出土。国家一级
文物。壶体近似椭圆形，主题纹饰为牡丹
花和飞蝶，枝叶舒展，层次感极强。壶顶
内凹，留一注口，口上贴塑飞鸟，壶的提
梁为蔓藤缠绕，梁的一侧贴叶四片。肩部
贴塑小团花。短流。外底划刻"官"字款。
高 12.5 厘米，腹径 9.5 厘米，底径 7 厘米。
现藏于辽阳博物馆。

2／ 辽白釉梅瓶

1978 年江官屯收集。国家一级文物。
撇口，束颈，丰肩，鼓腹，腹下内收，圈
底。灰白胎，通体施白釉，釉面光亮润泽，
开片自然。高 29 厘米，口径 8.4 厘米，底
径 11.2 厘米。现藏于辽阳博物馆。

→ 辽白釉牡丹纹提梁注壶

↓ 辽白釉梅瓶

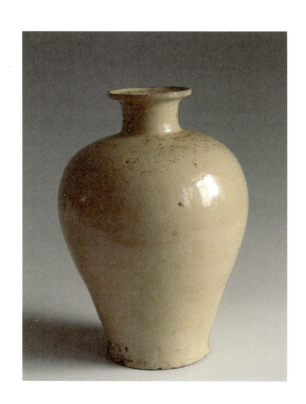

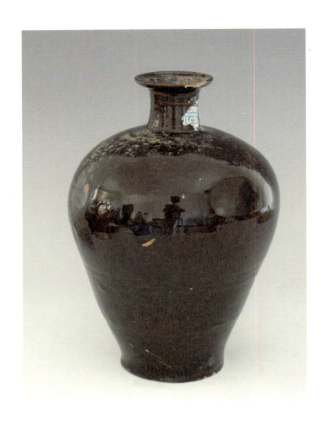

3/　辽黑釉梅瓶

1978 年江官屯收集。国家二级文物。撇口，束颈，丰肩，鼓腹，腹下内收，圈底。灰白胎，通体施黑色釉，釉面润泽光亮，开片自然。高 28.8 厘米，口径 7.2 厘米，底径 10 厘米。现藏于辽阳博物馆。

4/　辽白釉褐彩花卉纹钵

1978 年江官屯收集。国家一级文物。敛口，深弧腹，平底内凹。通体施白釉，内壁上下绘两组六朵褐彩花卉纹。外壁绘三株折枝褐彩花卉纹。花卉线条自然流畅，釉色润泽，开片自然。高 16.6 厘米，口径 26.6 厘米，底径 11.5 厘米。现藏于辽阳博物馆。

5/　辽白釉褐彩石榴水盂

2018 年江官屯收集。未定级。石榴和水盂三联巧妙构成稳定一体，捏塑双鸟，置于水盂之中，点褐彩，是一件江官窑难得的精品。直径 10 厘米，高 7 厘米。

```
        2       4    5
  1             
        3            6
```

1　辽黑釉梅瓶
2　辽白釉褐彩花卉纹钵
3　辽白釉褐彩石榴水盂
4　辽白釉大碗
5　辽黑釉高颈双系罐
6　辽白釉双系罐

6/　辽白釉大碗

2017 年江官屯收集。未定级。唇口，深腹，圈足。施白釉，白中泛黄，施釉不到底。腹部开始露胎直到底部，修胎痕宽而明显，胎色红褐，胎质比较粗，胎体厚。口直径 24 厘米，高 17 厘米。

7/　辽黑釉高颈双系罐

2015 年江官屯收集。未定级。唇口，高颈，溜肩，肩上双系，圈足，整体器型高挺。胎体厚实，胎质粗，胎色红褐。施黑釉，上有灰白色土沁，且不到底，颈肩部有弦纹。高 27 厘米，腹径 18 厘米。

8/　辽白釉双系罐

2018 年江官屯收集。未定级。唇口，圆腹，腹上双系，深腹，圈足。施白釉，白中泛黄，釉层较厚，施釉不到底，开片自然。胎色红褐，胎体厚重，胎质粗，颗粒明显，有修胎痕。口径 21 厘米，高 23 厘米。

左／辽素胎罐

右／辽黑釉双系罐

9／ 辽素胎罐

2015年江官屯收集。未定级。唇口，鼓腹，平底，器身布满细弦纹，敦实素雅。胎体厚实，胎色黄褐泛红，颗粒质感明显。通体无釉，整体粗素大气。高7厘米，腹径6.2厘米。

10／ 辽黑釉双系罐

2015年江官屯收集。未定级。唇口，肩上双系，鼓腹，圈足，胎体厚实，胎质粗，胎色红褐。施黑釉不均匀，且不到底，黑釉光亮如漆。高16厘米，腹径21厘米。

11／ 辽三彩方碟

2006年江官屯收集。未定级。四方花口，平底。盘内四面每边绘三朵黄釉花卉，花卉外饰卷草纹。盘内底四角饰叶纹，底心模印硕大莲花一朵，花纹外以绿釉水波纹作地。盘内施黄，绿，白三色，其中白釉为地，花叶纹则以黄，绿色釉间隔排列，盘外施绿釉。色彩斑斓，颇富美感。高3厘米，边长11厘米。

↑ 辽三彩方碟

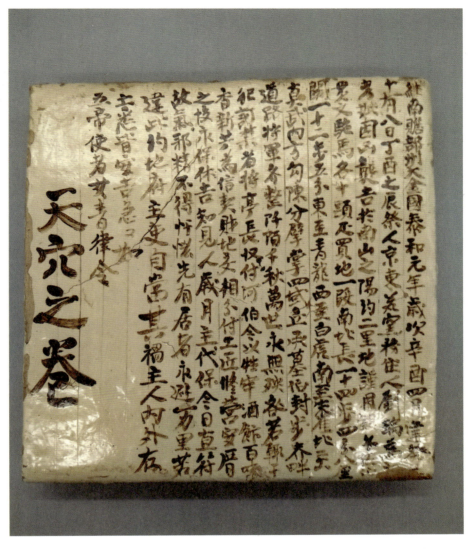

12 / 金泰和元年（1201）"天穴之卷"瓷地券

2006 年江官屯收集。未定级。正文："維南瞻部州大金国泰和元年岁次辛酉四月逢癸日十有八日丁酉之辰，祭人京东瓷窑务住人刘瑀为亡考妣，因凶袭吉，于南山之阳约二里地，謹用银币五百贯文、驼马各十头疋，买地一段，南北长一十四步四分八厘，阔一十二步五分，东至青龙、西至白虎、南至朱雀、北至真武，内方勾陈，分擘掌四域。丘丞墓伯，封步界畔。道路将军，齐整仟陌。千秋萬世，永无殃咎。若辄干犯，诃禁者，将亭长，收付河伯。今以牲牢酒饭、百味香新，共为信契，财地交相，分付工匠，修营安厝之设，永保休吉，

左／金黑釉双系壶

右／元褐彩花卉纹碗

知见人：岁月主，代保：今日直符。故气邪精不得忏悋，先有居者永避万里。若违此约，地府主吏自当其祸。主人内外存亡，悉皆安吉。急急之如五帝使者女青律令"。"天穴之卷"。买地券是中国古代以地契形式置于墓中的一种随葬品，又称"墓别"、"地券"，系由买地契约演变而来。长 46 厘米，宽 32 厘米，厚 6 厘米。

13 / 金黑釉双系壶

2017 年江官屯收集。未定级。唇口，溜肩，肩上双系，鼓腹，腹上有隆起弦纹，圈足。施黑釉不到底，腹部褐色斑点。胎质粗，颗粒明显，胎色红褐。高 14 厘米，腹径 8 厘米。

14 / 元褐彩花卉纹碗

1954 年辽阳城北袁家堡子出土。国家三级文物。敛口，圆唇，深腹斜收，圈足。施钧釉釉层较厚，釉面有棕眼，施釉不到底。釉质光润，有细小开片。高 8.8 厘米，口径 20 厘米，底径 6.4 厘米。现藏于辽阳博物馆。

15 / 元褐彩花卉纹罐

1987 年甜水乡出土。国家二级文物。直口，矮颈，丰肩，圆鼓腹下收，圈足。灰白胎，胎质较粗，施白釉，白中闪黄。肩部为弦纹，腹部为花卉。釉色润泽，开片自然。高 11.5 厘米，口径 10.3 厘米，底径 7 厘米。现藏于辽阳博物馆。

16 / 高丽青瓷枕

1964 年兰家乡石灰窑村出土。国家一级文物。腰长方形，胎呈灰色，通

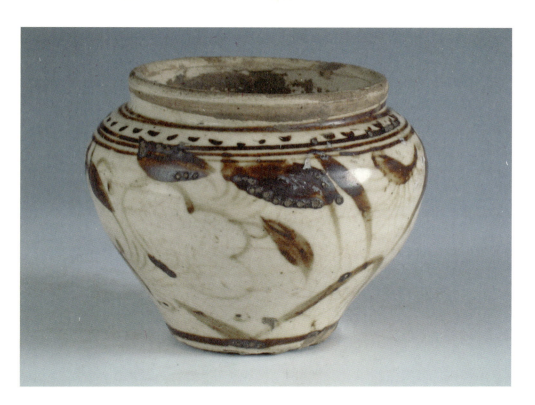

上 / 元褐彩花卉纹罐

下 / 高丽青瓷枕

体施青釉，釉下纹饰主要以白色化妆土镶嵌，偶加黑粉点染。瓷枕六面均以白粉嵌成双线边框，枕面中心圆内饰白色折枝菊花纹，两侧辅以相同的折枝菊花图案，四角白粉填嵌双弧线，内饰菊花纹。枕前后壁满刻卷草纹。两端各有一圆气孔，以避免烧造时因器物密闭空气热涨而爆裂。气孔外绕双线同心圆，四角各嵌一朵菊花。高 10 厘米，长 17.4 厘米，宽 11.4 厘米。现藏于辽阳博物馆。

17 / 高丽青瓷盖盒

1971 年北园 5 号墓出土。国家二级文物。为盛装化妆用品的妆盒，分为盖和盒两部分，盖与盒口以子母口相扣合后呈扁圆形。盖为平顶、直壁、浅圈足。内外施青釉，釉下纹饰以白色化妆土镶嵌。器盖中刻圆形开光，内嵌三朵白色团菊花纹，外绕相同图案一周。在器物肩部，两对双线开光之间，精心刻制了呈同心圆形的串珠图案，上下口沿相接处均环雕变形的唐草纹。器内饰青釉，无纹饰。此器造型规整，纹饰密而不乱，代表了高丽镶嵌青瓷的较高水平。高 3.5 厘米，口径 8.3 厘米，底径 5 厘米。现藏于辽阳博物馆。

↑ 高丽青瓷盖盒

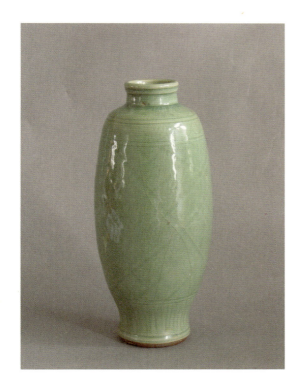

二、明清瓷器

1 / 明龙泉窑青瓷刻花纹萝卜尊

1959年辽宁省博物馆拨交。国家二级文物。直口，圆唇，长圆腹，圈足。腹部刻划菱形纹带。通体施青釉，光亮透明，如青玉般柔和淡雅。胎体厚重，造型美观。高30.5厘米，口径6厘米，底径8厘米。现藏于辽阳博物馆。

2 / 明青花莲纹贯耳瓶

1974年小屯双庙子邹溶墓出土。国家二级文物。直口，直颈，扁圆腹，圈足。颈上部为对称圆贯耳。通体青花纹饰，腹部饰莲花纹。釉层较厚，釉面有棕眼，釉色莹润。高12.7厘米，口径3.2厘米，底径4.8厘米。现藏于辽阳博物馆。

3 / 明青花缠枝莲托梵文碗

1974年大河南乡东羊角1号墓出土。国家三级文物。敞口，弧壁，圈足。通体青花纹饰，内口沿饰几何纹，内底开光饰一周梵文，碗外壁绘缠枝莲托梵文图案。高6.3厘米，口径13.5厘米，底径6.5厘米。现藏于辽阳博物馆。

4 / 明青花云龙纹花口盘

1978年黄泥洼乡龙湾村收购。国家二级文物。莲花口，浅斜壁，平底，圈足。通体青花纹饰。内口沿绘双弦纹，内底八瓣菱形开光，内绘海水云龙纹，四爪蛟龙双目圆睁，龙身盘曲成"弓"字形。盘外

上 / 明龙泉窑青瓷刻花纹萝卜尊

下 / 明青花莲纹贯耳瓶

上／明青花缠枝莲托梵文碗

下／明青花云龙纹花口盘

壁八瓣菱形开光内分别绘蟠龙纹，外底青花书"万历癸未年置 黔府应用"楷书款识。釉色青莹，青花深沉。高3.5厘米，口径16厘米，底径9.8厘米。现藏于辽阳博物馆。

5 / 明青花缠枝莲瓜棱盖罐

2005 年出土于清风寺天律塔。国家三级文物。直口，短颈，丰肩，瓜形腹，圈足。通体缠枝花纹，口沿破损，肩至腹下有八道鼓棱，如瓜状，有将军帽顶式盖。高 30.5 厘米，口径 23 厘米，底径 26 厘米。现藏于辽阳市辽阳县文物管理所。

↓ 明青花缠枝莲瓜棱盖罐

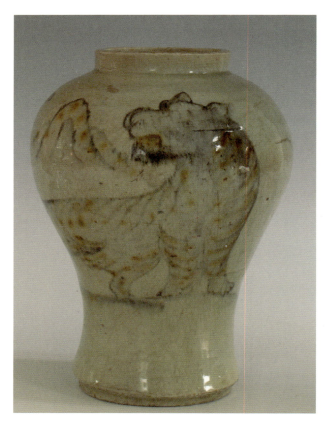

6/　李氏朝鲜青瓷褐彩松虎纹罐

1975 年辽阳市文物收购站收购。国家二级文物。直口，丰肩，圆腹，腹下内收，圈足微外撇，底为二层台式。腹部以青白釉为地，绘褐彩老虎、树木、山石等。高 27.3 厘米，口径 10 厘米，底径 11.5 厘米。现藏于辽阳博物馆。

7/　清雍正款粉彩过枝花福寿纹盘

1959 年辽宁省博物馆拨交。国家二级文物。敞口，弧壁，平底，圈足。以白釉为地。盘外绘一株桃树，由外壁弯曲入盘内，枝繁叶茂，粉花绿叶。桃枝上共绘八枚嫣红熟透的蟠桃，盘内五枚，盘外壁三枚，另有三只红蝙蝠在盘内展翅飞舞，"蝠"有"福"之意，"桃"有"寿"之意，寓意"福寿双全"。外底青花双圈内书"大清雍正年制"双行六字楷书款识。高 9 厘米，口径 54 厘米，底径 30 厘米。现藏于辽阳博物馆。

8/　清道光款粉彩婴戏纹碗

1975 年辽阳文物收购站收集。国家二级文物。敞口，斜弧壁，平底圈足。胎体洁白细腻，胎薄体轻，釉色润泽。碗口边饰一周金彩，外口沿绘粉彩花纹。

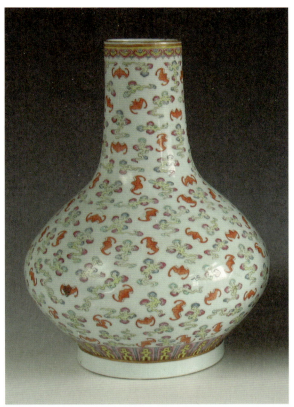

腹部绘粉彩婴戏图，玩童天真活泼，神态各异。近底足部绘一周回纹。外底红彩葫芦形，内有楷书"甲子 多福多寿堂制"款识。高 5.5 厘米，口径 12.2 厘米，底径 4.7 厘米。现藏于辽阳博物馆。

9／ 清光绪款青花缠枝纹赏瓶

1973 年辽阳市外贸局收购站收购。国家二级文物。侈口，长颈，圆腹，圈足。以青花绘蕉叶、缠枝莲、莲瓣等纹饰，色调青翠浓艳，构图层次分明。外底青花书"大清光绪年制"双行六字楷书款识。高 39 厘米，口径 10 厘米，底径 12.5 厘米。现藏于辽阳博物馆。

10／ 清光绪款粉彩云蝠纹荸荠瓶

1976 年辽阳市文物收购站收购。国家三级文物。直口，长颈，溜肩，鼓腹，

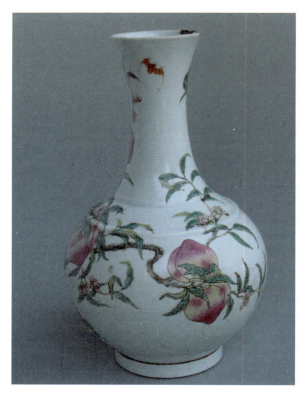

↑ 清光绪款粉彩九桃纹赏瓶

圈足。器形因腹部状如荸荠而得名。金口边，通体以粉彩绘云蝠纹，蝙蝠飞翔于祥云之间，红蝠展翅，千云迤逦，寓意"洪福齐天"。外底红彩书"大清光绪年制"双行六字楷书款识。高33.4厘米，口径7.3厘米，底径15厘米。现藏于辽阳博物馆。

11/ 清光绪款粉彩九桃纹赏瓶

1973年市外贸局收购站收购。国家三级文物。侈口，长束颈，鼓腹，圈足。通体绘粉彩蟠桃图。枝繁叶茂，粉花绿叶，九枚嫣红熟透的硕桃挂满枝头，三只红蝠在瓶颈展翅飞舞，寓意"福寿双全"。外底红彩书"大清光绪年制"双行六字楷书款识。高39厘米，口径9.6厘米，底径12.8厘米。现藏于辽阳博物馆。

12/ 清光绪款青花双龙戏珠纹盘

1975年辽阳地区收集。国家三级文物。敞口，弧壁，浅腹，平底，矮圈足。盘内绘青花双龙戏珠纹，双龙间加饰云朵，外壁饰赶珠龙纹。外底青花书"大清光绪年制"双行六字楷书款识。高6厘米，口径34厘米，底径22厘米。现藏于辽阳博物馆。

13/ 清黄釉绿彩花鸟纹碗

1959年辽宁省博物馆拨交。国家二级文物。敞口，斜弧壁，平底，圈足。内外均施黄釉。外壁绘绿彩桃树、小鸟纹饰，四只小鸟雀跃枝丛间。近口沿处饰绿色弦纹一周，足墙浅刻双弦纹一周。器型规整，胎质坚硬，釉色莹润。高6.4厘米，口径12.3厘米，底径5.4厘米。现藏于辽阳博物馆。

上 / 清光绪款青花双龙戏珠纹盘

下 / 清黄釉绿彩花鸟纹碗

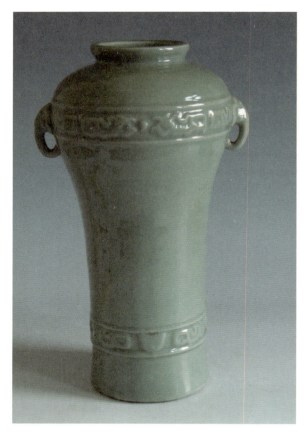 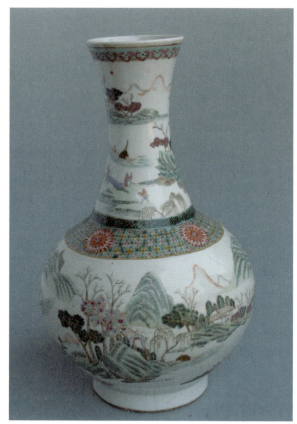

左／近代豆青釉夔龙纹象鼻耳尊

右／近代粉彩山水纹赏瓶

三、近代瓷器

1／ 近代豆青釉夔龙纹象鼻耳尊

1975 年辽阳地区收购。国家二级文物。直口，圆唇，丰肩，腹部上鼓下收，平底内凹。通体施豆青釉，肩部对称饰象鼻耳，肩及腹下部为夔龙纹。高 36.5 厘米，口径 9.8 厘米，底径 12.4 厘米。现藏于辽阳博物馆。

2／ 近代粉彩山水纹赏瓶

1973 年外贸局收购。国家三级文物。侈口，长束颈，圆腹，圈足。颈、腹部分别绘山水、人物、亭台水榭等。釉面莹润，色泽淡雅，器型规整。高 40 厘米，口径 9.6 厘米，底径 13 厘米。现藏于辽阳博物馆。

↑ 近代粉彩三顾图石榴耳六方瓶

3/　近代粉彩三顾图石榴耳六方瓶

　　1975 年辽阳地区收集。国家三级文物。瓶呈六棱形，形体高大，侈口，长颈，折肩，鼓腹，圈足外撇。颈部对称饰描金彩双石榴耳，腹部为粉彩"三顾图"，黑彩诗句。颈部和圈足上也用红彩、黑彩词句。高 57 厘米，口径 17.8 厘米，底径 27.5 厘米。现藏于辽阳博物馆。

第三章

金属器

—

　　本通览收录辽阳地区金属器共 33 件（套），包括铜器、铁器、金银器等，收藏来源主要有两个方面：一类为有明确出土地点的考古发掘品，一类为传世品。

　　辽阳地区征集的曲刃式青铜短剑以及新城战国墓葬出土的铜勺、铜灯等青铜器，体现了辽阳春秋战国时期属于东北系青铜短剑文化系列的青铜文化面貌。辽阳三道壕西汉村落遗址出土的大量的铁器，反映了西汉时期辽阳地区的文化面貌。鹅房壁画墓出土的铜刀和小亩门外收集的铜壶等，反映了东汉时期辽阳地区的文化面貌。辽阳地区收集的金元时期、明清时期的铜器，也是研究辽阳各个时期历史的重要资料。

　　辽阳博物馆收藏各时期的珍贵金银器，从不同侧面反映了各个历史时期不同的金属工艺特点和审美情趣。

第一节／

青铜器

一、春秋战国时期铜器

1／ 青铜短剑

1989 年河栏镇粉土崖村征集。国家三级文物。范铸。剑身呈柳叶形，剑脊隆起，刃弧曲，扁径。前部汇聚成剑锋，尾部是圆柱式短剑茎。青铜剑一般由剑身和剑柄两部分组成，柄、身分铸。剑身尾部的剑茎插入喇叭状剑柄中，剑柄顶部横置一块经人工打磨的细腰枕状石质加重器。长 20.8 厘米，宽 3.6 厘米。现藏于辽阳博物馆。

2／ 青铜戈

1985 年东京陵乡沙陀子村出土。国家二级文物。兵器。此戈胡上三穿，内上一穿，刃部锋利，光泽黑亮。铭文划刻在内的两面，正面"卅年上郡守起造，漆工师□，丞铭，工隶臣窃"三行十七字，背面刻"□平周"三字，篆书体。郡守、工师、丞、工都是官职名。上郡、漆、平周为地名。铭文的内容大致是："此戈铸于秦昭王四十年，上郡郡守白起负责督造，铸地为平周。"残长 7 厘米，内长 9 厘米，胡长 12 厘米。现藏于辽阳博物馆。

上／青铜短剑

下／青铜戈

3/ "衍"字铭青铜矛

1977年小南门外兴隆三队出土。国家二级文物。兵器。正中脊部凸起，脊两侧有血槽。圆筒形銎，骹上一孔。狭前锋，刃锋尖锐，矛体剖面呈菱形。骹中部双面划刻篆书铭文，一面四字"□造杜阳"，一面"衍"字。战国时称"衍水"，是燕国辽东郡首府襄平城旁的一条河流，即今太子河。长14.5厘米，宽3.4厘米，厚2.9厘米。现藏于辽阳博物馆。

4/ 青铜剑

1981年三道壕村出土。国家二级文物。兵器。范铸。剑身修长，中部起脊直通剑锋，双刃犀利，菱形剑格，扁圆茎。长55厘米，宽4.6厘米，柄长7.9厘米。现藏于辽阳博物馆。

5/ 金银错夔龙纹柄铜勺

1983年新城墓出土。国家一级文物。青铜铸造。勺体呈扁圆形，勺有六棱形长銎。通体分为三节，末端为圆筒形，铜质，镶嵌夔龙纹金银丝条。金银错，亦称错金银，古代传统金属细工装饰技法之一。木柄长45厘米，夔龙纹柄16厘米。现藏于辽阳博物馆。

6/ 青铜鉴

1983年新城墓出土。国家二级文物。圆形，敞口，宽折沿，直壁，底微圜。形状像大盆，形体一般较大。高10厘米，口径63厘米，底径56厘米。现藏于辽阳博物馆。

↑ "衍"字铭青铜矛

→ 青铜剑

上／金银错夔龙纹柄铜勺

下／青铜鉴

二、汉魏时期铜器

1 / 熏炉及承盘

1988年东京陵乡石嘴山采石场出土。国家一级文物。熏炉，侈口，鼓腹，平底，底附三兽面蹄形足。腹部有几何形镂孔，底部饰镂空六瓣花叶纹。一侧附长方柄，柄有方銎口，浮雕兽面纹，柄下划有"内官容三升少半 重三斤八两十二铢"十五字铭文，器物柄部还刻有"五十"字样。高9.5厘米，口径12.1厘米，底径9厘米；承盘，圆形，平折沿，浅直壁，平底，底附三兽面蹄形足。器壁一侧长方柄，浮雕兽面纹，背面划刻"蓟容，重三斤十四两"铭文，方銎口。高2.9厘米，口径20.5厘米。现藏于辽阳博物馆。

2／　双环耳铜壶

1978 年兴隆村出土。国家三级文物。敞口，束颈，溜肩，圆鼓腹，腹上部有左右对称的双环耳，高圈足。口沿、肩及腹部饰四道凸起的宽带纹。高19 厘米，口径 7.5 厘米，底径 9 厘米。现藏于辽阳博物馆。

3／　铜釜

1976 年小屯镇高城子出土。国家二级文物。青铜质。直口，溜肩，折腹，腹中部凸出一周扁沿，小平底。高 29.5 厘米，口径 28 厘米，底径 7.5 厘米。现藏于辽阳博物馆。

1	3	1 熏炉及承盘
2		2 熏炉及承盘

3 双环耳铜壶

4

4 铜釜

三、宋金元时期铜器

1 / 宋仿商周铜提梁盖卣

1975 年辽阳市外贸局收购站收购。国家三级文物。青铜质。椭圆形口，垂腹，高圈足。盖顶圆鼓，上有花瓣形高钮。卣外壁铸有对称扉棱四条。肩部饰对称环耳，环上各套铜链，终端由一龙首璜形提梁相连接，组成之提梁。通体以云雷纹为地，浅浮雕兽面纹、夔龙纹。高 27.5 厘米，口径 12.6 厘米，底径 14 厘米。现藏于辽阳博物馆。

2 / 金六耳铜釜

1975 年西大窑乡城门口村出土。国家二级文物。铜质。敛口，折沿，深弧腹，圜底。腹中部凸出一周扁沿，上饰对称六个长方形錾耳。高 27 厘米，口径 39 厘米。现藏于辽阳博物馆。

3 / 元花卉纹铜鼓

1989 年小屯乡下旭村出土。国家二级文物。铜质。一面敛口，口沿饰凹弦纹一周。一面顶部饰凹凸弦纹三周，内饰凸起菊花纹。鼓壁对称置双环耳，饰凸弦纹四周，并镌刻"庚辰四月□日栋梁智明次知禁口一坐入重十五仃东山寺排"铭文。高 11 厘米，直径 34 厘米。现藏于辽阳博物馆。

左 / 金六耳铜釜

右 / 元花卉纹铜鼓

↑ 宋仿商周铜提梁盖卣

左／明铜权

右／明铜碑

四、明清时期铜器

1／ 明铜权

1987年辽阳老城出土。国家三级文物。铜质。扁平六面体，方环钮，束腰，六角形厚底座。正面铸"洪武"，背面铸"二十一年"铭文。高8.8厘米，宽3.2厘米。现藏于辽阳博物馆。

2／ 明铜碑

1989年维修白塔时从塔顶取下。国家一级文物。铜质。长方形，半圆碑首，长方碑座，边框饰勾莲纹，双面镌刻楷书碑文。碑文中记载了明永乐二十一年（1423）修塔时，发现有"兹塔之重修，获睹塔顶宝瓮傍铜葫芦上有镌乾元皇庆二年（1313）重修记，盖塔自辽所建，金及元时皆重修……"的铭文。高61.8厘米，宽36厘米，厚1厘米。现藏于辽阳博物馆。

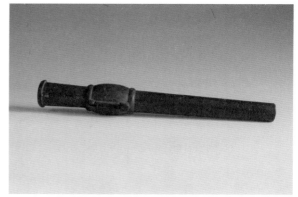

左 / 明铜火铳

右 / 明"佛朗机"铜火铳

3 / 明铜火铳

1965 年灯塔市接官厅出土。国家二级文物。铸制。为细长圆柱体，铳口铸加强箍、由前膛、药室和尾銎组成。前膛装填弹丸，药室与前膛相通，装填火药，其外形平面为椭圆状，可耐较大膛压。药室壁上有小孔为火门，火绳经此孔引燃火药。尾銎中空，装上木柄可供手持，故又称手铳，是一种轻型火器。銎上阴刻"胜字壹仟肆佰捌拾柒号，正统玖年正月□日造"铭文。长 35.7 厘米，铳口外径 3.7 厘米，内口径 1.4 厘米，铳底径 4 厘米。现藏于辽阳博物馆。

4 / 明"佛朗机"铜火铳

1978 年兰家乡兰家堡子出土。国家二级文物。由前膛、药室和尾銎组成。道体有箍六道，发射能力进一步增强。前膛管状，后接隆起的药室，銎上阴刻铭文"胜字陆仟贰佰柒拾捌号嘉靖廿年……"余字漫漶不清。长 29.5 厘米，口径 2.8 厘米。现藏于辽阳博物馆。

5 / 明骑牛童子铜摆件

1979 年东京陵乡新城村出土。国家三级文物。铜质摆件。牛半卧于地，牧童侧身骑在牛背上，右手

↓ 明骑牛童子铜摆件

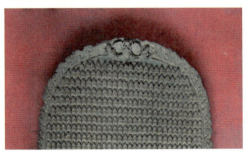

↑ 明辽阳祈福寺铜千佛版

放在颌下，身背一个小鱼篓，双眼望着远方，造型简洁传神，铸工精细。高13.5厘米，长13.7厘米，宽5.8厘米。现藏于辽阳博物馆。

6 / 明辽阳祈福寺铜千佛版

1991年东京陵乡石嘴子村祈福寺收集。国家二级文物。此佛版为铜铸，共有三块，一大二小，上铸三世十方诸佛群像。大乘佛教有三世三千佛之说，简称千佛。高88—116厘米，宽62—64厘米。现藏于辽阳博物馆。

7 / 清关羽铜坐像

1955年辽阳老城西门外关帝庙收集。国家二级文物。关羽端坐在靠背椅上，头戴巾帻，身着战袍，足蹬云靴。面庞方阔，浓眉交蹙，凤目微合，留有五绺长髯，面相庄严，双手平放在膝盖上。高190厘米，宽110厘米。现藏于辽阳博物馆。

↑ 清关羽铜坐像

金银器

一、金器

1／ 元梵文圆形金帽正

1978 年望水台 1 号墓出土。国家三级文物。纯金制。用纯金片先压膜再锤錾而成。由外至内依次为十瓣莲花、短线纹，中间压印梵文。直径 3.5 厘米，重 3.945 克。现藏于辽阳博物馆。

2／ 明花丝葫芦金耳坠

1965 年徐往子邵公夫人墓出土。国家三级文物。纯金制。葫芦形，用金片镂雕而成。葫芦可自由转动，精工雅致。长 5.3 厘米，宽 3.6 厘米，重 16.517 克。现藏于辽阳博物馆。

上／元梵文圆形金帽正

下／明花丝葫芦金耳坠

二、银器

1/ 明王徕吉保佑后代平安银信牌

1989 年维修白塔时从塔顶取下。国家三级文物。银质。半圆首，额题"佛光主照"，边饰云气纹。信牌记载，辽阳自在州知州王徕吉在明万历二十六年（1598）白塔进行维修时，与妻子在信牌上刻上五个孩子的名字，以祈求保佑一家人平安。高 14 厘米，宽 9.2 厘米。现藏于辽阳博物馆。

2/ 清龙纹高足银杯

1956 年辽阳地区收集。国家三级文物。银质。直口，斜腹，喇叭形高圈足。腹部高浮雕龙纹，柄中部凸出一箍。圈足上饰凸弦纹。高 8.9 厘米，口径 4 厘米，重 37.853 克。现藏于辽阳博物馆。

上 / 明王徕吉保佑后代平安银信牌

下 / 清龙纹高足银杯

上／铁环刀

中／铁斧

下／铁镰刀

第三节／

铁器

1／ 铁环刀

1955年太子河区三道壕村西汉村落遗址出土。锻制。环首，狭长刀身。长23.6厘米，宽1.3厘米，厚0.4厘米。现藏于辽阳博物馆。

2／ 铁斧

1955年太子河区三道壕村西汉村落遗址出土。锻制。平面近长条形，一端有扁平刃，刃略外弧，另一端有銎。长16.8厘米，宽6.5厘米。现藏于辽宁省博物馆。

3／ 铁锥

1955年太子河区三道壕村西汉村落遗址出土。圆尖，环首，锻铁打造。方柱状椎体，全长11.5厘米。现藏于辽阳博物馆。

4／ 铁镰刀

1995年太子河区三道壕村西汉村落遗址出土。长条曲刃，形近似现今镰刀。存长25.5厘米，宽3.5厘米，厚0.4厘米。现藏于辽阳博物馆。

5／ 铁铲

1955年太子河区三道壕村西汉村落遗址出土。方口，生铁铸造。西汉耧车农具，即播种机的耧胚。长

14.2 厘米，宽 10.2 厘米。现藏于辽宁省博物馆。

6 / 铁锹

1955 年太子河区三道壕村西汉村落遗址出土。梯形，上宽下窄，平尖，锹身圆透孔。生铁铸造。残长 11.9 厘米，宽 9.6 厘米。现藏于辽阳博物馆。

7 / 铁钻头

1955 年太子河区三道壕村西汉村落遗址出土。锻造。扁方柱体，头有三个尖。长 6.3 厘米，宽 1.2 厘米。现藏于辽阳博物馆。

8 / 铁锄

1955 年太子河区三道壕村西汉村落遗址出土。锻造。方形，在锄板上有两捲须纹。长 9.3 厘米，宽 17.7 厘米。现藏于辽宁省博物馆。

9 / 铁凿

1955 年太子河区三道壕村西汉村落遗址出土。方柱形，熟铁打造。有长 7.6 厘米，宽 2.2 厘米，厚 0.5 厘米。现藏于辽阳博物馆。

10 / 铁犁铧

1955 年太子河区三道壕村西汉村落遗址出土。铸铁、V 形、一面板平，一面凸起，銎部断面呈三角形，形体巨大厚重。长 40.2 厘米，宽 40.6 厘米，高 13 厘米，面厚 1 厘米，重 19 公斤。现藏于中国国家博物馆。

上 / 铁铲

下 / 铁锄

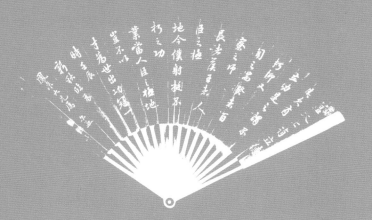

第四章

书画

—

本通览收录辽阳地区馆藏书画 16 件，其中绝大多数为辽阳博物馆所藏明、清、近代书画作品。有不少历代艺术大师精湛之作，如明文徵明《八贫诗卷》书体结构严谨，笔意纵逸，气势流贯；清蓝瑛《群峰献瑞图》图中以宋人图式绘重峦叠峰、古刹茅屋、荫掩庙堂、整幅画面宏伟壮观；清成亲王永瑆临赵孟頫《尘事帖》用笔流畅，纵而不狂，隽秀劲健。这些作品，形象地展现了不同时期的书法与绘画的艺术风格、流派和发展变化的脉络。

书法

1／ 明文徵明《八贫诗卷》手卷

1966 年辽阳地区收集。国家二级文物。八贫诗,是文徵明以"贫"字为韵脚所作的八首七言律诗。该手卷,纸本,行书。署款"文璧书似宏望尊兄"。钤白文"文璧徵明"印。该手卷共分四部分,卷首马元震题隶书"八贫尺璧",正文后为"三希堂""快雪堂"石刻原文拓片一段,最后是刘春霖跋尾。纵 30 厘米,横 424 厘米。现藏于辽阳博物馆。

2／ 清铁保临褚遂良《枯树赋》、王羲之《尺牍三帖》手卷

1975 年辽阳新华书店移交。国家三级文物。纸本。内容分两部分:一、临褚遂良行书《枯树赋》,署款"辛酉七月三日,临清舟中雨后临,铁保",钤朱文"铁保私印"。二、临王羲之草书《尺牍三帖》,自识"八日临尺牍三,铁保",钤朱文"梅庵"印。纵 20 厘米,横 253 厘米。现藏于辽阳博物馆。

3／ 清张钺篆书四言联

1966 年辽阳地区收集。国家三级文物。纸本,篆书"飞鸿戏海,舞鹤游天"。此联用笔流畅,点画遒劲,字势开张。上款"子纯四兄大人雅属",署下款"小唐弟张钺"。钤白文"张钺之印"、朱文"云希亦字小唐"二印。纵 175 厘米,横 38.5 厘米。现藏于辽阳博物馆。

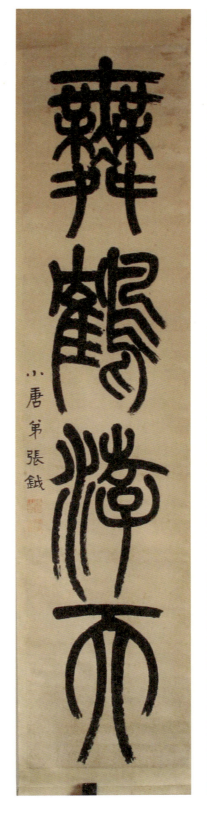

→ 清张钺篆书四言联

馬元□書

明文徵明《八貧詩卷》手卷

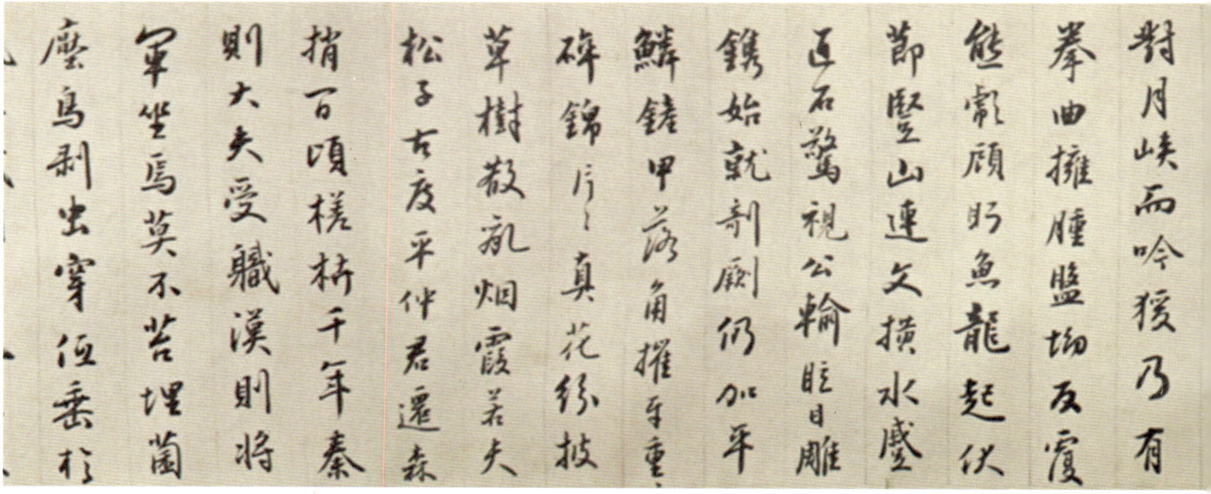

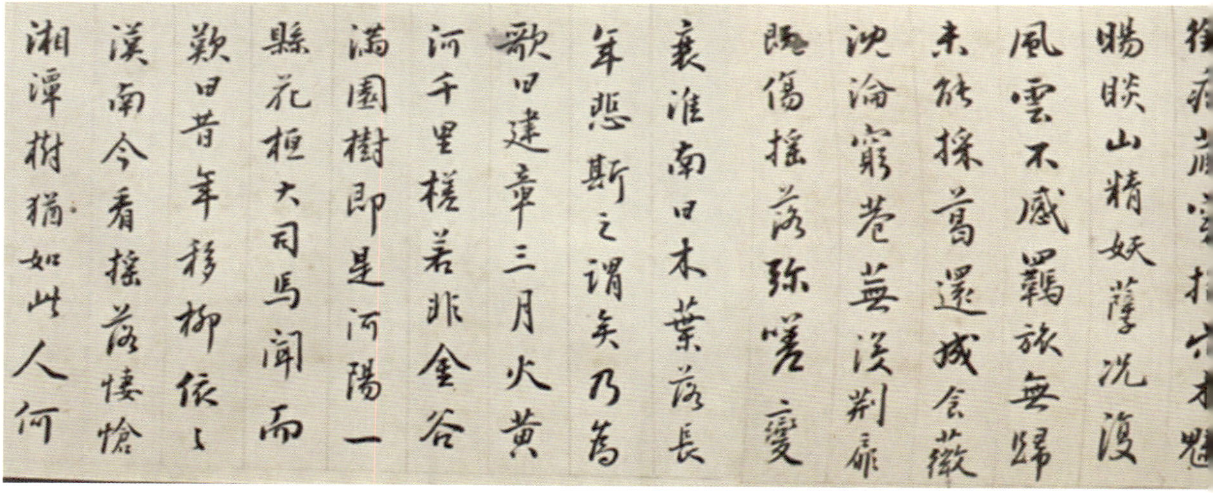

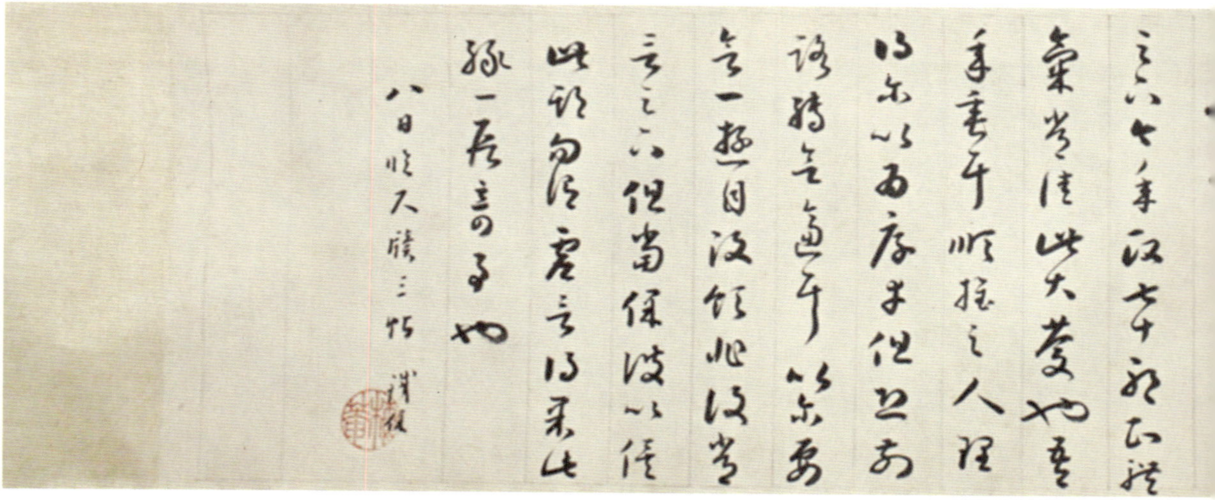

對月峽而吟猿乃有
拳曲擁腫盤坳反覆
熊彪顧盼魚龍起伏
節竪山連文橫水蹙
匪石匪華宿昔凋雕
既就剪劚仍加平
鱗鏨甲蒲角擢柯重
碎錦肆真花綵披
草樹散亂煙霞若夫
松子古度平仲君遷森
則大夫受職漢則將
捐百頃樣杵千年秦
軍坐爲莫不若埋菌
塵鳥剥出穿恒埋菌

賜眠山精妖蘖沈復
風雲不感羈旅無歸
未能操蕙還城會薇
沈淪窮巷蕪沒荊扉
既傷搖落彌嗟變衰
襄淮南曰木葉蕭長
年悲斯之謂矣乃爲
歌曰建章三月火黃
河千里樣若非金谷
滿園樹即是河陽一
縣花框大司馬聞而
歎曰昔年移柳依依
漢南今看搖落悽愴
湘潭樹猶如此人何

昔日眺大嶺三帖
鐵保

↑ 清铁保临褚遂良《枯树赋》、王羲之《尺牍三帖》手卷

風露撼頓於風煙東
海有白木之廟西河有
枯桑之社北陸以楊葉
為關南陵以梅根作
冶小山則藂桂留人挾
風則長松繫馬豈獨
城臨細柳之上塞落
桃林之下若乃山河阻
絕飄零關離別拔本垂
淚傷根流血火入空心
膏流斷節橫洞口而
欹卧頓山要而半折文
袤者合體俱碎理正

枯樹賦
殷仲文風流儒雅海
內知名代異時移出
為東陽太守常忽忽
不樂顧庭槐而歎曰此
樹婆娑生意盡矣至
如白鹿貞松青牛文
梓根柢盤魄山崖表
裏桂何事而銷丹桐
何為而半死昔之三河
徙殖九畹移根開花
建始之殿落實睢陽
之園聲含嶰谷曲抱
雲門將離集鳳比翼

辛酉七月三日臨渼舟
中丙辰昨晚 錢俊

4 / 清乾隆皇帝临《兰亭诗》扇面

1966 年辽阳地区收集。国家三级文物。洒金笺，行书。内容为："伊昔先子。有怀。散流谢安。董其昌抚兰亭诗第二。春游。契兹言执。寄教林丘。森森连岭。茫茫原畴。迥霄垂模。凝泉散流。御临。"此件书法，结字疏朗，古淡俊逸。引首钤"三希堂"朱文印，落款钤白文"乾隆宸翰"、朱文"得象外意"印。纵 16.4 厘米，横 50 厘米。现藏于辽阳博物馆。

5 / 清成亲王永瑆书赵孟頫《尘事帖》扇面

1966 年辽阳地区收集。国家三级文物。泥金笺，行书。用笔流畅，纵而不狂，隽秀劲健。署款"成亲王"。钤朱文"成亲王"、白文"诒晋斋"二印。纵 17 厘米，横 52 厘米。现藏于辽阳博物馆。

6 / 清王尔烈临颜真卿《争座位帖》折扇

1975 年辽阳地区收集。国家三级文物。纸本，行书。用墨饱满，字体稳健。内容为唐颜真卿《争座位帖》，节选引首钤朱文"崔野"印，落款钤白文"王尔烈印"、朱文"仲方"二印。纵 16.4 厘米，横 49 厘米。现藏于辽阳博物馆。

7 / 清王尔烈《学道篇》横幅

1962 年辽阳地区收集。国家三级文物。纸本，行书。用长锋羊毫，蘸墨饱满，俊迈洒脱。署款"瑶峰王尔烈"。钤白文"王尔烈印"、朱文"京兆传胪"二印。纵 113 厘米，横 222 厘米。现藏于辽阳博物馆。

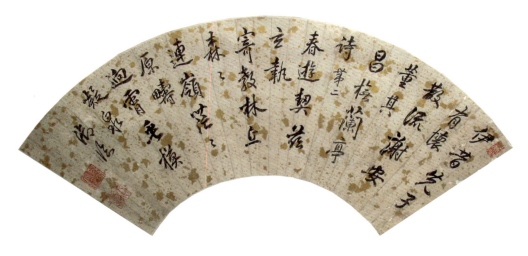

↑ 清乾隆皇帝临《兰亭诗》扇面

上／清成亲王永瑆书赵孟𫖯《尘事帖》扇面

下／清王尔烈临颜真卿《争座位帖》折扇

上／清王尔烈《学道篇》横幅

左／清贺寿慈行书七言联

8／ 清贺寿慈行书七言联

1966年辽阳地区收集。国家三级文物。纸本，用笔刚健。释文："得意千言文涌水，探怀五色笔生花。"署款"云甫贺寿慈"。钤白文"贺寿慈印"、朱文"云甫"二印。纵128.5厘米，横29.5厘米。现藏于辽阳博物馆。

绘画

1／　明文伯仁《云阳归舟图》

1966 年辽阳地区收集。国家三级文物。纸本设色，卷首有清代诗人沈德潜题名，并钤"八咏楼"朱文引首章和"沈德潜字确士号归愚"白文印、"大宗伯章"朱文印。自题"嘉靖丙寅秋九月归自云阳，舟中有客吟'春山争似秋山好，红树青松锁白云'之句，对景醒然，撮笔因作此图，聊记一时之兴云。五峰山人文伯仁识"。钤"五峰""文伯仁"二朱文印、存朴堂珍藏印。纵 30 厘米，横 243.5 厘米。现藏于辽阳博物馆。

2／　清蓝瑛《群峰献瑞图》

1975 年辽阳地区收集。国家三级文物。纸本设色，图中以宋人图式绘重峦叠峰、古刹茅屋、荫掩庙堂，整幅画面宏伟壮观。钤白文"蓝瑛私印"、朱文"田叔"二印。卷首郭尚先行书题"群峰献瑞"，卷后徐桐于光绪庚寅年（光绪十六年，1890）跋尾。纵 37 厘米，横 342 厘米。现藏于辽阳博物馆。

↓ 明文伯仁《云阳归舟图》

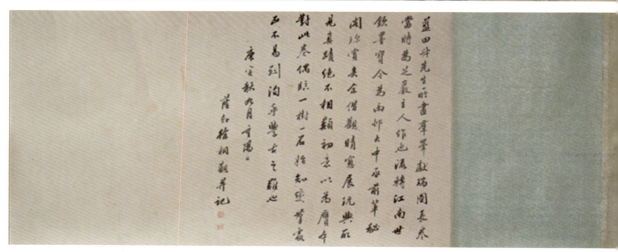

↑ 清蓝瑛《群峰献瑞图》

瑞獻峯群

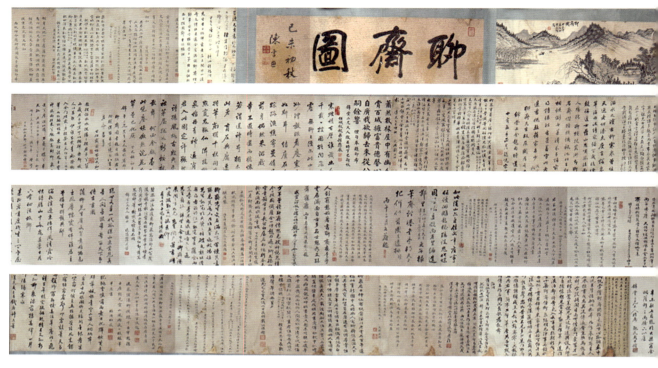

↑ 清穆通阿《聊斋图》

3/　清穆通阿《聊斋图》

1975年辽阳地区收集。国家三级文物。纸本水墨，图中一处茅屋掩映在一片柳树松坪的山水间。自题"聊斋图，甲辰仲春似山穆通阿写"，钤朱文"己丑翰林"一印。纵30厘米，横981厘米。现藏于辽阳博物馆。

4/　清蒋廷锡《荷花图》

1975年辽阳地区收集。国家三级文物。绢本水墨，图中荷花、芦苇，笔墨不多却形神俱备，钤朱文"蒋廷锡印""青桐居士"二印。纵103厘米，横47.5厘米。现藏于辽阳博物馆。

5/　清董诰设色《山水人物图》立轴

1975年辽阳地区收集。国家三级文物。绢本工笔重彩，图中山峦叠嶂，树木葱郁，平湖村舍，渔舟垂钓，表现了梨花盛开的春天景致。纵160厘米，横50.5厘米。现藏于辽阳博物馆。

左／清蒋廷锡《荷花图》

右／清董诰设色《山水人物图》立轴

6 / 清仿费晓楼《倚竹图》

1966 年辽阳地区收集。国家三级文物。纸本工笔设色，画中假山、竹子，一女子手拿花锄独立，姿容秀美，刻画传神，设色淡雅清逸。钤白文"费丹旭印"、朱文"晓楼"二印。纵 132.5 厘米，横 31.5 厘米。现藏于辽阳博物馆。

7 / 清卢湛临北宋许道宁《雪峰图》

1966 年辽阳地区收集。国家三级文物。纸本，浅绛色。图中雪山行旅之景，山峰耸立，松石瘦硬，气象寒冷。自识"许道宁本，奉敕臣卢湛恭临"。钤白文"臣湛之印"、朱文"恭绘"二印。纵 86.3 厘米，横 31.3 厘米。现藏于辽阳博物馆。

8 / 近代林纾《山水图》

1978 年辽阳地区收集。国家三级文物。纸本水墨，画中高山耸峙，险岸绝壁，松柏虬干曲枝，山路崎岖，一人坐于船内往上观看。用笔苍劲，墨色润泽。钤白文"林纾之印"、朱文"畏庐"二印。纵 101.5 厘米，横 32.6 厘米。现藏于辽阳博物馆。

→ 清仿费晓楼《倚竹图》

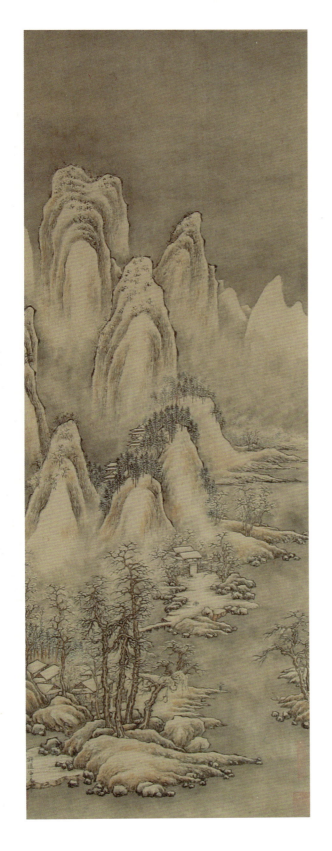

左／清卢湛临北宋许道宁《雪峰图》

右／近代林纾《山水图》

第五章

铜镜、造像与玺印

——

　　本通览收录辽阳地区馆藏铜镜、造像和玺印共 28 件。古代铜镜出自不同时代的文化遗存，是研究辽阳地方历史的参考资料，也是古代辽阳地区与中原文化相互交流、渗透、影响的有力见证。战国时期的四山纹铜镜，金代的双鱼纹铜镜、人物故事镜等都是具有时代特色的铜镜，为了解当时辽阳地区的政治、经济和历史、地理提供了重要物证，也为铜镜的流传使用情况提供了线索。

　　辽阳博物馆馆藏造像、多为明清时期的作品。其中出土于辽阳白塔的明铜鎏金药师佛坐像，为明代造像中的精品。

　　辽阳地区出土的玺印中，"差委官寨字印"是金代的官印。"东宁卫指挥使司之印"是明代辽东都司所属东宁卫最高长官的官印，其制作规整，不逾古制，也是目前明代辽东都司所属 25 个卫当中，唯一出土的卫指挥使官印，具有很高的历史研究价值。

铜镜

1／ 战国四山纹铜镜

1957 年喇嘛园出土。国家二级文物。圆形，单弦钮，方钮座，座外围凹面方格。纹饰由底纹与主纹相结合而成，底纹为羽状纹，主纹为四山字纹，山字左旋。方格外有四组连贯花叶纹，山字之间填饰花叶瓣。素卷缘。直径9.2 厘米，厚 0.4 厘米。现藏于辽阳博物馆。

2／ 汉星云纹镜

2009 年在曙光家园建设工地出土。未定级。青铜铸，圆形，镜面平整，七乳连峰六连弧形辐轮钮座，中部有孔。四个小乳钉两个为一组分别位于曲线两端的两侧。边缘亦为素面外圆内十六连弧纹，且镜缘内向与钮座外向大小十六连弧纹相对应。为西汉中期遗物。面径 11.1 厘米、背径 11 厘米、钮高 1.1厘米、缘宽 0.9 厘米、边厚 0.4 厘米，重 211克。现藏于辽阳博物馆。

上／战国四山纹铜镜

下／汉星云纹镜

3 / 汉昭明镜

2009 年在曙光家园建设工地出土。未定级。青铜铸，器表通体有绿锈斑，稍残，可辨花纹和铭文。圆形、圆钮。钮外并蒂十二连珠纹，以四小草吐状纹饰间分，每一间分区间有三连珠，其又以双短直线间分。铭文共二十三字，呈等隶变体，内容顺时针识读如下："内清质以昭明，光象夫日月兮，心忽扬而忠，然雍塞而不泄。"为西汉晚期遗物。面径 11.2 厘米、背径 11 厘米、缘宽 0.8 厘米、边厚 0.45 厘米，重 243 克。现藏于辽阳博物馆。

4 / 汉夔凤纹镜

2011 年辽阳福利院 M7 中出土。未定级。青铜铸，器表保存较好，通体呈银灰色，有零星绿锈斑。圆形，镜面外凸，半球形钮中部有穿。圆形钮座。宽平圆带状素缘内斜收。钮座上下各有一双竖线，内书直行正字铭文"位至三公"四字，字体方正紧连。为东汉晚期遗物。面径 8.5 厘米、背径 8 厘米、缘宽 0.8 厘米、边厚 0.3 厘米，重 96 克。现藏于辽阳博物馆。

5 / 汉"富贵侯王"铭连弧纹铜镜

1986 年北园 3 号壁画墓出土。国家二级文物。圆形，圆钮，柿蒂纹钮座，宽平缘。镜背纹饰分内外区，内区饰宽线圈和八连弧纹，弧纹间以花叶和短线纹相隔，连弧纹与钮座之间填饰短线纹。外区两组短线圈带内有"涷治同华清而明，以之而镜宜文章，延年益寿而辟去不羊，内而清明，光而吉昌，

上 / 汉昭明镜

中 / 汉夔凤纹镜

下 / 汉"富贵侯王"铭连弧纹铜镜

上／三国魏瑞兽纹铜镜

下／金双鱼纹铜镜

而富贵侯王，而宜之羊兮"41字隶书铭文，为吉语和祝词。直径18.5厘米，厚0.4厘米。现藏于辽阳博物馆。

6／ 三国魏瑞兽纹铜镜

1977年辽阳市文物收购站收购。国家三级文物。圆形，圆钮，圆钮座。镜背面内区浮雕四瑞兽纹；外区一圈短线纹，两圈锯齿纹，素缘。直径13.5厘米，厚0.5厘米。现藏于辽阳博物馆。

7／ 金双鱼纹铜镜

1986年辽阳县下麻屯乡出土。国家二级文物。圆形，圆钮。镜背饰两尾鲤鱼，相互追逐，周围饰水波纹。素缘，缘上一处刻记为"汤池县官造"铭文。直径11.3厘米，缘厚0.3厘米。现藏于辽阳博物馆。

第二节／

造像

1／　明铜鎏金药师佛坐像

1989 年辽阳市白塔塔刹出土。国家一级文物。头饰螺髻，双目俯视，两耳下垂。佛身披袈裟，衣褶流畅，左手作禅定印，右手作与愿印，但持一药果，双足结跏趺坐于莲台上。通高 34 厘米，座高 10.4 厘米。明万历二十六年（1598）七月造。现藏于辽阳博物馆。

2／　明释迦牟尼诞生像

1989 年辽阳市白塔塔顶取下。国家二级文物。铜质。由佛身、莲花座两部分组成。面容丰腴，眉清目秀，双唇微闭，双耳垂长，神态庄严。一手指天，一手指地，站立于莲花座上，表示"天上天下，唯我独尊"。通高 11 厘米，座高 3 厘米，座径 6.2 厘米。现藏于辽阳博物馆。

3／　明彩绘铜文殊菩萨坐像

1972 年东京陵迎水寺村收集。国家二级文物。头戴五叶冠，面相庄严，身披珠宝璎珞，五彩缯带环绕双臂，下身着裙，裙的衣褶灵动自然，右手施说法印。结跏趺坐于莲花座上。高 110 厘米，宽 81 厘米，座高 25.5 厘米。现藏于辽阳博物馆。

4／　明铜弥勒佛像

1972 年东京陵迎水寺村收集。国家二级文物。比丘相，双耳垂肩，笑口大开。袒胸露腹，左手握持布袋，右手持一串佛珠放在膝盖上，结轮王坐。背部一侧镌刻有"正德九年制"铭文。高 72 厘米，宽 81 厘米。现藏于辽阳博物馆。

↑ 明铜鎏金药师佛坐像

↑ 明释迦牟尼诞生像

↑ 明彩绘铜文殊菩萨坐像

↑ 明铜弥勒佛像

5／ 明彩绘铜鎏金送子观音坐像

1984 年辽阳市太子河区沙岭镇沙岭村北庙遗址出土。国家三级文物。头
戴宝冠，面相沉静，身着天衣，右手持宝珠，左手施施予印，双跏趺坐姿于
束腰莲台上，右腿上坐一男童，男童脚踩莲花。通高 63.3 厘米，宽 28.5 厘米，
座高 20 厘米。现藏于辽阳县文物管理所。

6／ 明铜龙女立像

1984 年辽阳市灯塔市中心医院出土。未定级。铜铸。为女童相，神情饱满，
天真可爱。面部涂金，衣带皆錾细密花纹，上涂朱红色基本脱落。头顶双髻，
丝绦系发结，耳饰圆珰。身穿长袍，腰间系带，双手捧摩尼珠于胸前，站于莲
花座上。座下面横向分置有两个钉式铁桩，当是固定之用。高 34 厘米，前后
长 7.7 厘米，左右宽 13.5 厘米。现藏于灯塔市文管所。

↑ 明彩绘铜鎏金送子观音坐像

↑ 明铜龙女立像

7 / 明彩绘铜骑犼观音坐像

1984年辽阳市灯塔市中心医院出土。未定级。铜铸。观音菩萨头戴宝冠，面庞丰润，方额阔颐，细眼微睁，面容状如童子。身着天衣，胸与腹部均佩缀璎珞，帔帛及肩。舒坐姿于犼背之上，犼昂首前视，张口露齿，四足踞地，威风凛凛。犼下为长方形覆莲式佛座。像身施有红、蓝两色，至今犹存。高41厘米，前后长19.7厘米，左右宽29厘米。现藏于灯塔市文管所。

→ 明彩绘铜骑犼观音坐像

8/　明"万历十三年"款铜漆金佛造像

　　1984年辽阳市灯塔市中心医院出土。未定级。铜铸，体中空，表现为仙山诸佛。在群峰耸立的山间，诸佛列坐。下层一排四佛，俱结跏趺坐于莲花座上，各持手印，座前中间置一香炉，两侧各站立一力士，双手合掌，外侧各有一坐像。上层一排二像并坐于莲花座上，俱为游戏坐，左右各立胁侍。佛像背面光素，在中下部錾有文字四行四十一字，共文为："温俭一父母诚心人，张志德同交李成造铸金像一十二尊，万历十三年四月吉日造。前后共造二十五尊"。佛像前面鎏金，然后于其上施一层略带棕色较透明的漆，现漆皮有开裂和脱落，佛像背面未鎏金，施赭红色漆，漆层较厚，覆盖錾刻铭文，因此錾字不易辨识。佛像无封底。高 34 厘米，前后长 17.7 厘米，左右宽 31 厘米。现藏于灯塔市文管所。

9 / 明铜泥金彩绘药师佛坐像

1984 年辽阳市灯塔市中心医院出土。未定级。铜铸。身躯伟岸，相貌庄严，头上满布螺髻，施以蓝色，方面慈颜，广额阔颐，长耳垂肩，双目微合，嘴角含笑，身披长衣，袒上身，左手端于腹部作禅定印，右手作施愿印，保持一药果，结跏趺坐，僧衣垂下，落地外展。佛像保持汉地造像传统风格，雍容华贵，气度非凡。周身皆施以泥金，金色粲然。高 48 厘米，前后长 24 厘米，左右宽 36 厘米。现藏于灯塔市文管所。

10 / 明"李伦"款铜彩绘释迦牟尼佛坐像

1984 年辽阳市灯塔市中心医院出土。未定级。铜铸。肉髻螺发，长耳阔面，双目微合，神态自然，身披长衣，袒露前胸，左手作禅定印，右手作说法印，结跏趺坐于仰覆莲台座之上，莲座下部饰缠枝花纹。底座下部右边部分残坏，后经修补。佛像与莲座分别施有红、蓝、绿等色，至今犹存。莲座后面中间处有錾字，每行二字，为"捨财信人李伦"三行六字，可知此佛像为李伦所施。高 48 厘米，前后长 24 厘米，左右宽 36 厘米。现藏于灯塔市文管所。

11 / 明铜观音菩萨坐像

1984 年辽阳市灯塔市中心医院出土。未定级。铜铸。像与莲座分铸。观音头戴宝冠，前有小化佛，面容丰润，高鼻细目，沉静庄严，身着长衣，胸饰璎珞，结跏趺坐于莲座之上，左手持杯，右手作与愿印。莲座出四层莲瓣，粗壮厚重，形如一朵盛开的莲花。莲花下面中心铸出一铜柱，与下面六边形底座相连，座下出六足，座周边有栏杆望柱。通高 44 厘米，佛像宽 19.7 厘米，底座前后长 15.5 厘米，左右宽 22.6 厘米。现藏于灯塔市文管所。

↑ 明铜泥金彩绘药师佛坐像

↑ 明 "李伦" 款铜彩绘释迦牟尼佛坐像

↑ 明铜观音菩萨坐像

12 / 明铜泥金彩绘韦驮立像

　　1984 年辽阳市灯塔市中心医院出土。未定级。铜铸。外施泥金，韦驮作武士装束，头戴兜鍪，顶缨染红色，方面丰颐，弯眉大眼，高鼻小口，身着战袍甲衣，下系绫带，足着长筒靴，站立于拱状漫圆形的底座之上，底座两端前出，中间回缩，形如马鞍状，颇具特点。韦驮两臂曲肘，双手合于胸前，横捧降魔杵，威武庄严，神情专注，表现出护法者的自然姿态。韦驮是佛教中守护神之一，是四天王中南方增长天王八将之一，为四天王三十二将之首，因而常被安置在佛教寺院中。高 42 厘米，前后长 12.5 厘米，左右宽 20 厘米。现藏于灯塔市文管所。

13 / 明铜鎏金彩绘大黑天立像

1984 年辽阳市灯塔市中心医院出土。未定级。铜铸。鎏金，造型生动，线条流畅，做工精致。头戴花冠，冠垂璎珞覆额，顶突长发，发施红色，面生三眼，高鼻阔口，相貌凶猛，颈戴项圈，胸悬璎珞，身系战裙，双脚赤足，左手持颅碗，右手持钺刀。脚下各有一钉式小铁桩，可知此像是某整器的一部分，应是插站于他物之上的。高 12.5 厘米，前后长 5.3 厘米，左右宽 12 厘米，现藏于灯塔市文管所。

14 / 明铜泥金魁星立像

1984 年辽阳市灯塔市中心医院出土。未定级。铜铸。为长须老者形象。头戴冠帻，身穿长袍，背负包裹，腰间系带，足蹬筒靴。高鼻阔口，双眼圆睁，左手握笏板，右手执笔上举，作欲书写状，所谓"魁星点斗"，极富生活情致，是颇具世俗性的写实作品。魁星，又名文曲星，或文昌星，是我国古代神话中的一位主持文运科名的尊神，过去被读书人敬崇，为其所奉祀。高 18.5 厘米，底座前后长 5.4 厘米，左右宽 7 厘米。现藏于灯塔市文管所。

15 / 明铜鎏金药师佛坐像

1982 年辽阳市 201 医院出土。国家三级文物。结高发髻，神态端庄慈祥，着通肩大衣，左手结禅定印，右手施与愿印，但持一药果，结跏趺坐于莲花座上。高 31 厘米，座径 19 厘米，座高 7.5 厘米。现藏于辽阳博物馆。

16 / 清铜鎏金绿度母坐像

1975 年辽阳地区收集。国家三级文物。头戴五叶冠，身披珠宝璎珞，下身着裙。左右手各拈一朵莲花，延伸至肩部生出。呈舒坐姿，右足踏在莲花上。高 165 厘米，宽 12 厘米，座高 3.5 厘米。现藏于辽阳博物馆。

17 / 清铜宗喀巴坐像

1984 年辽阳市辽阳市灯塔市中心医院出土。未定级。铜铸，面目慈祥，广额阔颐，弯眉细目，头戴尖顶披风帽，身穿藏式僧衣，结跏趺坐于仰俯莲座之上。宗喀巴，生于元末，青海湟中人，是藏传佛教格鲁派的创始人，因其衣黄故也称黄教。高 15.5 厘米，前后长 7.7 厘米，左右宽 9.8 厘米。现藏于灯塔市文管所。

↑ 明铜鎏金彩绘大黑天立像

左／明铜泥金魁星立像

右／明铜鎏金药师佛坐像

↑清铜宗喀巴坐像

18／　清彩绘水月观音铜坐像

　　1972 年东京陵迎水寺村收集。国家二级文物。头戴三叶冠，身披珠宝璎珞，五彩缯帛环绕双臂，下身着裙，裙的衣褶生动自如。结轮王坐。高 97 厘米，宽 72 厘米。现藏于辽阳博物馆。

玺印

1／ 三国魏辟邪钮铜印

1975 年辽阳小庄出土。国家二级文物。青铜铸造。辟邪钮，正方形印面。阴文篆书，字体古朴，布局均称，是比较典型的汉代铜印。长宽各 2 厘米，厚 0.2 厘米。现藏于辽阳博物馆。

2／ 金"差委官寀字印"铜印

1982 年辽阳市灯塔西大窑乡官屯村出土。国家三级文物。铜铸。方形，板状钮，钮顶部錾有"上"符号，以示使用方向，印台略呈梯形，左边錾刻"行官礼部造"，右边錾刻"兴定二年三月"，侧面錾刻"差委官寀字印"铭。印文为铸刻九叠篆"差委官寀字印"阳文。长宽各 5.1 厘米，厚 0.8 厘米。现藏于辽阳博物馆。

↑ 三国魏辟邪钮铜印

↑ 金"差委官寀字印"铜印

3/ 明"东宁卫指挥使司之印"铜印

2011 年辽阳河东新城瞭高山出土。未定级。铜铸。方形，椭圆柱状钮。印台两边阴刻"东宁卫指挥使司之印"和"礼部造万历十一年六月□日"，侧面刻"万字一千七百九十八号"字样，印面铸九叠篆"东宁卫指挥使司之印"阳文。该印为明代辽东都司所属东宁卫最高长官的官印，也是目前明代辽东都司所属 25 个卫当中，唯一出土的卫指挥使官印，具有很高的历史研究价值。长、宽各 8.5 厘米，印台厚 15 厘米。现藏于辽阳博物馆。

↑ 明"东宁卫指挥使司之印"铜印

第六章

货币和钱范

—

本通览共收录辽阳地区馆藏金融类文物6件（套），其中货币有战国、汉、元、明、清时期的铸币和贵金属货币及陶制钱范。这些金融类文物既是各个时期商品经济发展的印证、同时也是人们研究辽阳地区各时代金融货币及铸造工艺的珍贵资料。

铜铸币

1／ 战国"襄平"布币

1961 年小屯镇下麦窝窖藏出土。青铜铸币。国家三级文物。形刮小而薄，平首束颈，耸肩平裆，方足略窄，足外两侧曲线向内，呈束腰状，正面篆书"纕坪"二字，"纕坪"即"襄平"。是辽阳历史上最早铸造的货币。通长 4.6 厘米，通宽 2.8 厘米，重 7 克。现藏于辽阳博物馆。

2／ 战国"明"刀币

1973 年柳条寨镇小观音阁出土。青铜铸币。形状如刀，柄端有环，因币面上铸有"明"字而得名。战国时期燕国的货币以刀币为主，另有布币和圜钱作为辅助。燕国"明"字刀币可大体分为早期的"弧折"型和中晚期的"磬折"型两种，其区别不仅体现在刀背与刀柄的弯曲程度上，而且币面"明"字的书写也不同。通长 13.7 厘米，刀身长 7.5 厘米，刀身宽 1.25 厘米，刀柄长 7 厘米，刀柄宽 1.1 厘米，重 16.8 克，现藏于辽阳博物馆。

上／战国"襄平"布币

下／战国"明"刀币

3 / 秦半两

1972年辽阳城西门外出土。秦始皇统一全国后，于公元前221年开始铸造秦半两钱币，作为全国统一的货币进行流通，其外圆内方的造型较之同时存在的刀币、布币和有文铜贝，更加合理且便于携带，故深受民众欢迎，并成为此后两千多年中国钱币的

↑ 秦半两

基本形制。秦半两源自战国时期的秦国半两，但存在一定的差别，其标准程度不高，钱体薄厚不均、大小不一，且边缘铸口打磨不细，造成钱币外缘不圆、内穿不方者比比皆是。半两即为十二铢，重者达10克以上，轻者仅1克有余，大多数重量都在5克左右。此钱直径28毫米，重7.8克。现藏于辽阳博物馆。

4 / 后金"天命通宝"窖藏铜钱

2009年东京城"天祐门"南侧出土。该窖藏钱币置于普通缸瓦盆内，面文为无圈点老满文，是目前已知的一次性出土天命汗钱最多的货币窖藏。高18厘米，直径28厘米，重21.33千克。现藏于辽阳博物馆。

↓ 后金"天命通宝"窖藏铜钱

贵金属货币

马蹄金

1986 年辽阳老城大南门外饲料公司院内出土。中空，周壁从底向上内收，前壁高，后壁低，由前、左和右向后逐渐收缩，形成马的角质蹄形。后半部较平，向前逐渐凹陷，边缘向外延伸。底的中心，用刀尖刻划几何形圆，圆内刻"上"字。内底中间凸起，周边凹陷。外壁有皱纹状突起。直径 5.1 米，高 3 厘米，重 246 克。时代为西汉。现藏于辽宁省博物馆。

↑ 马蹄金

第三节/

钱范

后金满文、汉文"天命通宝"陶钱范

　　2009 年东京城遗址出土。陶质。分母范和子范。母范为圆形柱状，一端截面雕老满文"天命汗钱"或汉文"天命通宝"字样。子范为方形，分面范和背范，均模压四个钱形，之间有浇道相通。背范为素文，中间有浇口，四周各有一个排气孔。用这种方式铸钱，钱范为一次一用，因此造成钱币的尺寸、重量略有偏差，钱币质量普遍较差。方形陶范长 8.3—11.6 厘米，宽 8.3—10 厘米，厚 1.7—1.8 厘米，圆钮形陶母范长 3.8—6 厘米，直径 2.8—2.9 厘米。现藏于辽阳博物馆。

↑→　后金满文、汉文"天命通宝"陶钱范

第七章

碑刻

一

第一节／

墓志、墓券、墓碑

辽阳地区的碑刻见证并承载了辽阳的历史。这些碑刻历经沧桑巨变，风雨剥蚀，加之战乱，现存完好者已寥寥无几。20 世纪 80 年代以来，辽阳市文物部门开始有意识地收集和保护散落在各处的各类碑刻，并专门建立了碑林予以保护。先后出版了一些书籍及论文，如 1995 年出版的《辽阳金石录》、2011年出版的《辽阳碑志选编》、2013 年 4 月出版的《辽阳明代墓志》、辽阳市发现金代《通慧园明大师塔铭》一文、《金赠光禄大夫张行愿墓志》一文等。本通览大体采用《辽阳金石录》和《辽阳碑志选编》的分类方法，并从中筛选出各类碑刻 149 通。年代上溯辽金，下截近代。这些碑刻的文字记载涉及辽阳历史上的政治、经济、文化（特别是宗教）、人物及城市变迁等众多内容，它们对于研究辽阳地区的建置、地理、官制、民俗、宗教等方面提供了第一手资料。特别是辽阳是东北地区建制最早的城市，这种碑刻资料尤为珍贵。

1/ 辽·王翦妻高氏墓志

出土于辽阳市大林子村。1955 年出土。系石棺刻文，石棺形如石函，棺盖与棺身各用一块方形石灰岩凿成，上下扣合。棺通高 65 厘米，长 84 厘米，宽 62 厘米。棺盖盝顶式。棺盖内平面中心凿成一个直径 30 厘米、深 12 厘米的圆槽。志文刻在圆槽两旁，槽右刻汉文 5 行，满行 126 字，共计 630 字。槽左刻梵文五行，额题汉文"警觉陁罗尼"，刻于辽寿昌二年（1096）。现藏于辽宁省博物馆。

2 / 金·张行愿暨妻高氏墓志

出土于辽阳市韩家坟村。1923 年出土。青石质，志石高、宽各 49 厘米，正文行书 19 行，满行 20 字，共计 380 字。刻于金天德二年（1150）。志石已失，拓本藏于辽阳博物馆。

3 / 金·高松哥并妻大氏墓志

出土于辽阳市白塔区铁西街道大林子村。在第二次全国不可移动文物普查档案中记载 1921 年发现。墓已被破坏，墓碑下落不明，仅存拓本。碑首为半圆形，碑高 49 厘米，宽 31 厘米。碑文两面，碑阳 5 行，碑阴 3 行。刻于金贞元三年（1155）。拓本藏于辽阳博物馆。

4 / 明·范嵩墓志

出土于辽阳市文圣区庆阳街道东京陵村。据第二次全国不可移动文物普查档案记载 1964 年发现。志石高、宽各 44 厘米，方形，志文 12 行，满行 12 字，共计 144 字。志盖阴刻楷书"昭勇将军辽东都指挥佥事范公墓志"。刻于永乐十七年（1419）。现藏于辽阳博物馆。

5 / 明·范嵩夫人段氏墓志

出土于辽阳市文圣区东京陵乡太子岛村。据第二次全国不可移动文物普查档案记载 1964 年发现。志石高 49 厘米，宽 52 厘米，青石质，方形，志盖阴刻楷书"故前昭武将军辽东都指挥范公夫人段氏墓志铭"，志石首题阴刻楷书"故都指挥范公夫人段氏墓志铭"，志文 15 行，满行 18 字，共计 270 字。刻于正统四年（1439）。现藏于辽阳博物馆。

↑ 金·张行愿暨妻高氏墓志

↑ 明·范嵩夫人段氏墓志

↑ 明·高忠墓志

↑ 明·吴升墓志

6/ 明·高忠墓志

出土于辽阳市灯塔市西大窑镇官屯村。据第二次全国不可移动文物普查记载1971年发现。志石高、宽各32厘米，青石质，方形，志文12行，满行16字，共计192字。额题"墓志"，志盖正中阴刻楷书"大明国昭信校尉百户高忠之墓"，刻于明永乐十七年（1419）。现藏于辽阳博物馆。

7/ 明·高忠夫人吕氏墓志

出土于辽阳市灯塔市西大窑镇官屯村。据第二次全国不可移动文物普查记载1971年发现。青石质，抹角，志石高40厘米，宽43厘米。志文22行，满行23字，共计506字。额题"圹志"，志盖阴刻楷书"明朝渤海郡太宜人圹志"。刻于明宣德八年（1433）。现藏于辽阳博物馆。

8/ 明·吴俊墓志

出土于辽阳市宏伟区曙光镇大打白村。据第二次全国不可移动文物普查记载1972年发现。青石质，方形，志盖、志石长、宽各35厘米，志文20行，满行25字，共计500字。额题楷体横书"大明国"，志盖阴刻篆书"大明国镇国将军辽东都指挥同知吴公墓志"。镌刻于明永乐十八年（1420）。现藏于辽阳博物馆。

9/ 明·吴升墓志

出土于辽阳市宏伟区曙光镇大打白村。1972年收存。青石质，志石长42厘米，宽35厘米，志文25行，满行40字，共计1000字。志石额题横书"昭勇将军指挥使吴公墓志铭"。刻于明正统九年（1444）。吴升为吴俊子，乳名吴七十。现藏于辽阳博物馆。

10 / 明·田旺暨夫人娄氏圹志

出土于辽阳市文圣区小屯镇望宝台村。1988年出土。青石质，志石上左右抹角，长43厘米，宽37厘米，志文15行，满行25字，共计375字。志盖阴刻楷书"大明怀远将军东宁卫指挥田公归雁门郡夫人娄氏圹志"，志石首题阴刻楷书"故怀远将军东宁卫指挥同知田公暨夫人娄氏圹志"。刻于明宣德七年（1432）。现藏于辽阳博物馆。

11 / 明·田玉墓志

出土于辽阳市弓长岭区汤河镇望宝寨村。根据第二次全国不可移动文物普查档案记载1974年发现。青石质，志石长52厘米，宽49厘米，志文20行，满行21字，共计420字。志盖篆文"明赠镇国将军辽东都司都指挥佥事田公墓志铭"。镌刻于明成化十一年（1475）。田玉为田旺孙。现藏于辽阳博物馆。

12 / 明·王唤圹志

出土于辽阳市弓长岭汤河镇小录村。1991年出土。青石质，高52厘米，宽50厘米。额题大写横书"圹志"，志盖首题阴刻楷书"明骠骑将军指挥使王公圹志"，刻于明正统二年（1437）。现藏于辽阳博物馆。

13 / 明·王祥墓志

出土于辽阳市弓长岭汤河镇小录村。据第二次全国不可移动文物普查档案记载1980年出土。青石质，方形，志石长、宽各60厘米，志文27行，满行34字，共计918字。志盖阴刻篆文"骠骑将军左军都督府都督佥事王公墓志"，刻于明天顺元年（1457）。王祥为王唤长子。现藏于辽

↑ 明·田玉墓志

↑ 明·王祥墓志

阳博物馆。

14 / 明·巫凯墓志

出土于辽阳市宏伟区兰家镇兰家村。青石质，方形，上左右抹角，长44厘米，宽53厘米，盖文阴刻双线楷书大字两行"巫之墓"三字阴刻，刻于明正统三年（1438）。现藏于辽阳博物馆。

15 / 明·李良墓志

出土于辽阳城南达子营（现辽化厂区内）。1976年出土。青石质，志石长50厘米，宽53厘米，志文18行，满行28字，共计504字。志盖阴刻篆文"怀远将军定辽左卫指挥同知致仕李公墓碣铭"。刻于明天顺六年（1462）。现藏于辽阳博物馆。

↑ 明·李良墓志

16 / 明·李贵墓志

出土于辽阳市宏伟区曙光镇原达子营村辽阳市金星化工厂白油加工车间内。据第二次全国不可移动文物普查记载1976年发现。青石质，志石高51厘米，宽53厘米，志文25行，满行28字，共计700字。志盖阴刻楷书"镇国将军李公墓志铭"志石首题阴刻楷书"□□镇国将军都指挥同知李公墓志铭"。刻于明正统五年（1440），李贵为李良子。现藏于辽阳博物馆。

17 / 明·邹溶圹志

出土于辽阳市文圣区小屯镇西双庙子村。1968年出土。青石质，志石上部左右抹角，长49厘米，宽53厘米，志文24行，满行18字，共计432字。额题阴刻楷书"圹志"二字。刻于明正统六年（1441）。现藏于辽阳博物馆。

↑ 明·邹溶圹志

18 / 明·吴城圹志

出土于辽阳市宏伟区兰家镇石灰窑村原寇家沟村。据第二次全国不可移动文物普查档案记载1971年发现。青石质，高43厘米、宽50厘米。志石额题阴刻横书"圹志"，志石首题阴刻楷书"故都指挥佥事吴公圹志"阴刻志文23行，满行25字，共计575字。碑刻于明正统六年（1441），现藏于辽阳博物馆。

19 / 明·金漆圹志

出土于辽阳市宏伟区兰家镇单家村。据第二次全国不可移动文物普查档案记载1977年发现。青石质，方形，边长44厘米，额题阴刻楷书"圹志"，其下阴刻楷书志文18行，满行25字，共计450字。刻于明正统七年（1442）。现藏于辽阳博物馆。

20 / 明·金宝母范氏墓志

出土于辽阳市宏伟区兰家镇单家村来家堡子。1972年发现。青石质，方形，志石长、宽45厘米，部分残缺，志文24行，满行27字，共计648字。志石首题"故太淑人范氏墓志铭"，刻于明景泰六年（1455）。范氏为金漆夫人，范嵩之女。现藏于辽阳博物馆。

21 / 明·金璋墓志

出土于辽阳市宏伟区兰家镇单家村。1967年发现。青石质，长42厘米，宽45厘米，志文楷书24行，满行23字，共计552字。刻于明弘治十七年（1504），金璋为金漆之孙，金宝之子。现藏于辽阳博物馆。

22 / 明·邵宣母胡氏墓志

出土于辽阳市西郊徐往子村。1965年发现。青石质，方形，边长42厘米，额题阴刻横书"墓志"，其下阴刻楷书志文。刻于明正统七年（1442）。现藏于辽阳博物馆。

23 / 明·邵宣母胡氏墓券墓陌

出土于辽阳市西郊徐往子村。1965年发现。青石质，方形，边长37厘米，额题阴刻横书"墓

↑ 明·金璋墓志

陌"，其左阴刻楷书券文17行，满行20字，共计340字。刻于明正统七年（1442）。现藏于辽阳博物馆。

24／ 明·文广圹志

出土于辽阳市辽阳县小屯镇水峪。1956年发现。青石质，志石长43厘米，宽46厘米，志文20行，满行22字，共计440字。志盖阴刻楷书"圹志　大明赠镇国将军都指挥同知文公圹志"。刻于明正统八年（1443）。现藏于辽阳博物馆。

↑ 明·许复圹志

25／ 明·许复圹志

出土于辽阳市灯塔市铧子镇北山街道磨旗山。1963年发现。青石质，方形，抹角，志石长42厘米，宽45厘米，志文16行，满行22字，共计352字。志盖额题"圹志"，右题"神魄"，左题"永藏"，阴刻楷书"故武略将军千户许公之墓"。刻于明正统九年（1444）。现藏于辽阳博物馆。

26／ 明·王贵墓志

出土于辽阳，具体时间及位置不详。青石质，志文18行，满行28字，共计504字。志盖阴刻楷书"辽东都司都指挥佥事王公墓"，刻于明天顺八年（1464）。现藏于辽阳博物馆。

27／ 明·宋玉墓志

出土于辽阳市白塔区东南郊鹅房村。2005年发现。青石质，志文16行，满行22字，共计352字。志文部分磨损。刻于明景泰元年（1450）。现藏于辽阳博物馆。

28／ 明·宋国忠墓志

出土于辽阳市文圣区东京陵街道东城社区。1964年发现。青石质，方形，志石长、宽各62厘米，志盖阴刻篆书"明故明威将军宋公墓志铭"，志石阴刻楷书，志文32行，满行30字，共计960字。刻于明嘉靖三十七年（1558），现藏于辽宁省博物馆。

29／　明·王瑄墓志

出土于辽阳市文圣区庆阳街道唐户社区。1956年发现。青石质，志石长、宽44厘米，志文楷书17行，满行22字，共计374字。盖文"武略将军王公墓志"，刻于明景泰二年（1451）。现藏于辽宁省博物馆。

30／　明·陈通墓志

出土于辽阳市宏伟区曙光镇皖家沟村。据第二次全国不可移动文物普查记载1975年发现。青石质，方形，志石长、宽56厘米，志文26行，满行32字，共计832字。志盖阴刻篆书"镇国将军都指挥陈公墓志铭"。刻于明成化二年（1466）。现藏于辽阳博物馆。

31／　明·陈通夫人李氏墓志

出土于辽阳市宏伟区曙光镇皖家沟村。1975年发现。青石质，志石长、宽60厘米，志文29行，满行30字，共计870字。志盖阴刻楷书"封镇国将军陈公夫人李氏墓志铭"。刻于明景泰六年（1455）。现藏于辽阳博物馆。

32／　明·陈通夫人李氏墓券

出土于辽阳市宏伟区曙光镇皖家沟村。1975年发现。青石质，高49厘米，宽52厘米。券石额题阴刻横书"墓券"，其左阴刻楷书券文20行，满行22字，共计440字。刻于明景泰六年（1455）。现藏于辽阳博物馆。

33／　明·邓佐墓志

出土于辽阳市辽阳县首山镇响山子村。1968年发现。青石质，志石长47厘米，宽43厘米，志石阴刻楷书志文19行，满行32字，共计608

↑ 明·宋国忠墓志

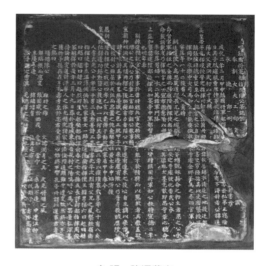

↑ 明·陈通墓志

字。邓佐这种"义以杀身，忠以报国"之事，在《辽东志·邓佐》记载"奏其事立祠旌表，岁时致祭"，对建祠致祭的《一统志》也有记载。刻于明成化三年（1467）。现藏于辽阳博物馆。

34 / 明·邓佐夫人杨氏墓志

出土于辽阳市辽阳县首山镇响山子村。1968年发现。青石质，志石长、宽44厘米，志文20行，满行27字，共计540字。刻于明成化十四年（1478）。现藏于辽阳博物馆。

35 / 明·王镛母朱氏墓券

出土于辽阳老城小南门外。青石质，方形，边长37厘米，额题阴刻横书"给付亡人收照"，其左阴刻楷书券文19行，满行20字，共计380字。刻于明成化六年（1470）。现藏于辽阳博物馆。

36 / 明·马俊墓志

出土于辽阳市文圣区庆阳街道太子岛瞭望山西坡耕地中。20世纪70年代发现。青石质，长44厘米，宽42厘米，志石首题"武略将军副千户马公墓志铭"，刻于明成化七年（1471）。现藏辽阳博物馆。《奉天通志》有著录。

37 / 明·高宝墓志

出土于辽阳市辽阳县小屯镇英守堡。1959年发现。青石质，方形，志石长、宽44厘米，志文26行，满行30字，共计780字。志盖篆书"昭勇将军高公墓志铭"，刻于明成化八年（1472）。现藏于辽阳博物馆。

38 / 明·李贽墓志

出土于辽阳市宏伟区。1992年发现。青石质，志石长、宽58厘米，志文21行，满行21字，

↑ 明·邓佐夫人杨氏墓志

↑ 明·高宝墓志

共计441字。志盖阴刻楷书"大明故昭勇将军李公墓志铭"。刻于明成化十年（1474）。现藏于辽阳博物馆。

39／ 明·李贽夫人陈氏墓志

出二于辽阳市宏伟区。1992年发现。青石质，方形，志石长、宽53厘米，左右抹角，志盖阴刻楷书"圹志都指挥李门故太淑人陈氏墓"，志文18行，满行18字，共计324字。刻于明成化七年（1471）。现藏于辽阳博物馆。

40／ 明·鲁纶墓志

出土于辽阳市太子河区铁西街道大林子社区（辽阳火车站内）。1968年发现。青石质，志石长、宽48厘米，志文21行，满行32字，共计672字。志盖篆书"明奉议大夫江西按察司金事西村鲁公墓志铭"。刻于明嘉靖五年（1526）。现藏于辽阳博物馆。

↑ 明·鲁纶墓志

41／ 明·孙鸿墓志

出土于辽阳市灯塔市孙庄子。1982年发现。青石质，志石断残，志文残缺，尚存阴刻楷书志文12行，满行30字，共计360字。刻于明成化年间。现藏于辽阳博物馆。

42／ 明·孙棠墓志

出土于辽阳市灯塔市孙庄子。1982年发现。青石质，长、宽48厘米，志文23行，满行28字，共计644字。志石首题"明参戎龙虎将军上护国孙公志铭"。镌刻于明正德后期至嘉靖间。孙棠为孙鸿之子。现藏于辽阳博物馆。

43／ 明·孙磐母曹氏圹志

出土于辽阳城东太子河南岸崔家花园。墓

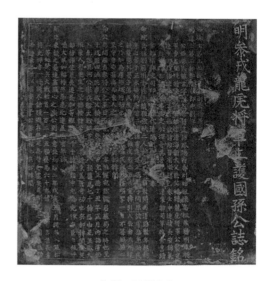

↑ 明·孙棠墓志

志为石质，"原石，方尺余"，刻于明弘治十三年（1500）。民国十二年（1923）移至辽阳县教育公所保存，现已不知所踪。《奉天通志》《辽阳县志》收录了原文。近年有专家考证，曹氏之父曹俊为辽东曹氏入辽始祖。故此圹记成为研究曹雪芹祖籍在辽阳的重要碑刻之一。

44 / 明·韩承庆夫人张氏墓志

出土于辽阳市文圣区庆阳街道唐户社区辽宁庆阳化工（集团）有限公司韩家坟库区。1978年发现。青石质，长、宽52厘米，志文34行，满行41字，共计1394字。志盖篆书"明诰封一品夫人韩母张氏志铭"，志石首题阴刻楷书"一品夫人韩母张氏志铭"。刻于明万历十一年（1583）。现藏于辽阳博物馆。

45 / 明·王琏墓志

出土于辽阳市南林子。1973年发现。青石质，方形，志石长、宽47厘米，志文19行，满行23字，共计437字。志石首题"恩荣冠带王公墓志铭"，刻于明正德十三年（1518）。现藏于辽阳博物馆。

46 / 明·张璇墓志

出土于辽阳县望宝台村。1974年发现。青石质，志石长47厘米，宽50厘米，志文26行，满行33字，共计858字。志盖阴刻篆书"故文林郎张公墓志铭"，刻于明嘉靖三年（1524）。现藏于辽阳博物馆。

47 / 明·傅奎墓志

出土于辽阳市宏伟区曙光镇小打白村。1981年发现。青石质，长50厘米，宽48厘米，志文

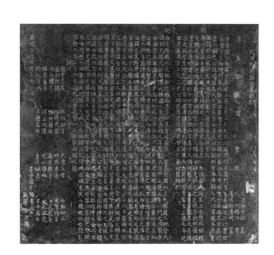

↑ 明·张璇墓志

↑ 明·傅奎墓志

25 行，满行 29 字，共计 725 字。盖篆"逸庵居士傅公墓志铭"。刻于明嘉靖三年（1524）。现藏于辽阳博物馆。

48／　明·金鼎妻王氏墓志

出土于辽阳市灯塔市张台子乡丁香村。1974 年发现。青石质，长、宽 50 厘米，志文 29 行，满行 29 字，共计 841 字。刻于明嘉靖三年（1524），志盖篆书"明故金夫人王氏墓志铭"。现藏于辽阳博物馆。

49／　明·林睿墓志

出土于辽阳市宏伟区原杏花村。1978 年发现。青石质，长、宽 55 厘米，志文 37 行，满行 31 字，共计 1147 字。志盖篆书"明故游击镇国将军林公墓志铭"，刻于明嘉靖五年（1526）。现藏于辽阳博物馆。

50／　明·林睿夫人郭氏墓志

出土于辽阳城南达子营（今辽化厂区内）。1979 年发现。青石质，长、宽 56 厘米，志文 24 行，满行 28 字，共计 672 字。志盖篆书"明钦差辽东游击将军林公配太原郭氏夫人墓志铭"。刻于明正德十六年（1521）。现藏于辽阳博物馆。

↑ 明·林睿夫人郭氏墓志

51／　明·李继祖母常氏墓志

出土于辽阳城南。发现时间不详。青石质，志文 21 行，满行 28 字，共计 588 字。刻于明嘉靖十二年（1533），现藏于辽阳博物馆。撰文人韩承训，明嘉靖监生、诗人、辽东副总兵韩斌曾孙、韩辅之孙、韩玺之侄。

52／　明·叶西峰墓志

出土于辽阳市白塔区武圣街道新世纪社区。1962 年发现。青石质，长、宽 44 厘米，志文 19 行，满行 26 字，共计 494 字。盖顶阴刻篆书"明故通儒叶公墓志铭"，志石首题阴刻"明故通儒

↑ 明·叶西峰墓志

西峰叶先生墓志铭"。刻于明嘉靖二十六年（1547）。藏于辽阳博物馆。

53／ 明·吴瑊墓志

出土于辽阳县兰家乡寇家沟。1986 年发现。青石质，高、宽 52 厘米，志文 22 行，满行 28 字，共计 616 字。志盖篆书"明故怀远将军吴公墓志铭"，志石首题阴刻"明故怀远将军吴君墓志铭"。刻于明嘉靖二十七年（1548）。现藏于辽阳博物馆。

↑ 明·许节母张氏墓志

↑ 明·吴振墓志

54／ 明·朱玺暨夫人庄氏墓志

出土于辽阳市郊南林子。1972 年发现。青石质，长 63 厘米，宽 61 厘米，志文 22 行，满行 30 字，共计 660 字。志盖篆书"明故朱公夫人庄氏墓志铭"，志石首题阴刻"明故朱公夫人庄氏合葬墓志铭"。刻于明嘉靖三十年（1551）。现藏于辽阳博物馆。

55／ 明·李良臣暨夫人王氏墓志

志石情况不详，志铭录自《奉天通志·金石志》。刻于嘉靖三十一年（1552）。

56／ 明·许节母张氏墓志

出土于辽阳市太子河区铁西街道办事处北园村内。1974 年发现。青石质，方形，志石长、宽 49 厘米，志文 19 行，满行 26 字，共计 494 字。志盖篆书"明故许母张氏墓志铭"，志石首题阴刻楷书"明故许母张氏墓志铭"。刻于明嘉靖三十二年（1553）。现藏于辽阳博物馆。

57／ 明·吴振墓志

出土于辽阳市文圣区东京陵街道东城社区。1981 年发现。青石质，方形，长、宽 48 厘米，志文 27 行，满行 28 字，共计 756 字。志盖篆书"皇明昭信校尉吴公墓志铭"，志石首题阴刻楷书"明故昭信校尉吴公墓志铭"，刻于明嘉靖三十四年（1555）。现藏于辽阳博物馆。

58 / 明·钟义墓券

出土于辽阳县小屯镇。青石质，方形，边长37厘米，额题阴刻横书"奉付后土之神准此"，其左阴刻楷书券文15行，满行26字，共计390字。刻于明嘉靖三十六年（1557）。现藏于辽阳博物馆。

59 / 明·刘奇山母张氏墓志

出土于辽阳市太子河区北园村东。1988年发现。青石质，志石长、宽45厘米，志文28行，满行28字，共计784字。志盖篆书"明故太淑人刘寻张氏墓志铭"，志石首题阴刻楷书"刘母太淑人张氏墓志铭"。刻于明嘉靖四十年（1561）。现藏于辽阳博物馆。

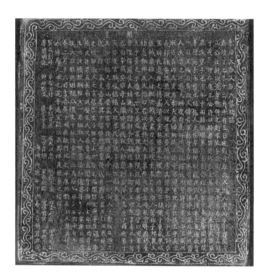

↑ 明·刘奇山母张氏墓志

60 / 明·王言墓志

出土于辽阳老城北门外。1982年发现。青石质，志石长61厘米，宽45厘米，志文22行，满行26字，共计572字。志盖篆书"明故游击将军王公墓志铭"。刻于明嘉靖四十年（1561）。现藏于辽阳博物馆。

61 / 明·尧东岩墓志

出土于辽阳市郊南林子。1969年出土。青石质，志石长44厘米，宽48厘米，志文23行，满行32字，共计736字。志盖篆书"明故儒尧东岩尧君墓志铭"。刻于嘉靖四十年（1561）。现藏于辽阳博物馆。

62 / 明·贾崇德墓志

出土于辽阳市太子河区崔家花园。1985年出土。青石质，志石长、宽55厘米，志文24行，满行32行。共计768字。刻于明隆庆二年（1568）。现藏于辽阳博物馆。

63 / 明·李惟康母白氏墓志

出土于辽阳市灯塔市铧子镇磨旗山。青石质，长43厘米，宽49厘米，志石首题阴刻楷书"李恭人白氏墓志铭"，其下阴刻楷书，志文20行，满行23字，

↑ 明·李柱山墓志

↑ 明·赵应祖墓志

↓ 明·杨四畏墓志

共计460字。刻于明万历九年（1581）。现藏于灯塔市文管所。

64／ 明·李柱山墓志

出土于辽阳老城大南门外。1980年发现。青石质，长、宽44厘米，志文30行，满行32字，共计960字。志盖篆书"皇明海盖左参将镇国将军李公墓志铭"，志石首题阴刻楷书"明海盖左参将镇国将军李公墓志铭"。刻于明万历十年（1582），现藏于辽阳博物馆。

65／ 明·赵应祖墓志

出土于辽阳市宏伟区曙光镇原达子营村。1976年6月发现。青石质，长、宽43厘米，志文22行，满行30字，共计660字。志石首题阴刻楷书"乡耆龙峰赵公墓志铭"刻于明万历十七年（1589）。现藏于辽阳博物馆。

66／ 明·杨四德墓志

出土于辽阳市太子河区玉皇庙村。1998年出土。青石质，长42厘米，宽40厘米。志石首题阴刻楷书"明昭勇将军前分守石门路游击管左参将事署都指挥佥事乾庵杨公墓志铭"，其左明刻楷书志文33行，满行34字，共计1122字。刻于明万历十八年（1590），杨四德为杨四畏弟弟。现藏于辽阳博物馆。

67／ 明·杨四畏墓志

出土于辽阳市白塔区东兴街道辽麻社区南郊路148号二热电厂内。1989年出土。汉白玉质，长、宽88厘米，志文57行，满行68字，共计3876字。志盖李成梁篆文"皇明诰封特进荣禄大夫都督知庵杨公墓志铭"，志石首题阴刻楷书"皇明诰封特进荣禄大夫中军都督府管府事右都督前三承敕命镇守昌平蓟镇保定总兵官知庵杨公墓志铭"。刻于明万历三十二年（1604）。志石断残。现藏于辽阳博物馆。

68／　明·杨四畏夫人邹氏墓志

出土于辽阳市白塔区东兴街道辽麻社区南郊路148号二热电厂内。1989年出土。汉白玉质，方形，长、宽77厘米，志石正、背两面刻楷书志文37行，满行38字，共计1406字。志盖篆书"明诰封一品夫人杨母邹氏墓志铭"，志石首题阴刻楷书"明诰封一品夫人杨母邹氏墓志铭"。刻于明万历十六年（1588）。现藏于辽阳博物馆。

69／　明·杨四畏夫人徐氏墓志

出土于辽阳市白塔区东兴街道辽麻社区南郊路148号二热电厂内。1989年出土。汉白玉质，长、宽83厘米，志文27行，满行38字，共计1026字。志盖篆书"皇明诰封一品夫人公母徐氏墓志铭"，志石首题阴刻楷书"明诰封一品夫人杨大母徐氏墓志铭"。刻于明万历四十六年（1618）。现藏于辽阳博物馆。

70／　明·佟进墓志

出土于辽阳市城北三道壕村。1978年出土。青石质，志石长、宽50厘米，志文32行，满行31字，共计992字。志盖篆书"皇明诰封昭勇将军佟公墓志铭"，志石首题阴刻楷书"皇明诰封昭勇将军佟公墓志铭"。刻于万历二十六年（1598）。佟进为佟登弟弟。现藏于辽阳博物馆。

71／　明·佟进夫人苏氏墓志

出土于辽阳市白塔区三道壕村。1978年出土。青石质，志石长、宽62厘米，志文28行，满行35字，共计980字。志盖篆书"皇明昭勇将军朴斋佟公配苏淑人合葬墓志铭"，志石首题阴刻楷书"昭勇将军佟公合葬淑人苏氏墓志铭"盖文。刻于万历三十七年（1609）。现藏于辽阳博物馆。

72／　明·佟蒙泉及夫人王氏墓志

出土于辽阳市三道壕村。1968年发现。石质，

↑ 明·佟进夫人苏氏墓志

↑ 明·佟大年墓志

↑ 明·杨五典墓志

↓ 明·傅元勋墓志

志石长、宽 58 厘米，志盖篆书"明诰封龙虎将军都督佥事蒙泉佟公配夫人王氏合葬墓志铭"。志石散佚，志文为抄录。

73/ 明·佟大年墓志

出土于辽阳市太子河区三道壕村。1978 年出土。青石质，志石长、宽 56 厘米，志文 31 行，满行 40 字，共计 1240 字。志盖篆书"明故庠生仲毅佟君墓志铭"，志石首题阴刻楷书"明故庠生仲毅佟君墓志铭"。刻于明万历三十五年（1607）。现藏于辽阳博物馆。

74/ 明·赵左川夫人刘氏墓志

出土于辽阳市宏伟区辽化厂区。青石质，长、宽 55 厘米，志文 26 行，满行 26 字，共计 676 字。志石首题阴刻楷书"皇明诰封赵淑人刘氏墓志铭"，刻于明万历三十四年（1606）。现藏于辽阳博物馆。

75/ 明·杨五典墓志

出土于辽阳城北肖夹河村。1916 年发现。青石质，志石长 50 厘米，宽 46 厘米，志文 21 行，满行 30 字，共计 630 字。盖文"骠骑将军杨公墓志铭"。刻于万历三十八年（1610）。现藏于辽阳博物馆。

76/ 明·傅元勋墓志

出土于辽阳老城大南门外。1988 年发现。青石质，志石长、宽 60 厘米，志文 40 行，满行 39 字，共计 1560 字。志盖楷书"明故骠骑将军显考柱松傅公墓志铭"，志石首题阴刻楷书"骠骑将军显考柱松傅公墓志铭"。刻于万历四十一年（1613），现藏于辽阳博物馆。

77 / 明·钮纯庵买地券

出土于辽阳市太子河区鹅房村。青石质，方形，边长50厘米，石阴刻楷书契文21行，满行21字，共计441字。刻于明万历四十年（1612）。现藏于辽阳博物馆。

78 / 明·陈王政墓志

出土于辽阳市白塔区文圣街道六一社区。1986年发现。青石质，方形，长、宽50厘米。志文21行，满行20字，共计400字。志盖楷书"皇明太学生仁轩陈公墓志铭"。刻于明万历四十四年（1616），现藏于辽阳博物馆。

79 / 明·石仲美墓志

出土于辽阳城北北园村东。1987年发现。青石质，志石长、宽57厘米，志文32行，满行31字，共计992字。志盖楷书"皇明柏台大承诚轩石公墓志铭"，志石首题阴刻楷书"皇明柏台大承诚轩石公安葬墓志铭"，刻于明万历四十五年（1617）。现藏于辽阳博物馆。

↑ 明·石仲美墓志

80 / 明·李元勋暨妻高氏墓志

出土于辽阳太子河区铁四街道北园社区中钢吉铁辽阳有限公司院内。1961年发现。青石质，志石长43厘米，宽48厘米，志文41行，满行38字，共计1558字。志石首题阴刻楷书"皇明诰封镇国将军安宇李公合葬墓志铭"，刻于万历四十六年（1618）。现藏辽宁省博物馆。

81 / 明·李元勋墓券

出土于辽阳城北北园村李元勋墓。1961年发现。青石质、高40厘米，宽39厘米。券石阴刻楷书契文13行，满行14字，共计182字。刻于明

↑ 明·李元勋暨妻高氏墓志

万历三十三年（1605）。现藏于辽阳博物馆。

82/ 明·李从谦母高氏墓志

出土于辽阳城北北园村。1961 年发现。青石质，志石长 43 厘米，宽 48 厘米，志文 38 行，满行 32 字，共计 1216 字。盖文"明诰赠先人李母高氏墓志铭"。刻于万历三十六年（1608）。李从谦为李元勋之子。现藏辽阳博物馆。

83/ 清·马鸣珮墓志

↑ 清·马鸣珮墓志

发现于北京西郊玉泉山黑塔村。志石长 70 厘米，宽 74 厘米，盖文"清诰封资政大夫总督江南等处军务兼理粮饷兵部尚书兼右副都御史三等阿达哈哈番润甫马公墓志铭"，碑文录自民国《辽阳县志》。现藏辽宁省博物馆。

84/ 清·马雄镇暨夫人李氏墓志

发现于北京西郊玉泉山黑塔村。志石长 81 厘米，宽 86 厘米，盖文"诰授资政大夫巡抚广西等处地方提督军务兼理粮饷盐务都察院右副都御史加增太子少保兵部尚书谥文毅坦公暨配特赠一品夫人李氏合葬墓志铭"，刻于康熙五十二年（1713），现藏辽宁省博物馆。碑文录自民国《辽阳县志》。马雄镇为马鸣珮独子。

85/ 清·马世济暨配董氏连氏墓志

发现于北京西郊玉泉山黑塔村。志石长 82 厘米，宽 85 厘米，盖文"诰授资政大夫总督淮阳等处地方提督漕运海防军务兼理粮饷兵部右侍郎兼右副都御史元恺马公暨配董氏连氏合葬墓志铭"，现藏辽宁省博物馆。碑文录自民国《辽阳县志》。墓主为马鸣珮之孙、马雄镇长子。

86/ 清·马国桢暨淑人程氏墓志

发现于北京西郊玉泉山黑塔村。碑文录自民国《辽阳县志》。马世济为其父。盖文"诰授通议大夫江南布政使司分守江常镇道参议加五级贞庵马公暨配诰封淑人程氏合葬墓志铭"，现藏辽宁省博物馆。

87 / 清·徐国相墓碑

发现于辽阳市灯塔市山药堡村。汉白玉质，残高 210 厘米，宽 96 厘米。刻于康熙四十年（1701），盖文"兵部尚书兼都察院右副都御史湖广总督徐公国相神道碑"，民国《辽阳县志·碑记志》收录了碑文。

88 / 清·王紫伯墓碑

发现于辽阳市辽阳县兰家乡风水沟王尔烈祖莹地。青石质，碑高 127 厘米，宽 52 厘米，碑首方形、抹角。额阴刻楷书"皇清"，碑身阴刻楷书 3 行，满行 29 字，共计 87 字。刻于清乾隆五十六年（1791），现藏于辽阳博物馆。

89 / 清·王尔烈墓碑

发现于辽阳市辽阳县兰家乡风水沟王尔烈墓地。青石质。碑高 100 厘米，宽 48 厘米。碑首方形、抹角，刻云龙纹，额题楷书"千古不朽"；碑身刻楷书 3 行，满行 32 字，共计 96 字，碑身四框线刻花草纹。碑刻于道光二十三年（1843），现藏于辽阳博物馆。

90 / 清·彭贤父彭万荣墓碑

发现于辽阳市灯塔市罗大台镇孙庄子村。青石质，碑通高 173 厘米，宽 65 厘米，碑首浮雕二龙戏珠，额题阴刻篆书"例赠中宪大夫彭府君墓铭"。碑阳首题阴刻楷书"例赠中宪大夫德馨公彭府君墓碑"，其左阴刻楷书碑文 10 行，满行 36 字，共计 360 字。碑阴续刻碑文 11 行。彭万荣为张作霖时代东三省官银号总办彭贤之父。刻于清宣统三年（1911），现藏于辽阳博物馆。

↑ 清·马国桢暨淑人程氏墓志

↓ 清·王尔烈墓碑

91 / 近代·彭贤母王氏墓碑

发现于辽阳市灯塔市罗大台镇孙庄子村。青石质，碑首、身一体，通高180厘米，宽63厘米，厚27厘米。碑首二龙交盘，碑额阴刻楷书"新民彭母王太夫人碑铭"。碑身四周边框浮雕海水与龙纹，碑阳与碑阴刻楷书各10行，满行30字，共计600字。王太夫人即东三省官银号总办彭贤之母、彭万荣之妻。碑刻于1928年，现藏于辽阳博物馆。

第二节／

封碑

↑ 清·穆尔哈齐敕建碑

1／　清·舒尔哈齐敕建碑

碑质汉白玉，螭首，龟趺座，通高 513 厘米，宽 120 厘米，厚 40 厘米，碑首额题"敕建"二字，碑阳阴刻汉满文碑文，汉文 5 行，满行 40 字，共计 200 字。刻于清顺治十一年（1654），立于辽阳东京陵。

2／　清·穆尔哈齐敕建碑

碑质汉白玉，螭首，龟趺座，高 300 厘米，宽 100 厘米。碑文满汉对书，首题阴刻楷书汉文"追封多罗勇壮贝勒清巴图鲁穆尔哈齐碑文"。碑阳左为满文，右为汉文，汉文 5 行，满行 38 字，共计 190 字。刻于清康熙十年（1671），立于辽阳东京陵。

3／　清·大尔差敕建碑

碑质汉白玉，龟趺座，碑高 300 厘米，宽 100 厘米，碑阳满汉对书，右为汉文，左为满文，首题阴刻楷书汉文"追封辅国公谥刚毅大尔差碑文"。刻于清康熙十年（1671），立于辽阳东京陵。

4／　清·何和礼诰封碑

碑质汉白玉，螭首，龟趺座，通高 360 厘米，

↑ 清·大尔差敕建碑

↑ 清·端庄固伦公主敕建碑

↑ 清·何芍图诰命碑

宽 90 厘米，厚 31 厘米，碑文满汉对书，汉文 8 行，满行 59 字，共计 472 字。满文 11 行，额题篆书"诰封"二字，碑阴刻楷书汉文"东阿氏"。刻于清顺治十三年（1656），此碑原立在公安堡东阿氏墓园，现藏于辽阳博物馆。

5/ 清·端庄固伦公主敕建碑

碑质汉白玉，螭首，龟趺座。碑高 430 厘米，宽 121 厘米，厚 39 厘米。碑文满汉对书，右刻汉文 7 行，满行 37 字，共计 259 字。左刻满文 7 行，碑额阴刻篆书"敕建"，碑身四框浮雕二龙戏珠纹饰。刻于清康熙五十五年（1716）。原立辽阳城东北西大窑公安堡东阿氏墓园，俗称"皇姑坟"。现藏于辽阳博物馆。

6/ 清·何芍图诰命碑

碑质汉白玉，螭首，龟趺座，通高 300 厘米，宽 90 厘米，厚 31 厘米。碑文满汉对书，右刻汉字 7 行，满行 59 字，共计 413 字。左刻满文 9 行，额题阴刻篆书"诰封"二字，碑阴刻楷书汉文"东阿氏"。刻于清顺治十三年（1656）。原立辽阳城东北西大窑公安堡东阿氏墓园，俗称"皇姑坟"。现藏于辽阳博物馆。

7/ 清·哲尔本诰命碑

碑质汉白玉，螭首，龟趺座。碑高 188 厘米，宽 68 厘米，碑文满汉对书，右阴刻楷书汉文 9 行，左刻满文，额篆阴刻"诰命"。刻于清康熙二十三年（1684）。哲尔本是康熙名将，彭春之父，此碑彭春为其父立。立于灯塔市柳河子乡南山坡。

8/ 清·彭春诰命碑

碑质汉白玉，螭首，龟趺座，通高 330 厘米，

宽 95 厘米，厚 32 厘米。碑文满汉对书，右刻汉
文 8 行，满行 47 字，共计 376 字，左刻满文 7 行，
额题"诰命"。刻于清康熙二十三年（1684）。原
立辽阳城东北西大窑公安堡东阿氏墓园。现藏于
辽阳博物馆。

9 / 清·达都敕建碑

碑质汉白玉，螭首，龟跌座，高 290 厘米，
宽 90 厘米。碑文满汉对书，右汉文 10 行，满行
60 字，共计 600 字。左满文 11 行，碑额正面阴
刻楷书"敕建"，碑阴楷书"皇清诰赠光禄大夫
镇守奉天等处将军加一级达都之碑"，碑额阴面
阴刻楷书"诰命"。刻于清康熙十年（1671），立
于灯塔市鸡冠山乡胡巴什村。

10 / 清·贾弩诰命碑

碑质青石，螭首，通高 315 厘米，宽 85 厘米，
厚 30 厘米。额题篆书"敕封诰命"，碑身四框浮
雕二龙戏珠。碑阳阴刻楷书汉文 11 行，满行 38
字，共计 418 字。碑阴刻满文 12 行。现藏于辽
阳博物馆。

11 / 清·渣努诰命碑

碑质青石，螭首，龟跌座。碑高 222 厘米，
宽 84 厘米。碑首额篆阴刻"奉天诰命"，碑身四
框浮雕二龙戏珠。碑阳阴刻楷书汉文 12 行，满
行 42 字。共计 504 字，碑阴阴刻满文 14 行。刻
于清康熙二十七年（1688）。现藏于辽阳博物馆。

12 / 清·荆山碑

碑一式两通并列，汉白玉质，均螭首、龟跌，
通高 290 厘米，宽 90 厘米。碑一，首题阴刻楷
书"议政大臣礼部尚书兼太常寺卿署仓场事务总

↑ 清·哲尔本诰命碑

↑ 清·彭春诰命碑

公库大臣佐领加六级谥端简荆山碑文"，其左阴刻楷书碑文 7 行，满行 60 字，共计 420 字。碑二，阴刻楷书皇帝谕祭文 11 行，满行 30 字，共计 330 字。刻于清康熙五十七年（1718），立于灯塔市鸡冠山乡胡巴什村。

13／ 清·吴万福敕建碑

碑质汉白玉，螭首，龟趺座，碑高 300 厘米，碑文满汉对书，额题"敕封"。碑撰于清康熙年间。已残。碑立于辽阳县寒岭镇梨庇峪村。

塔铭

↑ 通慧圆明大师塔铭

1／　通慧圆明大师塔铭

位于辽阳市白塔区襄平街道公园社区白塔公园内西北侧。1982 年在辽阳县东王家庄姚家发现。

塔铭，刻石青色，石灰岩，上端左右抹角，边沿刻饰牡丹花纹，长方形，高 100 厘米，宽 72 厘米，厚 10 厘来，碑周装饰缠枝牡丹纹。正文 11 行，满行 30 字，以楷书为主，间有行草。额篆"通慧圆明大师塔铭"大字横书，全文 501 字，刻于金正隆六年（1161）。具体出土时间、地点不详，但最迟于上世纪初就已经出土，1981 年文物普查时，从辽阳县首山公社东王家庄姚姓家中收得。现藏于辽阳博物馆。

2／　东京大清安禅寺九代祖英公禅师塔铭

1922 年秋，塔铭出土于辽阳老城北门外西偏城墙下，当时移于县教育所，后遗失。辽阳博物馆仅藏有拓片。刻石高 80 厘米，宽 72 厘米，铭文行书 25 行，

↑ 东京胜严禅寺彦公塔铭

满行 42 字，共计 1050 字。刻于金大定二十九年（1189）。"英公塔铭"拓片收藏在博物馆。

3/ 东京胜严禅寺彦公塔铭

1985 年，出土于辽阳老城南门外。塔铭青色石灰岩，额题断缺，残存下截，存高 63 厘米，宽 60 厘米。正文楷书 22 行，残留 598 字。刻于金明昌元年（1190），现藏于辽阳博物馆。

4/ 辽阳僧纲司致事副都纲兼前广佑禅寺主持圆公塔铭并序

镶立在辽阳市东郊清云山永宁寺圆公塔上，现属庆阳化工厂区。为青色页岩，高 167 厘米，宽 87 厘米。正文楷书 20 行，满行 78 字，共计 1560 字。刻于明正统七年（1442）。

道圆是辽东女真族高僧，"其先乃东海洋女真右族"，即今朝鲜咸镜北道吉州地区，当时吉州是女真人居住区，元明设有海洋千户所，属东宁卫。道圆自幼随其父母携游僧舍，后去他乡依师学法，永乐十年（1412）赴吏部试中，授予僧纲司致事副都纲，又兼领广佑寺住持。

5/ 重修辽阳城西广佑寺宝塔记（永乐）

原立于白塔顶部，1989 年维修时发现。碑铜质，半圆碑首，平座，高 61.8 厘米，宽 36 厘米，厚 1 厘米。碑两面刻文，碑阳 19 行，满行 29 字，共计 551 字。碑阴续记 14 行，满行 29 字，共计 406 字。刻于明永乐二十一年（1423）。现藏于辽阳博物馆。

6/ 重修辽阳城西广佑寺宝塔记（隆庆）

原立于白塔顶部，1989 年维修白塔时发现。碑铜质，碑首左右抹角，高 58 厘米，宽 34 厘米，

↑ 重修辽阳城西广佑寺宝塔记（永乐）

厚 1 厘米。两面刻文，碑阳 20 行，满行 27 字，
共 540 字。刻于明隆庆五年（1571）。现藏于辽
阳博物馆。

7/　重修广佑寺白塔碑记

原立于白塔顶部，1989 年维修白塔时发现。
碑铜质，半圆碑首，高 60 厘米，宽 31 厘米，厚
1 厘米。两面刻文，碑阳 20 行，满行 30 字，共
计 600 字。额篆"重修广佑寺白塔碑记"，碑阴
为职官和僧人列名。刻于明万历十八年（1590）。
现藏于辽阳博物馆。

8/　重修辽阳城西广佑寺宝塔记（万历）

原立于白塔顶部，1989 年维修白塔时发现。
碑铜质，碑首左右抹角，高 60 厘米，宽 37 厘米，
厚 1 厘米。两面刻文，碑阳 18 行，满行 28 字，
共计 504 字。碑阴为题名，刻于明万历二十六年
（1598）。现藏于辽阳博物馆。

↑ 重修辽阳城西广佑寺宝塔记（万历）

9/　广佑寺请经铸佛碑记

原立于白塔顶部，1989 年维修白塔时发现。
碑铜质，碑首左右抹角，二龙戏珠纹饰，高 59
厘米，宽 39 厘米，厚 1 厘米。两面刻文，碑阳
为明万历二十六年（1598）九月碑记，碑阳 9 行，
满行 18 字，共计 162 字。碑阴为明万历二十七
年（1599）七月十五碑记，18 行。现藏于辽阳
博物馆。

10/　大金喇嘛法师宝记

原立于辽阳老城小南门外喇嘛塔前，1966 年
塔毁。碑半圆形，碑首与碑身连体。高 96 厘米，
宽 65 厘米，厚 11 厘米。碑阳右半刻汉文 12 行，
左半刻老满文 12 行，刻于后金天聪四年（1630）。

↑ 广佑寺请经铸佛碑记

↑ 大金喇嘛法师宝记

↓ 大喇嘛坟塔碑文

额题"敕建"汉文；碑阴汉文20行分组排列喇嘛门徒、僧众、官员和匠人名单，因其中刻有曹雪芹高祖曹振彦的题名，故此碑是研究曹雪芹祖籍在辽阳的重要碑刻之一。现藏于辽阳博物馆。

11 / 大喇嘛坟塔碑文

此碑原立于辽阳老城南门外喇嘛塔园。碑通高272厘米，宽108厘米，厚31厘米。汉蒙两文两面合刊，碑阳汉文9行，满行56字，共计504字。碑阴蒙文11行，额题"敕建"。刻于清顺治十五年（1658）现藏于辽阳博物馆。

12 / 重修莲花寺并喇嘛塔碑文

此碑原立在辽阳老城小南门外喇嘛园莲花寺。刻于乾隆四十三年（1778），此寺毁于上世纪60年代。碑文见于民国《辽阳县志·碑记志》。

13 / 栖云寺住持悟能塔铭

位于辽阳市灯塔市罗大台镇陆甲房村。据《中国文物地图集·辽宁分册》记载："建于金大定年间（1161—1189），明清重建，正殿为歇山式建筑，毁于1966年。"

此碑原立于寺前塔园，刻于明万历二十二年（1594）。

碑文

城东宝净山栖云寺住持禺翁，讳悟能，号净□。曰：数建圣功之首，久立山门之主。圣事周隆，今以空备，恐尸骸之不久，无常而遽速，□此身□□造坟塔。生则现存获福，殒过即往生方。侍奉徒 真柏 真松 真宝 真清 真受 真玄

万历甲午夏季月造，立寿塔一座，永遗世传。云

耳之记。

14 / 属僧纲司东宝净山栖云寺新建碑文

碑立于文圣区小屯镇景尔沟栖云寺。刻于明成化六年（1470），1966年被砸碎。

15 / 永宁寺慧禄塔铭

慧禄为辽阳城东清云山永宁寺比丘，圆寂于后金天聪九年（1635），顺治二年（1645）建塔撰铭。

庙碑

1／ 重修辽阳文庙碑记

此碑是 1934 年立于辽阳城内文庙，碑座屏式，碑文两面，碑阴刻有修缮文武两庙职官捐款列名及文庙占地面积，金毓黻撰文。另有商号捐款题名碑与此碑并立。现藏于辽阳博物馆。

2／ 义勇武安王庙碑

此碑原立于辽阳老城西门外关帝庙，碑高 127 厘米，宽 72 厘米，半圆碑首，两面刻文。碑阳 19 行，满行 47 字，共计 893 字；碑阴 3 行，满行 32 字，共计 96 字。碑额及碑文大部分磨蚀脱落，刻于元大德八年（1304），现藏于辽阳博物馆。

3／ 重建天王寺碑

此碑 1926 年发现于辽阳老城内西南城角，后移立东南城角魁星楼下，1966 年被毁。碑高 200 厘米，宽 81 厘米，碑文两面，碑阳 19 行，满行 51 字，共计 969 字。共额题"重建天王寺碑"篆书。阴面 23 行，为官员题名。刻于明成化七年（1471），拓本碑文收藏在辽宁博物馆。金毓黻《辽东文献征略》仅著录碑阳及碑阴有辽东官员题名近三百。

4／ 重修辽阳城隍庙碑记

此碑是 1972 年从新城村收得，仅残存上半截，碑阴名列职官。刻于明嘉靖七年（1528），为重修辽阳城隍庙碑记。疑是后金天命七年（1622），建东京城时被充作建筑材料由城内移来。

5/ 重修鸡鸣寺碑记

位于辽阳市辽阳县河栏镇鸡鸣寺村北。只存半圆碑首，碑身下部残缺，首题"重修碑记"，碑阴列刻随缘僧施舍财物名单。刻于明隆庆元年（1567）。

6/ 重修普贤寺碑

位于辽阳市辽阳县河栏镇下麻屯村。半圆碑首，碑高154厘米，宽82厘米。碑阳首题阴刻楷书"重建普贤寺碑记"，其左阴刻楷书碑文19行，满行42字，共计798字。记叙重修普贤寺始末，碑阴阴刻楷书官员题名，刻于明万历二十年（1592），现藏于辽阳博物馆。

7/ 重建玉皇庙碑记

位于辽阳市白塔区襄平街道曙光村。碑圆首，与碑身连体。碑高165厘米，宽69厘米。碑阳23行，满行37字，共计851字。1978年发现，现藏于辽阳博物馆。刻于后金天聪四年（1630），额篆"题名碑记"，碑身正面首题阴刻楷书"重建玉皇庙碑记"，碑阴刻职官题名，因其中刻有曹雪芹高祖曹振彦的题名，故此碑是研究曹雪芹祖籍在辽阳的重要碑刻之一。

↑ 重建玉皇庙碑记

8/ 重修玉皇庙碑记

此碑原立于辽阳城南玉皇庙。青石质，碑高176厘米，宽73厘米，长方形抹角，首题阴刻楷书"重修玉皇庙碑记"，其下阴刻楷书碑阳19行，满行40字，共计760字。刻于清乾隆二十七年（1762），记叙玉皇庙兴建与重修始末。现藏于辽阳博物馆。

9/ 东京新建弥陀寺碑记

位于辽阳市白塔区东京陵街道新城村。青石质，螭首方座，碑高270厘米，宽94厘米，碑文两面，碑阳22行，满行70字，共计1540字，刻于清崇德六年（1641）。额题楷书"法轮常转"，碑阳首题阴刻"东京新建弥陀禅寺碑记"，碑阴刻职官题名，其中曹得先、曹得选、曹世爵等曹姓官员，经考证为曹雪芹

↑ 东京新建弥陀寺碑记

上世辽东曹氏第三房人物。故此碑是研究曹雪芹祖籍在辽阳的重要碑刻之一。现藏于辽阳博物馆。

10/ 重修弥陀寺碑

青石质，碑螭首龟趺座，高256厘米，宽88厘米，碑阳四框浮雕二龙戏珠和海水纹，碑文楷书16行，满行59字，共计944字。碑文记述了僧人海宽独资捐款修弥陀寺，大行乐善之诚之始末。刻于清道光二十年（1840），现藏于辽阳博物馆。

11/ 弥陀寺陀罗尼经幢

幢身八面柱状，上下置盖座，高93厘米，直径41厘米。刻汉、梵两种文字。梵文行间汉文。

12/ 重修清风寺碑记

青石，半圆碑首，碑高143厘米，宽65厘米，碑文13行，满行30字，共计390字。刻于清乾隆四十四年（1779），首题阴刻楷书"清风寺碑记"，1966年被砸断。碑文见于民国《辽阳县志·碑记志》，李绥撰文，罗卉章书丹，罗肇远立。现藏于首山清风寺。

13/ 重修清风寺碑记

刻于清咸丰十年（1860）。青石，方形壁碑，高156厘米，宽162厘米，碑文14行，满行36字，共计504字。碑阳首题"重修清风寺碑记"，记载清风寺建庙与重建之始末。现藏于首山清风寺。

14/ 重修永安寺碑文

青石质，螭首龟趺，碑高213厘米，宽86厘米。碑阳首题阴刻楷书"重修永安寺碑文"，其左阴刻楷书碑文14行，满行52字，共计728字。刻于清康熙十二年（1673）。现藏于辽阳博物馆。

15/ 重修栖云寺碑

原立于文圣区小屯镇景尔沟栖云寺，刻于清崇德六年（1641），1966年被砸。

16 / 修建观音洞碑记

青石质，碑高 190 厘米，宽 70 厘米。刻于清康熙四十一年（1702），碑首题阴刻楷书"修建观音洞碑记"，其左阴刻楷书碑文。现立于辽阳市弓长岭区安平镇朝阳洞观音寺内。

17 / 朝阳洞观音庙碑记

青石质，碑高 200 厘米，宽 69 厘米。刻于清嘉庆十五年（1810），首题阴刻楷书"朝阳洞观音庙碑记"，其左阴刻楷书碑文。现立于辽阳市弓长岭区安平镇朝阳洞观音寺内。

记事碑

1 / 辽阳礼部榜文碑

碑质为青石，为卧碑形制，高 71 厘米，宽 134 厘米。碑面从右向左横排阴刻楷书榜文 14 条，41 行刊，1032 字。收尾阴刻"右榜通知"。刻于明万历四十五年（1617）。这是一块明代官府颁布的皇帝敕旨教育法规。原立于辽东都司，现藏于辽阳博物馆。

碑文

禮部欽依出榜曉示郡邑學校生員為建言事理本部照得學校之設
本欲」教□為善其良家子弟入學必志在薰陶德性以成□人近年以来
諸府州」縣生員父母有失家教之方不□□師學為重保身惜行為先
方知行文」□□眇視師長把持□司恣行以事□有不從即以□□徑
赴」師以惑」聖聽□□晴地教唆他人為詞者有之以此之徒縱使學成
文章後將何用況為人」□不久同人世何也蓋先根殺身之禍於身豈有
長生善終之道所以不得」其善終者事不為己而許人過失代人報讐排
陷有司此志一行不至於殺」身未知止也出榜之後良家子弟埽受父母
之訓出聽師長之傅志在精通」聖賢之道務必成賢外事雖入有干於己
不為大害亦置之不恣固性含情」以拘其心待道成而行行豈不賢人者
歟奥所有事理條陳於後」一今後府州縣學生員若有大事干於家己者
許父兄弟侄□告入官辨別非」大事含情忍性毋輕至公門」一生員之
家父母賢志者少愚癡者多其父母賢志者子自外入必有家教之」方子
當受而無違斯孝行矣何愁不賢者哉其父母愚癡者作為多非子既」讀

書得聖賢知覺雖不精通實愚癡父母之幸□生□子□□□父母欲行非
為」子自外入或就内知則當再三懇告雖父母不從致身將及苑地必欲
告之」使不陷父母於危亡斯孝行矣」一軍民一切利病並不許生員建
言果有一切軍民利病之事許當該有司在」野賢人有志壯士質樸農夫
商賈技藝皆可言之諸人毋得阻當惟生員不許」一生員内有學優才瞻
深明治體果治何經精通透徹年及三十願出仕者許」敷陳王道講論
治化述作文辭呈稟本學教官考其所作□□□理連僉其」名具呈提調
正官然后親□赴」京奏」聞再行面試如是真才實學不待選舉即時録
用」一為學之道自當尊敬先生凡有疑問及聽講説皆須誠心聽受若先
生講解」未明亦當從容再問毋持已長妄行辯難或置之不問有如此者
終世不成」一為師長者當體先賢之道竭忠教訓以導愚蒙勤考其課撫
善懲惡毋致懈惰」一提調正官務在常加考較其有敦厚勤敏撫以進學
懈怠不律愚頑狡詐以」罪斥去使在學者皆為良善斯為稱職矣」一在
野賢人君子果能練達治□敷陳王道有關政治得失軍民利病者許赴」
所在有司告給文引親齎赴」京面」奏如果可采即便施行不許坐家實
對文□一民間凡有冤抑干於自己及官□賣富□□重科厚斂巧取民
財等事許受」害之人將實情自下而上陳告毋得越訴非干自己者不許
假以建言為由」坐家實封者前件如依法陳告當該府州縣布政司按察
司不為受理及聽」斷不公仍前□杜者方許赴」京伸訴」一江西兩浙
江東人民多有事不干己代人陳告今後如有此等之人治以重」罪若果
隣近親戚人民全家□人殘害無人伸訴方許」一各處斷發充軍及安置
人數□許建言其所衛所官員毋得□□許」一十惡之事有干」朝班實
□可驗者許諸人密□赴」京面」奏」一前件事理仰一一講解遵□□
府不遵并以違制論」一欽奉」勅旨核文到日所在有司即便命匠置立
□□□□勒於石永為遵守」洪武」御制」右榜」通知」

萬曆四十五年歲次丁□九月吉旦立」

2／ 辽东都司进士举人题名记

1979 年秋发现于辽阳市太子河区新城内，疑为后金天命七年（1622）建
东京城时被充作建筑材料由城内移来。碑残存上半部，半圆碑首，宽 91 厘

↑ 辽东都司进士举人题名记

米，两面刻文，碑阳额题"辽东进士题名记"篆书，碑文38行，碑阴题名磨蚀。刻于明万历三年（1575），现藏于辽阳博物馆。

碑文

赐进士出身承事郎山东道巡按辽东监察御史敕阅□军务河中刘成德 撰

自成周乡举里选之法废，而科制日以开矣，始于西汉（下缺）

言极谏，故晁错、贾谊、董仲舒、公孙弘各以策应之。及晋（下缺）

之科或求名面失实，或取末而弃本。至唐有博学宏词（下缺）

惜其华彩有余面质实不足，故清谈之口不足以为世（下缺） 功未善也，五季之人材坏乱极矣。至宋始罢诗赋科目（下缺）

范仲淹、程颐、狄青、苏氏兄弟、朱元晦各以道学相业文（下缺）

兴休匹及。金元之时，始以经疑、终以策问，犹有隋唐故（下缺）

庸欧阳玄、赵子昂、范□虞集之贤，不过文词纤巧而无（下缺）及乎古昔可慨也。

自我太祖兴国以来，于洪武戊辰始开科取士，尽除词赋，绳用经（下缺）

经明行修者。每三年秋八月大比于省，越明年春二月（下缺）

贡于礼部，而会试于南宫，通谓之举人，亦成周乡举里（下缺）

意也。是年三月十五日，天子亲策于廷，越三日，上升殿，群臣具朝服，诸进士蓝袍、唐巾、笏板，锦衣卫设卤（下缺）

赐进士恩荣次第有差。后二日，赐宴于礼部，坐以次之（下缺）

之百执事者亦预焉。簪宫锦之花，享大官之羊，谓之恩（下缺）

又后二日，谒先师庙，庭行释菜礼，大司成延于彝伦堂（下缺）

崇本源也。其与游曲江之春，醉慈恩之寺，会开宝之院（下缺）

登瀛洲。志吐虹霓，气凌霄汉，心旷神逸，实人中之杰。世（下缺）

于此亦荣矣。尚当思所报之，以求无负于宠荣可也。然（下缺）

大庭同进也，而所进者不同焉。孔子曰："进以礼，退以义"（下缺）

什也，又恶不由其道，《易》曰："进以正，可以正邦也。"是故

进（下缺）

君则忠直，进以临民则慈爱，进以断狱则明慎，道曷合（下缺）

楫为霖雨，道有少适，可楫而退，不事王侯，高尚□志少（下缺）

怜以幸进为机变之巧，以忘其礼义之中正，此非士君（下缺）

学当自勉之。辽东为朝庭东北重镇，箕子教化之区，其礼义服

习熟矣。予于郡（下缺）

王道中得四十一人，惟以登科年岁次之。重黄中尊制（下缺）

伯通得五十二人，亦以乡试年岁次之。重乡焉□人□（下缺）

以节文章功业进儒列圣，固闾里之光，邦家之荣。在国学固有

金石，但恐其□□（下缺）

司儒学明伦堂之左，欲与请士子景前□□□□□（下缺）□□

此多才也，遂记之。

万历三年岁次乙亥冬十□□□

3／ 钦差陈保御去思碑记

1978 年发现于辽阳东京城内。青石质，高 192 厘米，宽 80 厘米。碑
领阴刻篆书"饮差陈保御大夫碑记"，碑阳首题"饮差陈保御去思碑记"，其左阴刻
楷书碑文 23 行，满行 55 字，共计 1265 字。刻于明万历二十七年（1599）。现
藏于辽阳博物馆。

碑文

职方氏载：辽阳古营州境。余尝披图而校，见幅员粤衍余二千

里，乃环海东极之地，为神京左臂，真要塞哉！第邻胡虏而滨溟渤，

弥望皆沙漠，生物无所宜，独人参产焉，味甘，服之裨补元神，遂制以供上用，迺又出诸境外深谷，人迹罕到处也。谙考旧时，惟令东宁一卫之军，随时所出而宛之，即免其徭役。岁属阃司汇进，毋敢少懈。缘后罢编入于氓，尽身历其差，而参始歉解焉。当事者请命于上，悉分寄清河、瑷阳、开原、抚顺、宽奠诸处，采之夷，而市之辽，例抽商税什一。兹虽董以守御专官，责以派解定数，间值时岁荐饥，夷虏告讧，鲜人互市，额遂不充，以故迁延稽缓。粤自万历丁亥至戊戌，计十余年，缺进之数凡二千有奇。嗟夫！税利若斯，岁供若斯，况藉以保和圣躬，岂可一日而缺焉者哉？繇是秉轴大宗伯公急于忠君，特兢兢重焉，意虑奉行者，乃视为故事，欲用比京储例，载人考成，以杜玩愒侵渔之渐，隆其事权，特请简命下院，遴选廉干之臣，以御医陈公亦临来督其责。公拜命星驰，凝寒无所惮。出榆关，见边土惨烈，部屋萧条，氓伍怨咨之状，虽乘传行廪饩，亦惟恐费。既至，上下忧惶，莫知攸措，相与语曰：参，异产也。得之甚艰，逐岁供之，力犹可办，乃积逋若是，即神运亦莫之克，辽之人殆毙于此参矣。胥凄泣悲呼。公廉知之，愀然不乐，曰：吾奉命而来，欲督收药品，为保御计，乃民艰若是，必取盈焉，抑如朝廷保爱斯民仁寿一世之意何？遂遵旨改折平，易催征仍为代解，以省其劳匮，而脚价百金，则自捐之以补正数。于是军民莫不举手加额，谓公之斯行，于辽有再造恩。尽相率鼓舞，乐于输纳，不三越月，而完十余年之积逋，且免身系肤烈之苦。数十员卑官小吏，几不免破家丧身，尤赖有大岳伯浩翁张公，威严仁恕，素恤军隐，慷慨力为主持，阃帅明吾曹公，锐意肩劳，清刷积牍，与府佐王君共相赞励，事乃克竣，亦免里累畴寅，是一举而数美毕集，其尊君之义，爱民之仁，殆相成而不相悖焉。然则公之才猷，世可多得哉！公马首且西，参户、官军、吏胥辈，咸沐恩入骨，罔能为报，佥谋勒石，颂之不朽。属余为文以纪其事。余惟儒绅末品，智谫且劣，夫曷敢置喙？特嘉公盛谊，直不能已于揄扬，遂勉为作记，以志辽人去后之思。公籍姑苏吴县人，家事儒业，历任前官，此辽所欲闻而世祝之者，敢具芜词，以告将来奉使者云。

皇明万历岁在己亥季春月谷旦辽东都指挥使司儒学教授河中卢儒顿首谨撰

4 / 建园迁墓志

此碑碑质青石。碑高 200 厘米，宽 70 厘米，碑身四框线刻缠枝纹，碑文两面阴刻满文，碑阳 39 行、碑阴 37 行。刻于清康熙五十五年（1716 年）。经辽宁社会科学院关嘉禄教授译文 1578 字。此碑是康熙五年（1666）彭春、齐锡、劳满色等，为其殁于盛京的曾祖何和礼、祖父何芍图奏请迁葬于辽阳，康熙七年奏准在辽阳安葬祖辈并建墓园。康熙五十五年（1716）墓园工程告竣立碑，详细记载了建立墓园的经过。墓园早年毁掉，碑石 1966 年被推倒。现藏于辽阳博物馆。

碑阳

建園遷墓誌丨

康熙丙午年彭春勞滿色齊錫奏丨稱彭春等輩之曾祖父何和禮祖父何芍圖皆殁於盛京并葬於盛京曾祖母公主祖母郡主葬於京城祈請遷二祖骨骸與公主郡主合葬奉丨旨爾祖何和禮何芍圖皆丨太祖太宗創業之重臣丨太祖太宗陵在盛京宜送公主郡主至盛京丨爾議不合欽此丨欽遵即於盛京周圍覓得紅寶石山按三家派銀彭春三分齊錫兩分勞滿色一分遣三家家長瓦罕茂三薩□□□等將墓園門衙門建造完畢康熙戊申年奏准遷公主郡主二祖至盛京丨旨意四牛禄文武官員人等俱往送派四牛禄四十馬甲護送公主欽此丨此遷彭春勞滿色齊錫等父母兄弟諸墓皆移至紅寶石山見所建園長十五丈寬十丈園中建造衙門其内甚窄十四個墓雨邊安葬至衙門房山牆之北角園隱山腳而建傍牆皆遇溝邊因難開擴雖窄而罷思欲另覓別處而歸京城矣數載未□□值吳三桂叛亂因彭春齊錫皆從軍耽擱將及十年矣康熙戊辰年齊錫退職閑居之際專至墓地拜謁見此地山平地闊水土美好草木茂盛正可為祖輩長久之地康熙庚午年復來躬修園門種植樹木土磚堆壘建造土山外園以土磚砌之并設柵欄康熙癸酉年齊錫與兄彭春議道此地安葬祖輩為三家公祀之地我等父母之墓各自另覓別處安葬我等老時葬於父地

若如是則墓園不至於窄而看守人之田產亦略寬矣議定齊錫率妻孥於
三月將曾祖父公主祖父郡主小叔祖定葬墓周圍建玉台門前建玉台放
二石獅遷三祖碑石而立墓□□立石碑界康熙辛卯年齊錫又率朱棟宏
茂於園內建造衝門從大門至玉台用磚鋪甬路康熙癸巳年率朱棟整理
大門內圍南面矮土牆用磚石砌之設下大柵欄至大門玉台用磚鋪甬路
在西邊造三間班房事畢將內外巡視見墓園寬闊」命立三祖之碑石可
觀齊錫盡些微之敬意喜歸京城矣康熙癸巳年齊錫奏准整理祖輩墓園
一事又欲與公主之墓彰立碑石去京城取冊見公主無號因此康熙乙未
年請奏齊錫欲與公主之墓彰立碑石公主無號請賜號等語奉」旨追賜
公主端庄號又賜碑文荷蒙」聖主無窮之恩即備齊建造碑石諸物康熙
丙申年遣福永朱棟督視立碑建亭是年齊錫奏准告祭巳立賜號公主之
碑即躬率三家子孫於四月初二告祭公主并一一祭掃祖輩父母兄弟之
墓事畢會同衆子孫議定而歸」

碑阴

　　康熙丙申年墓園工程俱竣謂衆子孫曰原三祖公主郡主墓園皆三
家合建此地創建時二兄在任齊錫退職閒暇之際躬身督造唯用自家之
人此後二兄皆殁僅剩自身一身之事盡力而為之今年方竣工矣余身亦
老今若不托付爾等日後子孫必相推諉以至墓園殘頹茲規定如下一項
墓地添土整修乃各自奉祀之人事一項曾祖父祖父碑石皆曾壽之事一
項公主碑石碑亭三家衆子孫合修一項大衝門曾壽之事叔祖碑石福永
之事一項土山石玉台自玉台至大門之甬路大門門前玉台至柵欄之甬
路石獅外圍之柵欄班房等八處之整修事編為六分曾壽出三分壽山出
兩分李柱出一分一項內圍牆長一百丈從大門東房山牆起十六丈李柱
之事從大門西房山牆起三十四丈壽山之事北底牆五十丈曾壽之事一
項外圍南磚牆長五十一丈從柵欄東柱子起□九丈李柱之事繼而十九
丈壽山之事從柵欄西柱子起直至班房南房山牆曾壽之事一項外圍土
牆亦編分從西南牆角往後壽山兩分從東南牆角往後李柱一分其後曾
壽三分一項圍內外松樹無論補種添種皆按三分出之一項除南□之外
圍內外諸地之土破頹等處添補之事皆按六分出力」齊錫棟鄂部人原

姓覺羅後隨地改姓棟鄂齊錫乃固倫額駙五大臣三等精奇呢哈番追封

頭等公都統何和禮之重孫郡主儀賓頭等公□□□□□□□□之孫

追封頭等侍衛正一品光祿大夫議政大臣都統胡錫布之子齊錫初任胞

兄二等伯之甯生二任叔祖郊力世襲二等阿斯罕呢哈番三任阿斯罕呢

哈番佐領四任阿斯罕呢哈番佐領護軍參領五任□□□□□□王府長

吏從此患病奏准退職十年有矣病逾重被錄用初任王府長吏二任正紅

旗滿洲副都統三任正紅旗蒙古都統四任都統議政大臣五任都統議政

大臣佐領六任正紅旗滿洲都統□□□□□□□□滿洲都統自此獲罪

革職戴罪八載六十四歲又蒙丨皇上宏恩官復原都統等職為休致大夫

這年六十七歲特奏准立公主碑石定墓園長久之事勒石以垂示子孫後

代丨李柱 曾壽 福罕 福海 福永 朱棟 福明 福林 尊柱 宏茂 福友 福奇

赫德 壽山丨

5／ 辽阳创建辽阳州学署碑记

碑为青石质。碑首、身一体，高 160 厘米，宽 58 厘米。碑身边框线刻缠

枝纹，碑首线刻朱雀云纹，额题双勾楷书"永垂不朽"，碑阴额题楷书"修建

碑记"。碑阳阴刻楷书 14 行，满行 36 字，共计 504 字。刻于清乾隆二十六年

（1761）。此碑原立于辽阳文庙，现藏于辽阳博物馆。

碑文

創建遼陽州學署碑記丨

粤稽設官分戢有內翰即有外翰內翰有院外翰有署我丨朝定鼎□

之或易也余自丁丑歲來守襄平見夫此邦任外翰之戢者靡所止居遂致

談經之丨容罔識其門閭字之車每迷所往竊嘗概然興嘆而有挨日作室

之思焉第公務冗驚有志丨未逮越及戊寅文安牛君以青箱家學司鐸此

土□遷徙無定余心怦焉動而挨日作室丨之思興矣爰于慷慨捐俸首倡

於補葺丨大成殿創建丨魁星閣之外費三十金買得廟右田姓地基一段

寬五丈長二十七丈特建明倫堂三楹學宅丨三楹廂房前後各雨楹司鐸

者卜云其吉爰居矣處庶幾談經之客識其門向字之車知所丨往矣乃工

告竣而斯科文武齊捷其所師有定居而人文將興乎柳亦運會已開而癸

捷無丨已乎余不敢謂作興學校第補前所無冀無墜後所有云尔丨特授

奉政大夫撫民同知街知遼陽州事軍功加一級又加四級紀録十三次明
德撰記」奉天府遼陽州儒學學正牛碩景」

乾隆貳拾陸年歲次辛巳季春月穀旦立」

6／　辽阳重立双树子蛤蜊河牧养碑记

碑为青石质，高 140 厘米，宽 50 厘米。碑文阴刻楷书 15 行，满行 45 字，共计 675 字。刻于清道光二十四年（1844）。此碑原立于辽阳市太子河区方双树子村，现藏于辽阳博物馆。

碑文

重立双樹子蟛蜊河牧養碑記」

且夫物各有主苟非吾之所有雖一毫而莫取君子所以重廉節而崇仁讓也若以衆人公有之物而取為一己之私」有人之好利誰不如我貪而□不惟見惡於鄉鄰將自居為□等也吾鄉舊有牧養地雨處寬長若干丈已有碑記」可憑此係吾鄉衆人公有之物而非一人私有之物也乃有鄰□之家漫甸掘坑并非築屋且以備糞田之用一人倡」於前而效尤者更甚將放牲之場幾成坎陷其咎將安歸乎吾儕忝在會未既不敢以勢禁又不能以理諭欲袖手旁」觀而又不可計惟各立罰條俾知所顧忌且此地本有四至寬長今禾田與牧養相接每年耕種侵占四至以內自以」為得計然為此區區者而令人鄙之嫉之怨且詈之即無此罰條亦應返而自愧而况人斷不能容耶夫人即不知□」非未嘗不計得失所得者少而所失者多雖愚者必不為也今罰□但在各宜遵守母瘠人而肥己母假公以齊私母」恃豪强而謂人莫予何□矜巧便而謂人莫予知惟使牧牲之廠□草蕃蕪求芻可得庶不負先人創始之公意云爾」是為記」儒學乙酉科拔貢劉允中撰」業儒劉時中書」閻堡會首等同立」鄉約崇福」

道光二十四年歲次甲辰十月初二」

7／　徐公祠碑记

碑高 210 厘米，宽 100 厘米，碑文两面，碑阳 7 行，满行 57 字，共计 399 字。行书体，额题"千古不朽"。袁金铠撰文并书。刻于民国十二年（1923）。此碑原立于辽阳市辽阳县吉洞峪兴隆沟徐公祠。现藏于辽阳博物馆。

碑文记述了光绪二十年（1894）甲午中日战争，徐珍在吉洞峪办乡团，抵御日军入侵，即名著中外的辽阳吉洞峪保卫战，《清史稿》中为其立传，地方乡人为他建祠立碑，爱国将领张学良等题名捐资修徐公祠。

碑文

徐公祠碑记 」

壬戌二月徐公卒於家乡人以公功在地方谥曰剛靖并議建祠以祀次年六月祠成祀公并附辦團死事暨出力者」劉君江叟代表眾意以祠碑之文屬諸金鎧其昌敢辭謹按公諱珍世居遼陽東南興隆溝粗讀書曉大義幼業農吉洞」峪者距溝念餘里為鄉人辦會所公年十九即襄會務出言警長老咸稱異之光緒甲午中東之役州尊徐公慶璋稔知公飭帶」團堵要隘聽公驅策者三萬人没伏伺敵無敢越雷池一步會將兵者念公名高假農事為名散團歸里防務遂不下問而吉洞峪鄉團名」乃著於中外庚子拳匪之禍長吏棄城土匪蠢起奉省靡寧土獨遼海鳳岫四城犬牙相錯數百里地賴公坐鎮鋤奸弭暴鷄犬不」驚遇有盜寇竊發輒捕獲置之死報官備案甲辰日俄之戰兩國遣員結合慮為左右祖我國之强有力者亦派員往偵動靜并□引以自」重公嚴守中立不□假藉後東三省總督趙公尔巽以公辦團成

↑ 徐公祠碑记

績入奏德宗略稱上不動交官款下不搜取民財徒以忠義激屬屬故護衛鄉閭保」全無算等語足怡公之生年矣公由候□主簿以知縣即補□保知府仕至巡防帮統雨被選省議會議員其言行卓犖可傳者甚多熟在人□無」開於建祠之大者故不贅民國十二年癸亥六月遼陽袁金鎧撰文并書發起人 袁金鎧 王樹翰 劉慶文 劉恩格 高乃濤 徐萬善 劉述□ 王永江 孫祖昌 齊國鎮 陳克正 高毓衡 張建鈞 郭洪逢 于冲漢 孫其昌 張成箕 吳恩培 劉桐 景泉浚 楊□寅 白永貞 朱斌奎 春瀜 關定保 張東壁 王鳳新 李明善 關海清 李荊璞 趙乃弼 王瑞之 孫宗泗 劉盛澍 徐寶賢 劉尚清 于福鎮 王大中 高德崑 苗維新 王九二 田起洪」

中華民國十貳年舊歷七月吉日立」

（碑阴捐款题名省略）

8 / 辽阳早饭屯庄田界碑

碑高 102 厘米，宽 43 厘米，已折断，碑文两面，碑阳 11 行，首题"慎厥远图"；碑阴 12 行，首题"正其经界"。刻于清光绪二十九年（1903）。此碑原立于宏伟区早饭屯龙鼎山东坡，2007 年移于宏伟区文化馆。

碑阳

盖自国朝定鼎，计亩授田，彼疆此界劵然，各正持为，多历年所，不致衅起并兼矣。如我早饭屯者，所在红余等地而外，旧有八卦头边，庄头原领官田二百八十五亩有零，坐落辽阳厢蓝旗界，实系陵寝祭田，尤非红余阿比。本宜顾名思义，戒慎为怀，谁可稍逾乎规矩？乃近来人心不古，恒有贪得者流，私自侵挖，置王章于不顾，如不严禁，其将何所底止。兹者，面同庄头阖会妥议，将庄头官田四至段落勒诸岷石，置于□所，俾阖屯人等触目惊心，咸知官田最重，罚□昭然，勿蹈覆辙之车，用作当头之棒。云尔。

乡屯耆老

阎国用 吴应大 杨永昌 文朗 顾万林 顾万仲 赵云汉 李广顺 常文震 吴柏年 边振□

大清光绪癸卯年庚申月丙子日 公立

　　计开地段四至：坐落西岭上地一日，南北磨齿长垄九十一条，东边短垄一条；西岭上一段四日，南北长垄三百零四条，靠西边短垄二十九条；东沟沟南西沿地一段一日，南北长短垄六十条；东沟沟南河沿地一段三日，南北长短垄一白七十五条；东沟沟北地南北一段三日，南北长短垄一百七十五条；腰接子西头地一段二日，东西长垄七十六条，靠北短垄二十二条；腰接子东头地一段五日，东西长短垄三百二十条；偏脸子地一段二日，南北长短垄一百六十条；老坟茔头前地一段一日，南北垄九十条；放马地二段二日，南北长短垄一百五十条；道西小块在内三干三地一段三日，南北长短垄二百三十条。

9/　双树子牧场碑记

页岩质，高188厘米，宽63厘米，碑文18行，满行42字，共计756字。额题"永垂不朽"，碑阴有牧厂四至和乡约保长题名。刻于清乾隆四十年（1775），现藏于辽阳博物馆。

碑文

雙樹子牧厰碑記丨

　　嘗聞民以食為天而天之所生必藉地以成之是地也者固□國脈之所必資而以農人之所必需也然丨又不得私為己有故一尺一寸無不計畝納課以竭下土力役之誠兹因城西雙樹子舊□荒原二所地丨基窪下多生草木農人未經開懇以作牛羊食息之所今蒙丨旨報地闢荒家相會議以為成之墾畝則六畜何以蕃滋聽之荒蕪則一誠無以輸納理惟仍作榛莽而歲呈丨課租庶上不負丨皇上愛民之深衷下不失愚氓報國之鄙意也因屬余序其事以記之余觀夫牧厰之所留何堡無之今既屬丨雙樹子哈蜊河之所需已經呈報雖有案冊可稽而日久月長不但恐豪強越疆吞噬且四圍居民暗為丨蠶食則丨皇上之御租誰為納之而小民之六畜誰為育之故呈報者舉一人之□則有方天成也而總理以幹其事者丨則有吏部候選州右堂方學海以及胞弟趙孝淵也帮辦者又有張傑胡寅楊

維美徐叢劉範貫仁劉榮」也茲十數人者不但寸心之勞惟期群生之利
日夜孳孳以共襄此事俾斯牧廠世世居民永為資賴而」決無陰謀以圖
利己之心也故勒碑誌之以垂不朽云尔四至南至白趙姓地北至大柳
樹東至方□姓地西至王姓□三塊南北一百丈東西一百一□□塊南北
七十三丈東……東至……」鄉約郝文有方學漢王之亮趙學深」儒學
廩膳生員趙學金撰同總理人方成禄郝發」業儒□□□書張國謙齊章」
保長劉天榮趙學□」

乾隆四十年」

10 / 英国牧师李雅各碑

青石质，高 70 厘米，宽 140 厘米，碑中央刻楷书"李雅各"横书大字，
碑文刻楷书 16 行，满行 21 字，共计 336 字。刻于光绪二十三年（1897），为
辽阳耶稣教会撰立。2000 年，此碑发现于辽阳市东六道街仁母院旧址，现藏
于辽阳博物馆。

碑文

敬□」李雅各」為我而喪生命者反
得之」馬太十章」三十九節」道著」李
牧師英國人也僑寓遼陽□□」□易講書
□座傳道出門光□□」誨誠能不倦復學
受教正卜無□」欵甲午之年七月旬竟
至以身殉道離世歸天矣」英華」我同人
歎往事之云遙緬芳型」在迩追述顛末恭
勒貞珉藏諸」院新築之室永為觀感弗諼
云」

光緒二十三年歲次強圉作噩」菊月
古襄平耶穌會士同立」

↑ 李公殉道堂碑

11 / 李公殉道堂碑

碑高 104 厘米，宽 58 厘米，碑文 6 行楷
书，满行 23 字，共计 138 字。额题"李公殉
道堂"。刻于清光绪三十三年（1907），此碑

原立于辽阳老城内东三道街基督教堂。现藏于辽阳博物馆。

碑文

此堂緣何而建也乃為榮耀｜上帝亦宜記念英國牧師李君雅各於一千八百九十四年｜中東搆兵之時殉道於遼陽｜主云我乃良牧良牧為主捐生｜人為其友而捐生愛莫大於此者｜本堂建築之資乃李牧之父因衷子而慨助者也｜

12 / 法传教士殉道碑

碑文为楷书，刻于光绪二十九年（1903）。 1900 年，随着义和团运动的兴起，辽宁境内也相继发生了多起烧教堂、杀神父的事件，辽阳沙岭教堂就是这个时期被毁。事件平息后，各地用清政府赔款重新修建了教堂，并立碑以纪念被杀的传教士，此碑即为其中之一。此碑现存放在辽阳县沙岭镇天主教堂。

碑文

大法国软差全权大臣吕，为天主教司铎于光绪庚子年因拳匪之乱为道殉难，奉天将军增、府尹玉奏请立碑，以示优异，奉旨允准，为此立碑，用光圣教。

光绪二十九年八月吉日建立

13 / 辽阳会站第二军战绩碑

此碑于 1916 年立在首山，日本为炫耀其在 1904 年日俄战辽阳会战中的"赫赫战功"，如今，它已成为日俄两个帝国主义国家侵华的历史罪证。此碑日文，当地有心人抄录，由吴非先生译。

碑文

第二军属于满洲野战军的左翼，部署于辽阳道及其西部地区，向北挺进。明治三十七年八月二十八日，进驻小沙河一线。日军司令官奥大将亲临南沙河东部前线。第三师团与第四军第五师团协同，从向阳寺东方高地奔同村北端。第六师团从其左翼经安庄子至白家老瓜窝附近展开，攻击北大山附近及首山西麓附近之敌。第四师团挺进永兴台附近，其一部兵力于第六师团左翼展开参与进攻。三十一日，第三师团攻下北大山东南角。后备步兵第十一旅团的主力进驻达子营东北高地，第六师团及第四师团攻击西蚂蚁屯及孤家堡子附近，同时立功。至翌日—九月一日早晨，夺下北大山及首山附近阵地，之后搜索辽阳西部，向敌军阵地展开进攻，四日攻陷辽阳。

元帅陆军大将伯爵奥保巩　撰文

大正五年十月

满洲战迹保存会

第八章

其他藏品

———

　　本通览收录择其重要藏品共 16 件（套）。辽阳地区的馆藏文物除上述物品外，还有琉璃器、漆器、家具、骨角器、古籍等，这些文物藏品做工精巧，造型别致，堪为古代文化艺术珍品。

玻璃器

蓝琉璃耳珰

1954 年辽阳桑园子汉墓出土。国家二级文物。琉璃质。宝蓝色，束腰喇叭口形，一端较大，内凹。另一端较小，平底。耳珰两端中心有细孔贯通，用以穿线系坠饰，是汉代妇女佩戴的耳饰。高 1.4—2 厘米，底径 1—1.9 厘米。现藏于辽阳博物馆。

↑ 蓝琉璃耳珰

漆器

清乾隆款剔红人物故事漆墨盒

1959 年辽宁省博物馆拨交。国家二级文物。盒外通体髹朱漆。盖面圆形开光，内雕庭院、人物等图景。盒底雕海水飞鱼纹。盒盖内髹黑漆，刀刻楷书填金彩"临池宝盒"四字，盒底内刀刻楷书填金彩"大清乾隆年制"双行六字款识。高 6.8 厘米，口径 8.1 厘米。现藏于辽阳博物馆。

↑ 清乾隆款剔红人物故事漆墨盒

第三节／

骨器与牙雕

一、骨器

1／ 骨针

1980 年辽阳县小屯镇石嘴山遗址出土。动物骨骼磨制成形。一头有圆孔，一头细尖。青铜时代。长 7.5 厘米，径 0.4 厘米。现藏于辽阳博物馆。

↑ 骨针

2／ 魏晋骨尺

1955 年 5 月辽阳市北三道壕窑业工厂第二现场墓葬出土。骨质，呈扁平长条形，寸分刻度分明，全长为 1 尺 2 寸，合今市尺 7 寸 2 分左右，即 24 厘米。较汉建初尺尺寸略大。长 23.8 厘米、宽 1.9 厘米、厚 0.2 厘米。现藏于辽阳博物馆。

→ 魏晋骨尺

↑ 近代象牙圆雕白菜蝈蝈摆件

二、牙雕

1／　近代象牙圆雕白菜蝈蝈摆件

1975 年辽阳地区收集。国家三级文物。象牙雕刻。肌色洁白，纹理细密。整体雕刻白菜一棵，白菜之上立雕一只蝈蝈，染绿、黄、白等色。白菜层层分明，叶片翻卷，叶脉纹络清晰，质感滋润。蝈蝈触须细若毫发，牙齿、翅膀、以及足腿上的小刺，雕刻精致细腻、技法纯熟，形态逼真。长 14.5 厘米，宽 4.5 厘米，重 9.5 克。现藏于辽阳博物馆。

2／　近代象牙圆雕仕女立像

1975 年辽阳地区收集。国家三级文物。象牙雕刻。仕女立姿、头绾发髻、弯眉秀目，略带笑意。身穿右衽宽袖、镶花边曳地长褶裙，腰束红丝带。右手在上左手在下，执折枝葫芦，站立于红木座上。造型优美，刀法流畅，着色浓淡适宜，五官神态刻画细腻，尽显高贵端庄、含蓄内蕴的东方女性古典之美。通高 19 厘米，高 16.5 厘米，重 200 克。现藏于辽阳博物馆。

→ 近代象牙圆雕仕女立像

第四节／

家具

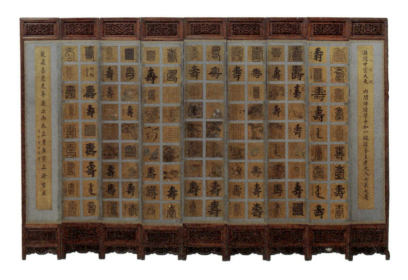

↑ 清嘉庆王尔烈七十寿屏

1／ 清嘉庆王尔烈七十寿屏

　　1957 年从王尔烈六世孙王福辰手中征集。国家一级文物。是王尔烈 70 寿辰时，正在翰林院任职期间，当时翰林院翰林及相关的朝廷友人，为王尔烈写一"寿"字，或画一寿图，且字体不重复。经装镶后，成为一座九扇木质透雕"寿"字屏风。寿屏有寿字 91 幅，其中汉文 86 幅、新满文 4 幅、蒙藏文合书一幅。此外，诗词 5 幅、画 35 幅。其中有一幅楷书寿字无署名，传为嘉庆皇帝念师生之情题送。其余每幅署名盖印，有礼部尚书、协办大学士纪昀，吏部尚书、体仁阁大学士刘墉，礼部尚书、翰林院掌院学士德保，左都御使、上书房总师傅窦先鼐，以及友人高鹗、程伟元等 125 位朝廷显宦、文化名流的 126 幅书画作品（广泰一人两幅）。其中纪昀的水墨仙鹤图和程伟元的双松图，在国内首次发现，弥足珍贵。荟萃乾嘉年间名流手迹于一屏，堪称是一座小型的清代文化艺术珍品，一代"百家书画集"。高 200 厘米，每扇宽 32 厘米，总横长 288 厘米。现藏于辽阳博物馆。

2／ 清乾隆王尔烈母九十寿屏

1957 年从王尔烈六世孙王福辰手中征集。国家三级文物。共十二扇，黄花梨框架。每扇四抹，可分为三部分，上为绦环板，透雕螭纹；中部为红色仿绢地描金银云纹及暗八仙纹饰的笺纸，其上墨笔楷书祝寿序文，并按字体大小用金线绘成横竖方格，锦缎镶边；下部分为两段，上为绦环板，透雕螭纹及各种形态图案的博古，下为亮脚，透雕番草纹，倒垂如意云头。系围屏，也称折叠屏风。这堂十二扇的围屏，是王尔烈在北京任通政使司参议期间，乾隆五十三年（1788）七月，其母亲刘太夫人过 90 岁生日时，朝廷的政府官员、

社会名流、好友、门生、学者送给其母亲的祝寿礼品。寿文行款自右而左，首扇书"恭祝诰封太恭人王年伯母刘太恭人九十荣寿序"；尾扇署"告龙集乾隆五十有三年岁次戊申七月庚申吉旦"。由进士出身的翰林院编修文渊阁校理教习庶吉士年侄邵晋涵撰文，进士出身的翰林院编修文渊阁校理年侄黄瀛元书丹。"王尔烈母亲九十寿屏"上共有 149 名职官衔名。通高 200 厘米，宽 506.4 厘米。现藏于辽阳博物馆。

古籍

1/　清《盛京通志》

四十八卷。清吕耀曾等修、魏枢等纂、王河等增修，乾隆元年刻本。版式半叶 10 行 22 字，小字双行 22 字，白口，四周双边，线装 20 册。板框长 26.6 厘米，宽 17 厘米。该书为清朝辽宁方志，成书于乾隆元年（1736）。乾隆元年本《盛京通志》以康熙《盛京通志》为蓝本，强调"盛京为发祥重地，非他省可比，今兼采《明一统治》南京中都、兴都之例体"，增减分合，首设图一卷，有十四幅图：京城图、大正殿图、宫阙图、舆地全图等，并说明"书以记事，图以形象"，图文并茂，无图则无志。次设三十四类：曰典谟志、京城志、坛庙志、山陵志、宫殿志、苑囿志（牧政附）等。该书对于康熙《盛京通志》作了重要补充，并纠正一些错误，虽有乖戾和疏漏，仍不失为辽宁地区的一部重要志书。现藏于辽阳博物馆。

→ 清《盛京通志》

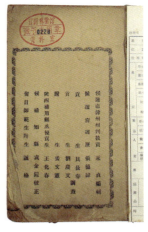

↑ 清《辽阳乡土志》

2／ 清《辽阳乡土志》

又题《辽阳州乡土志》。洪汝冲修，白永贞纂。分上、下卷，辽阳博物馆仅存上卷。版式 11 行 22 字，白口，板框长 24 厘米，宽 15 厘米。清光绪三十四年（1908）修。上卷乡土历史志 13 目：设置沿革、政绩录、兵事录、耆旧录等；下卷乡土地理志 16 目：州境、区界、公所、城池、桥梁古渡、祠祀庙宇、古迹、坟墓等。《辽海书征》称："学部定乡土志目凡十五，为各县所遵用，惟辽阳志目次称变，而纪述较详。"在清末乡土志中堪称佳作。现藏于辽阳博物馆。

3／ 清 五家评本《杜工部集》

二十卷。此书为清末名臣卢坤集王弇洲（紫笔）、王遵岩（兰笔）、王阮亭（朱墨笔）、宋牧仲（黄笔）、邵子湘（绿笔）明清五大家评批，为清光绪二年（1876）五色套印本，版式 8 行 20 字，白口，板框长 29.7 厘米，宽 17.8 厘米。《杜工部集》是我国古代最伟大的现实主义诗人杜甫的诗文集，杜甫曾任检校工部员外郎，因而得名。书共收诗一千四百多首。在世界文学史上也占有重要地位。现藏于辽阳博物馆。

← 清 五家评本《杜工部集》

4／清《纪评苏文忠公诗集》

五十卷。清道光十四年（1834）两广节署刻朱墨套印本，版式 10 行 21 字，白口，板框长 28.6 厘米，宽 17.5 厘米。此诗集为苏轼所撰，四库馆臣纪昀批评本，内收苏诗二千余首。封面钤王廉所有、王氏藏书印，天头套印纪昀朱批，堪称清代苏诗研究最重要的著作之一。现藏于辽阳博物馆。

5／清《博古图》

四十卷。清乾隆十七年（1752）亦政堂刊本，版式 8 行 17 字，白口，板框长 31.5 厘米，宽 19 厘米。为白纸印本，纸白墨浓，刊刻精良，品相较好。卷内有大量彝器、古玉版画，所谓"形模未失，字画俱存"。卷前有牌记曰"乾隆壬申年秋月，天都黄晓峰鉴定，亦政堂藏板"。现藏于辽阳博物馆。

上／清《纪评苏文忠公诗集》

下／清《博古图》

杂品

上／魏晋"大吉宜"铭铜铃

下／明辽阳白塔铁风铎

1／ 魏晋"大吉宜"铭铜铃

1965 年辽阳城内六道街水果仓库出土。国家三级文物。青铜铸造。双面合范铸成型。铃上方为桥形钮，体呈梯形，截面为椭圆形。两面纹饰相同。方框内饰菱格纹，间以乳钉纹。一面铭文"大吉宜"，一面铭文"□保□"。高 8.2 厘米，口径 7 厘米。现藏于辽阳博物馆。

2／ 明辽阳白塔铁风铎

1989 年维修白塔时取下。国家三级文物。风铎均取自辽阳白塔塔檐，铁质。表面分别铸有"正德三年""信士程升""隆庆五年"等铭文，记录了修塔时间或风铎捐赠者姓名，是明代曾多次维修白塔的真实记录。通高 39—42 厘米，直径 22—23 厘米。现藏于辽阳博物馆。

3 / 明端石雕龙凤云纹砚

1984 年出土于灯塔市中心医院。未定级。砚为端石雕制，石质细腻温润，其色微红，表面呈现灰黑。石砚厚重，前端较小，后部较大。砚面有精细雕刻，主要集中在前端。右边雕一行龙，左边雕一飞凤。砚边亦有雕刻，与龙凤云气相连，绕砚边一周。砚面一端为砚池，另一端云气环峙下为贮墨池，前边做出一眼，增加了砚的灵动性。此砚如此体大厚重，雕工精致，造型生动，龙鳞凤羽，纤毫毕现，实为一方难得的清代端石雕砚。高 7 厘米、前宽 12 厘米、后宽 15.7 厘米、长 19.7 厘米。现藏于灯塔市文管所。

↑ 明端石雕龙凤云纹砚

第九章

近现代文物

一

1 / 雷锋的棉被

2010 年由雷锋工友易秀珍的女儿詹易慧捐赠。国家二级文物。棉质。红色，花鸟图案，长 182 厘米，宽 128 厘米。现藏于辽阳市弓长岭区雷锋纪念馆。

2 / 雷锋签名照片

2014 年雷锋战友张计春捐赠。国家二级文物。纸质。正面是雷锋身穿戎装的站姿照，背面是雷锋赠言："赠给张计春同志留念，战友雷锋 60.3.30."。这张照片拍摄于沈阳，是为数不多的留有雷锋亲笔手迹的文物之一，展现了战士雷锋朝气蓬勃、风华正茂的英姿。长 8 厘米，宽 3 厘米。现藏于辽阳市弓长岭区雷锋纪念馆。

上 / 雷锋的棉被

下 / 雷锋签名照片

文物保护单位

—

中华人民共和国成立后，国务院、辽宁省人民政府、辽阳市政府及各县级政府依法公布了多批次文物保护单位。文物保护单位公布后，各级人民政府依法对文物保护单位划定必要的保护范围，作出标志说明，建立记录档案，设置专门机构和专人负责管理（简称"四有"工作）。自 1961 年国务院公布了第一批全国重点文物保护单位起，我市汉魏晋壁画墓群成为首批全国重点文物保护单位。1963 年辽宁省人民政府公布了第一批省级文物保护单位，我市燕州城山城被列入。之后，省政府先后公布了九批省级文物保护单位名单。目前，我市共有 27 处省级文物保护单位。1983 年，辽阳市人民政府公布了第一批市级文物保护单位，1988 年、1991 年、2005 年、2017 年辽阳市人民政府又先后公布了第二批、第三批、第四批、第五批市级文物保护单位，我市共有市级文物保护单位 44 处。截至 2022 年年底，辽阳市市级以上文物保护单位共计 78 处，其中国家级 7 处，省级 27 处，市级 44 处。

一、辽阳市全国重点文物保护单位一览表

序号	名称	类别	时代	公布时间
1 辽阳壁画墓群	棒台子墓	古墓葬	汉魏	1961 年
	小青堆子墓	古墓葬	汉魏	1961 年
	北园墓	古墓葬	汉魏	1961 年
	三道壕 1 号、2 号和令支令墓	古墓葬	汉魏	1961 年
	三道壕车骑墓	古墓葬	汉魏	1961 年
	东台子墓	古墓葬	汉魏	1961 年
	南台子墓	古墓葬	汉魏	1961 年
	北园 3 号墓	古墓葬	东汉	2006 年
	鹅房壁画墓	古墓葬	东汉	2006 年
	北园 2 号壁画墓	古墓葬	东汉	2013 年
	三道壕 3 号墓	古墓葬	东汉	2013 年
	东门里壁画墓	古墓葬	汉魏	2013 年
	南郊街壁画墓	古墓葬	汉魏	2013 年
	上王家村壁画墓	古墓葬	魏晋	2019 年
2	白塔	古建筑	辽代	1988 年
3	东京城	古遗址	后金	2013 年
4	东京陵	古墓葬	清代	2013 年
5	辽阳苗圃汉墓群	古墓葬	魏晋	2013 年
6	燕州城山城	古遗址	高句丽	2013 年
7	江官屯窑址	古遗址	辽金	2013 年

二、辽阳市省级文物保护单位一览表

序号	名称	类别	时代	公布时间
1	首山清风寺	古建筑	明	1988 年
2	柳家画像石墓	古墓葬	辽金	2003 年
3	塔湾塔	古建筑	辽金	2014 年
4	李兆麟故居	近现代重要史迹及代表性建筑	民国	2007 年
5	彭公馆	近现代重要史迹及代表性建筑	1921 年	1988 年
6	道西庄壁画墓	古墓葬	东汉	2007 年
7	辽阳城墙遗址	古遗址	明	2014 年
8	滨湖花园遗址	古遗址	辽金	2014 年
9	拓石烟草公司旧址	近现代重要史迹及代表性建筑	1934 年	2014 年
10	圆公塔	古建筑	明	2014 年
11	辽阳天主教堂	近现代重要史迹及代表性建筑	1913 年	2014 年
12	施医院	近现代重要史迹及代表性建筑	1890 年	2014 年
13	辽阳基督教堂	近现代重要史迹及代表性建筑	1907 年	2014 年
14	坛城遗址	古遗址	辽	2014 年
15	明长城—辽阳县段—兴隆台 1 号烽火台、高台子烽火台、七号台烽火台、四号台烽火台、高力城烽火台、喜鹊台烽火台、二台子烽火台、大台子烽火台、首山站烽火台、首山烽火台、东堡烽火台	古遗址	明	2018 年
16	明长城—长安堡	古遗址	明	2018 年
17	明长城—长定堡	古遗址	明	2018 年
18	明长城—长宁堡	古遗址	明	2018 年
19	明长城—甜水站堡	古遗址	明	2018 年
20	明长城—灯塔段—松树沟烽火台、沈家沟烽火台、双龙寺烽火台、全家洼子烽火台、朝官寺烽火台、大三界烽火台、新生烽火台、雅拔台烽火台	古遗址	明	2018 年

序号	名称	类别	时代	公布时间
21	明长城—前古城城址	古遗址	明	2018 年
22	明长城—接官厅城址	古遗址	明	2018 年
23	虎头崖烽火台	古遗址	明	2018 年
24	明长城—首山堡城址	古遗址	明	2018 年
25	明长城—西八里庄城址	古遗址	明	2018 年
26	明长城—前绣江烽火台	古遗址	明	2018 年
27	明长城—尤户屯烽火台	古遗址	明	2018 年

三、辽阳市市级文物保护单位一览表

序号	名称	类别	时代	公布时间
1	刘二堡清真寺	古建筑	清	2005 年
2	寒岭火车站	近现代重要史迹及代表性建筑	1932 年	2017 年
3	新寒岭火车站	近现代重要史迹及代表性建筑	1932 年	2017 年
4	常乐桥	古建筑	清	2017 年
5	杨木刘氏墓	古墓葬	清	2017 年
6	上堡刘氏民居	近现代重要史迹及代表性建筑	民国	2017 年
7	东山日俄战争遗址、首山战壕	近现代重要史迹及代表性建筑	1904 年	2017 年
8	吉洞峪火神庙	古建筑	清	2017 年
9	高公馆	近现代重要史迹及代表性建筑	1927 年	2017 年
10	达都将军墓	古墓葬	清	2017 年
11	单庄子天主教堂	近现代重要史迹及代表性建筑	1897 年	2017 年
12	荆山墓	古墓葬	清	2017 年
13	十里河火车站	近现代重要史迹及代表性建筑	二十世纪初	2017 年
14	彭春家族墓	古墓葬	清	2017 年
15	万宝桥	古建筑	明	2017 年
16	永宁桥	古建筑	清	2017 年
17	观音寺	古建筑	清	1983 年
18	襄平书院	古建筑	清	1983 年
19	清真寺	古建筑	清	1991 年
20	翰林府	古建筑	清	1991 年
21	吴公馆	近现代重要史迹及代表性建筑	民国	1991 年
22	魁星楼遗址	古遗址	清	2005 年
23	日本神社附属房	近现代重要史迹及代表性建筑	民国	2005 年
24	于公馆	近现代重要史迹及代表性建筑	民国	2005 年

序号	名称	类别	时代	公布时间
25	四合院建筑群	近现代重要史迹及代表性建筑	民国	2005 年
26	辽阳卫戍病院	近现代重要史迹及代表性建筑	1907 年	2017 年
27	满铁图书馆旧址	近现代重要史迹及代表性建筑	1907 年	2017 年
28	徐往子水塔	近现代重要史迹及代表性建筑	1919 年	2017 年
29	水塔小区水塔	近现代重要史迹及代表性建筑	1939 年	2017 年
30	辽阳护城河	古遗址	明	2017 年
31	站前日式俄式建筑群	近现代重要史迹及代表性建筑	清末至民国	2017 年
32	平胡楼遗址	古遗址	明	2017 年
33	日本关东军三八三部队宪兵司令部旧址	近现代重要史迹及代表性建筑	1938 年	2017 年
34	日本关东军三八三部队变电所旧址	近现代重要史迹及代表性建筑	1938 年	2017 年
35	三道壕西晋墓	古墓葬	西晋	1983 年
36	普公塔	近现代重要史迹及代表性建筑	1938 年	2005 年
37	满洲火药株式会社辽阳火药制作所旧址	近现代重要史迹及代表性建筑	1929 年	2017 年
38	白乙化故居	近现代重要史迹及代表性建筑	1911 年	2017 年
39	姑嫂城烽火台	古遗址	明	2005 年
40	四方台烽火台	古遗址	明	2005 年
41	穆家坟	古墓葬	清	2005 年
42	朝阳寺	石窟寺	清	2005 年
43	杨木山日式建筑群	近现代重要史迹及代表性建筑	民国	2017 年
44	长安寺	古建筑	清	2005 年

1. 辽宁省地方志编纂委员会办公室编：《辽宁省志》，辽宁人民出版社2020年版。

2. 《中国文物地图集——辽宁分册》，西安地图出版社2009年版。

3. 邹宝库：《辽阳金石录》，辽阳市档案馆和辽阳博物馆编印1994年版。

4. 邹宝库：《辽阳碑志选编》，辽宁民族出版社2011年版。

5. 李龙彬、马鑫、邹宝库：《汉魏晋辽阳壁画墓》，辽宁人民出版社2020年版。

6. 冯永谦：《辽阳壁画墓》，辽海出版社2020年版。

7. 辽阳博物馆编：《辽阳博物馆馆藏精品图集》，辽宁民族出版社2019年版。

8. 各县市区《第三次全国文物普查不可移动文物名录》2011年版。

9. 王晶辰：《辽宁碑志》，辽宁人民出版社2002年版。

10. 刘化天、李崇新、何向东：《辽阳县文物略》，沈阳出版社2021年版。

后记

  辽阳历史悠久、沿革有序，始战国、历秦汉、经魏晋、越唐辽金元以迄明清。2300 多年的历史漫途，留下了丰富的历史遗存。据统计，辽阳在册的文物遗存累计达 700 余处，包括全国重点文物保护单位 7 处、省级文物保护单位 27 处及市级文物保护单位 44 处。这些遗存不仅勾勒出辽阳历史脉络，也构筑起"东北第一城"文明之脊、城市之魂。

  为使这些珍贵的历史遗存得以全面、系统地展示，助力国家历史文化名城建设，本书编者依据考古报告，参阅历史文献，结合第三次全国文物普查资料和近期考古发现，并多次深入文物点进行走访核实，历时三年编撰了《辽阳文物通览》一书，于 2022 年底定稿。

  《辽阳文物通览》全书 350 万字，分为两卷。

  上卷为文物遗迹，其中包括古生物化石点、城址与遗址、古墓葬等。该卷将国家级、省级、市级重点文物保护单位及其他有代表性的历史遗存进行阐述介绍。

  下卷为馆藏文物，其中包括石器与玉器、陶瓷器、金属器等。将辽阳境内出土、征集、交流、收藏在辽宁省博物馆、辽阳博物馆、辽阳市弓长岭区雷锋纪念馆、辽阳县文管所和灯塔市文管所的精品文物进行分类介绍。

  该书的编撰出版得到了辽阳市委、市政府的亲切关怀，中共辽阳市委宣传部、辽阳市财政局、辽阳市文化旅游和广播电视局的大力支持和指导，辽阳市公共文化和体育服务中心、辽阳博物馆积极推动此项工作。辽阳博物馆原副馆长邹宝库先生（已故）等文化界专家学者为本书编撰提供了宝贵的历史图片、文字资料和研究成果，辽阳博物馆的金岩、辽阳市文化旅游和广播电视局的李毅赓、辽阳博物馆的白雪峰、辽阳市电视台的潘志勇等同志给予全力支持，做了大量保障工作，付出了辛勤汗水，在此一并表示衷心的感谢。本书图片版权属于辽宁省博物馆、辽阳博物馆、辽阳市弓长岭区雷锋纪念馆、辽阳县文管所及灯塔市文管所等。

"通览"一词源于《汉书·息夫躬传》："少为博士弟子，受《春秋》，通览记书。"意为全面地观看。我们希望以此书为平台，提炼展示出辽阳历史文化精髓，讲好辽阳故事，展现可信、可爱、可敬的国家历史文化名城辽阳形象。

由于编者水平有限，书中遗漏、错误之处在所难免，敬请读者指正。